全国高等院校应用人才培养规划教材·公共课/通识课系列

终身学习与职业发展教程

主　编　徐永波

参　编　宋　扬　徐　诚　刘　琳
　　　　任广伟　高　云

内 容 简 介

本书是广播电视大学开放教育各专业开设的通识课配套教材,本书紧紧围绕着通识课程的编写要求,从掌握终身学习与职业发展的基本知识和技能出发,将书中的内容划分为终身学习理念篇、职业发展规划篇、就业人员准备篇、创业人员实训篇、在职人员提高篇、职业法律与政策指导篇六大部分。

本书体例新颖,内容活泼,在各章之前为学生介绍了"学习要点"和"内容提要",章后为学生准备了"练习思考",方便学生对学习重点的把握和领会。

本书适合作为开放教育和高职高专的通识课教材,也可作为社会人员的参考用书。

图书在版编目(CIP)数据

终身学习与职业发展教程/徐永波主编. —北京:北京大学出版社,2011.8
(全国高等院校应用人才培养规划教材·公共课/通识课系列)
ISBN 978-7-301-19432-4

Ⅰ.①终… Ⅱ.①徐… Ⅲ.①终生教育—教材②职业选择—教材 Ⅳ.①G72②C913.2

中国版本图书馆 CIP 数据核字(2011)第 172264 号

书　　　名:	终身学习与职业发展教程
著作责任者:	徐永波　主　编
策 划 编 辑:	温丹丹
责 任 编 辑:	温丹丹
标 准 书 号:	ISBN 978-7-301-19432-4/G·3207
出 版 发 行:	北京大学出版社
地　　　址:	北京市海淀区成府路 205 号　100871
网　　　址:	http://www.pup.cn
电 子 邮 箱:	编辑部 zyjy@pup.cn　总编室 zpup@pup.cn
电　　　话:	邮购部 010-62752015　发行部 010-62750672　编辑部 010-62756923
印 　刷 　者:	北京虎彩文化传播有限公司
经 　销 　者:	新华书店
	787 毫米×1092 毫米　16 开本　14 印张　340 千字
	2011 年 8 月第 1 版　2025 年 4 月第 7 次印刷
定　　　价:	37.00 元

未经许可,不得以任何方式复制或抄袭本书之部分或全部内容。
版权所有,侵权必究
举报电话:010-62752024　电子邮箱:fd@pup.cn

前言

本书是广播电视大学开放教育各专业开设的通识课程配套教材。当今世界科技迅猛发展，知识不断更新，人们接受一次性教育所拥有的知识不足以终身享用，不断学习新的知识技能，以适应生存和自我发展的需要成为新时代赋予人们的新课题。本书紧紧围绕着通识课程的编写要求，从掌握终身学习与职业发展的基本知识和技能出发，将教材的内容划分为终身学习理念篇、职业发展规划篇、就业人员准备篇、创业人员实训篇、在职人员提高篇、职业法律与政策指导篇六大部分，力求帮助学生了解终身学习的理念，学会制定职业发展规划，掌握就业、创业和在职工作的常识，增强劳动法规维权意识，提高职业发展的基本素养，为终身学习和学习型社会的目标在社会各领域的实现提供具体的实践经验。

本书的特点主要有以下四个方面。一是具有通识性。即从培养健全的个人和健全的公民出发，本书介绍了终身学习的理念以及职业人从业的知识和技能，旨在培养积极参与社会生活的、有社会责任感的、全面发展的社会人。二是具有实践性。书中刻意减少了对理论性较强内容的阐述，围绕着"是什么"和"怎样做"两个角度，提供了学生练习参考的方法，使学生可以在学习和工作中体会和养成。三是具有针对性。针对学生处于就业、创业和在职等不同职业发展阶段的实际情况，教材在普遍介绍制定终身学习策略和职业发展规划的同时，分别介绍了就业准备、创业实务和在职职业素养，使学生可以结合自身特点思考个人的职业发展。四是具有易学性。教材在编写体例上进行了创新，在各章之前为学生介绍了"学习要点"和"内容提要"，在各章之后为学生准备了"练习思考"，方便学生对学习重点的把握和领会。

本书由辽宁广播电视大学徐永波任主编，辽宁广播电视大学任广伟、高云、徐诚、宋扬、刘琳参编。编写分工如下，宋扬撰写第一篇，徐诚撰写第二篇，刘琳撰写第三篇，任广伟撰写第四篇，徐永波撰写第五篇，高云撰写第六篇。徐永波提出了教材编写思路，设计了编写大纲，在基本保留执笔人的写作风格和主要内容的同时，对全书进行了统稿和修改。在本书编写过程中，编者参考和借鉴了众多已经出版的相关教材、研究成果及已公开的网络资源，在此，谨向相关作者、编者表示由衷的感谢。

由于编者本身对终身学习和职业发展还颇欠广泛和深入地研究和体会，书中必存在一定的缺憾和不足，恳请使用本书的广大师生提出宝贵的意见和建议，以便修订时进一步完善。

编　者
2011 年 7 月

目 录

第一篇 终身学习理念篇 1

理念一 终身学习理念 2
一、什么是终身学习 2
二、现代终身学习理念的发展动力 3
三、终身学习理念的发展过程 4
四、终身学习的内容 7
五、终身学习的途径 10

理念二 在职人员持续学习理念 16
一、什么是在职人员持续学习 16
二、在职人员持续学习的动力 16
三、在职人员持续学习的特点 18
四、在职人员持续学习的策略 19
五、在职人员持续学习的方法 23

第二篇 职业发展规划篇 27

规划一 进行职业评估 28
一、了解自己的职业兴趣 28
二、了解自己的性格 38
三、认识自己的职业能力 43
四、认识自己的职业价值观 46
五、职业发展环境分析 49

规划二 制定职业发展规划 53
一、确立职业目标 53
二、拟定职业发展策略 56
三、职业规划的评估与反馈 59

第三篇 就业人员准备篇 63

准备一　获取与处理就业信息 64

一、了解就业信息 64

二、收集就业信息 65

三、处理就业信息 67

四、处理就业信息的样例 68

准备二　求职材料 70

一、学写求职信 70

二、准备个人简历 75

准备三　求职面试 81

一、了解面试种类 81

二、做好面试准备 83

三、掌握面试过程的技巧 85

四、做好面试的善后工作 87

五、面试过程样例 87

准备四　求职笔试 91

一、了解笔试种类 91

二、做好笔试前的准备 92

三、掌握笔试过程的技巧 92

四、笔试的样例 93

准备五　调适求职心理 96

一、了解求职过程中常见的心理问题 96

二、调适求职心理问题 97

第四篇　创业人员实训篇 101

实训一　做好自主创业准备 102

一、树立正确的创业观 102

二、培养创业素质与创业能力 105

三、熟悉自主创业的法律和政策环境 109

实训二　进行自主创业演练 117

一、选择好创业项目 117

二、撰写好创业计划书 119

三、搞好创业融资 120

四、申办企业的步骤及内容 122
　　五、申请创立新企业指南 124
　　六、企业经营管理 125

第五篇　在职人员提高篇 135

提高一　培养爱岗敬业的精神 136
　　一、培养积极向上的工作态度 136
　　二、提升工作岗位的忠诚度 140
　　三、形成勤勉尽责的工作作风 142

提高二　善于与人合作共事 147
　　一、诚实守信是合作的基础 147
　　二、良好人际关系促进合作 149
　　三、团队精神使合作升华 153

提高三　学会卓有成效地工作 158
　　一、带着目标去工作 158
　　二、注重方法让效率提高 161
　　三、以结果为导向重在落实 164

第六篇　职业法律与政策指导篇 171

指导一　劳动法 172
　　一、劳动法概述 172
　　二、工作时间制度 176
　　三、休息休假制度 178
　　四、延长工作时间法律制度 181
　　五、工资法律制度 182
　　六、女职工和未成年工的特殊保护 185

指导二　劳动合同法 189
　　一、劳动合同的概念和特征 189
　　二、劳动合同的种类和形式 190
　　三、劳动合同的订立 191
　　四、劳动合同的无效 195
　　五、劳动合同的履行和变更 196
　　六、劳动合同的解除和终止 196

七、违反劳动合同的赔偿责任 199

指导三 劳动争议处理法 202
 一、劳动争议的概念 202
 二、劳动争议的处理机构 203
 三、劳动争议处理范围 206
 四、劳动争议的解决方式和处理程序 207

参考文献 215

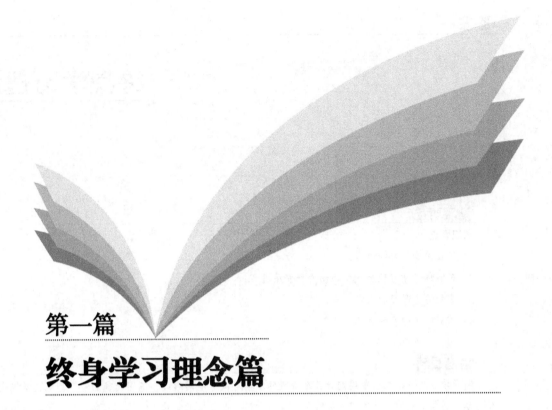

第一篇
终身学习理念篇

  学习型社会是现代社会发展的一个重要特征，是时代发展和社会进步的产物，它对学习的要求比以往任何时候都更强烈、更持久、更全面，全社会的人只有不断地学习，才能应对新的挑战。学习型社会的基本特征是善于不断学习，形成全民学习、终身学习、积极向上的社会风气。1995 年联合国教科文组织的报告《教育：财富蕴藏其中》提示："终身学习是打开 21 世纪光明之门的钥匙。"学习成为整个社会成员经常的重要活动，人们自觉、主动地参加有组织、有系统的文化学习、专业技术培训或接受人的行为规范的教育，每个公民都享有在任何情况下都可以自由地取得学习、训练和培养自己的各种手段，终身学习成为一种良好的社会氛围和社会规范。在职人员作为社会建设的主力军，推动和引领着社会发展的潮流。为了适应社会变迁以及个体生存和发展的需要，在职人员要不断地学习。本篇在论述终身学习理念的基础上，又进一步论述了在职人员的持续学习理念，为在职人员的学习提供了一定的理论基础。

理念一

终身学习理念

学习要点

知识要点
1. 了解终身学习的概念；
2. 了解终身学习理念发展的动力和发展过程；
3. 掌握终身学习的内容；
4. 掌握终身学习的途径。

内容提要

终身学习是一个人生命周期和各个阶段的不同层次、不同形式、不同内容的学习，既包括纵向的一个人从婴儿到老年期的各个不同发展阶段的各种学习，也包括横向的从学校、家庭、社会等各个不同领域的各种学习活动。终身学习理念是一个发源于古代，在人类历史发展的过程中不断丰富，而在现代得到提倡的重要学习理念，这一理念在现代的传播有一定的动力。终身学习理念的内容主要有：学会认知、学会做事、学会共同生活、学会生存。我们可以通过三种主要途径进行终身学习，即通过家庭教育学习、通过学校教育学习、通过社会教育学习。

一、什么是终身学习

1994年11月，首届世界终身学习会议在意大利罗马举行，把终身学习定义为："终身学习是21世纪的生存概念"，"是通过一个不断的支持过程来发挥人类的潜能，它激励并使人们有权利去获得他们的终身所需要的全部知识、价值、技能与理解，并在任何任务、情况和环境中有信心、有创造地愉快地应用它们"。把终身学习提到"生存概念"的高度，是人类对知识经济和知识社会的积极响应。也意味着知识经济时代的学习观念将发生根本性的改变，即把学习从单纯接受学校教育的学习中扩展开来，从少数人的学习扩展到所有人的行动，从阶段性学习扩展到人的终身，从被动的学习发展到主动的学习，从而使学习真正成为所有人的终身行为习惯和自觉行动。终身学习就是人们在整个一生中通过不断地学习知识和技术，将学习成果应用于自己的日常生活或社会活动的过程。也就是说，终身学习是一种主动、自发的学习，是谋求自我完善的过程。

终身学习的概念内涵至少包括以下五个方面。

（1）终身学习是一个连续不断的过程。学习是持续人一生的活动，学习将从胎儿时起，伴随人的一生，从而为人类的发展与完善提供了一种新的选择。

（2）终身学习不仅纵向地贯穿人的一生，而且横向地贯穿于学习的各个层面、各个空间，人类必须时时学习、事事学习、处处学习，它不仅拓展了学习时间，也大大拓展了学习内容和学习空间。

（3）学习者是学习活动的主体。学习者成为教育活动的中心。随着他的成熟程度提高，允许他有越来越大的自由：由他自己决定他要学习什么。他要如何学习以及在什么地方学习。

（4）终身学习是人的基本权利之一，无论年龄、性别、职业、地域的差异，人们均可享有学习的权利。

（5）终身学习需要有一个支持过程和一个支持系统，终身教育便是终身学习的支持系统。同时，终身学习不是一个简单的教育或学习概念，而是一种社会行为，是人们的一种生活方式，它要求社会建立完善的终身学习体系和机制，以解决社会成员"学什么"和"怎样学"的问题。

二、现代终身学习理念的发展动力

（一）世界人口持续膨胀

20世纪是人类历史上人口增长最快的一个世纪。由于医药卫生的发达，出生率上升，死亡率降低，使得世界人口急剧增加。从20年代至70年代的半个世纪中，世界人口增长了1倍，即从20亿增加至40亿左右。此后，世界人口大约以每10年增长10亿的速度在增加。预计到2022年时，世界人口将增长至80亿，是70年代的1倍，是20年代的4倍，是19世纪初10亿的8倍，是17世纪中叶5亿的16倍。

世界人口的持续增加，是造成许多社会层面发生变迁的一项主要原因，也是影响终身学习发展的一项重要社会因素。人口增加对终身学习最直接的冲击，乃是对教育机会扩充的需求。越来越多的人，要求越来越多的公平的教育机会。此教育需求的扩张，不仅反映在正规的学校教育，而且也反映在学前教育，学校后的继续教育和成人的回流教育之上。人口激增促使教育朝向民主化、大众化及均等化的方向，提供多元而高品质的教育机会，这也就是终身学习可能发展的第一项理由。

（二）世界科技革命与知识经济的迅速发展

科学技术的快速发展以及随之而来的知识爆炸是促进终身学习理念发展的重要原因之一。据统计，近三十年来，人类获得的知识要比过去两千年的总和还要多。科学知识的激增，新技术的不断涌现，必然使某些现有的科学知识和技术失去自身存在的价值，成为陈旧的东西。随着知识经济的逐渐形成和快速发展以及科技贡献率的进一步提高，科学技术的发展变化将进一步加快。科学技术的不断发展使得社会经济结构和技术结构不断发生变化，传统产业比重不断下降，新的产业不断出现，职业结构也不断发生变化。旧职业逐渐消除，新职业不断出现。科学技术的快速发展使得知识、技能的老化、更新周期不断缩短，人力资本贬值不断加剧，功能性文盲不断产生，因此要求人们不断接受教育和培训，进行资本充值。

（三）新时期社会的、职业的、家庭日常生活的急剧变化

20世纪50年代末60年代初，正值技术革命及社会结构发生急剧变化的时期。这种巨大变化不仅反映在生产、流通、消费等领域的经济结构、过程及功能方面，而且影响到人

们的生活方式及普通家庭的生活，并使之发生了深刻的变化。其鲜明的例子之一是就业形态的变化，如妇女参加工作日益普遍，国际交流开始在普通市民之间展开。在这样一种社会结构的急剧变化中，人们面对的将是全新的职业、家庭及社会生活。与之相适应，人们必须以新的知识、技术和观念来武装自己。终身学习强调人的一生必须不间断地接受教育和学习，并不断地更新知识，保持应变能力，这一理念正符合当时的时代背景、社会发展及个人的内在需求。

（四）我国加速现代化对终身学习理念的认同

"十年动乱"之后，我国走上了改革开放的现代化之路。国家的发展政策使蕴藏在人民中间巨大的发展潜能得以释放。随着经济的高速增长，我国综合国力有了明显增加，人民生活水平大幅度提高，生活质量得到显著改善。我国现代化步伐的加快，一方面使人民的生活水平有了显著提高，另一方面使社会的发展、竞争也在不断加剧。新领域、新行业的出现，新产品、新技术的创新使各行各业产生了对于高素质人才的强烈需求。教育追求的目标从少数精英转移到全民族素质的提高，素质教育成为现在中国教育最鲜艳的旗帜。素质教育追求的目标是全民族素质的提高，而这一目标仅靠现有的学校教育体制是无法最终实现的。如何使全体社会成员的学习需求都能够得到满足？如何使学习成为每一个人生存和发展的有力支撑？建立学习化社会，走终身学习之路就成为当代我国社会和教育发展的必然之路。

三、终身学习理念的发展过程

（一）终身学习理念的萌芽

终身学习思想早已有之。我国相传甚久的俗语"活到老，学到老"便是这种思想的体现。自古以来，在浩瀚的哲学、教育典籍中，许多哲学家、教育家都直接或间接地论述了终身教育和终身学习的意义、途径和方法等。

我国古代大教育家孔子主张"有教无类"，指出教育对象不分类别，自然也包括不同年龄的人。据《史记》的《仲尼弟子列传》中记载，孔子的弟子先后达到3000人，而以颜渊为首身通六艺的高材生就有72人。这些学生按年龄来说，相差很大，子路年岁最大，比孔子仅小9岁，其余的比孔子小三四十岁，甚至有小50岁的，可见，他的学生既包括年幼的少年，也包括成年人，甚至年近半百的老人。孔子的教育学说的核心是以"仁"为主的道德修养思想。他认为这一道德修养是一个终身的过程，他以自己为例，试图说明要使道德修养达到"仁"的境界，就必须终身学习。他的"吾十有五而志于学，三十而立，四十而不惑，五十而知天命，六十而耳顺，七十而从心所欲，不逾矩"便反映了他的终身学习的思想。汉代学者刘向认为，"少而好学，如日出之阳；壮而好学，如日中之光；老而好学，如秉烛之明"。南北朝时期"最通博最有思想的学者"颜之推也指出，"幼而学者，如日出之光；老而学者，如秉烛夜行，犹贤乎瞑目而无见者也"，积极鼓励人们终身学习。

在外国古代哲学家、教育家的著作中也蕴涵着丰富的终身学习思想。古希腊著名的哲学家苏格拉底、柏拉图和亚里士多德都十分关注教育问题，并提出了一些很有见地的有关终身教育、终身学习的看法。苏格拉底的一生是在积极探究哲学和不懈地追求真知的论战中度过的，他表示："只要一息尚存，我永不停止哲学的实践，要继续教导、劝勉我所遇到的每一个人。"柏拉图在《理想国》中对人从生到死的教育提出了一系列的见解。他主张通过优生、胎教、早期教育、初等教育、高等教育以及任职后的继续教育，来培养国家的最高统治者——"哲学王"。他明确提出，统治者在任职以后，除了管理好国家、公民个人和他自己外，"在剩下的岁月里他们得用大部分时间来研究哲学"，即人的一生接受的教育不是一次性的，而是连续的。亚里士多德还大胆提出，"儿童和需要教育的各种年龄的人都应受到训练"，最好使全城邦的公民都"受到统一的教育"。

而在其后的夸美纽斯、卢梭、裴斯泰洛奇、欧文、斯宾塞等思想家和教育家的教育思想中也都包含了丰富的终身学习、终身教育的思想。终身学习的思想像一点火花，在历史的延伸中逐渐扩大、蔓延，被更多的人所认识和接受。

(二) 终身学习理念的历史演进及事件

终身学习思想在古代和近代的生成、酝酿和发展，为其在现代社会的演进和彰显奠定了基础。而现代社会不断出现的里程碑式的历史人物和事件，终于使终身学习成为一个具有相对丰富内容和独立存在意义的现代教育理念。

1. 终身教育思想的确立

终身教育和终身学习这两种思想是紧密相连的。终身学习理念的提出离不开终身教育思想的确立和发展。

人们一般以保罗·朗格朗（Paul Lengrand）于 1965 年在联合国教科文组织的成人教育发展国际会议上所作的终身教育的报告和 1970 年发表的《终身教育导论》作为终身教育思想正式确立的标志。保罗·朗格朗是法国当代著名的成人教育家，终身教育理论的积极倡导者和奠基者。保罗·朗格朗关于终身教育的报告主要内容有以下几点。

(1) 教育是需要伴随人的一生而进行的事业；
(2) 必须重视统一的、总体性的和持续性的人格发展；
(3) 各教育部门应当保持协调与统一，形成体系；
(4) 工作劳动与闲暇时间都必须有所保证；
(5) 学历教育应当与职业教育相结合；
(6) 各地区应同时重视小学、中学、高中、大学的综合作用；
(7) 不应只重视学历教育，同时应促进技能教育；
(8) 应提倡自我教育等。

在《终身教育导论》中，朗格朗对终身教育思想的含义作了全面的阐述。他认为："终身教育是一系列很具体的思想、实验和成就，换言之，是完全意义上的教育，它包括了教育的所有方面，各项内容，从一个人出生的那一刻起一直到生命终结时为止的不间断的发展，包括了教育各发展阶段各个关头之间的有机联系。""当我们说到终身教育的时候，我们脑子中始终考虑的就是教育过程的统一性和整体性。"并指出，"终身教育的概念是圆周式的：只有当人们在儿童时期受到良好而合理的教育，……他们才可能有名副其实的终身教育；但是，除非成人教育在人们的思想和生活方式中牢固地确立了自己的地位，除非它有了坚实的组织基础，否则就不能完成这样一种教育。"从以上这些朗格朗对终身教育概念的阐述中，可以总结出以下几点：终身教育是指人从出生到死亡为止整个一生的教育，教育并不限于青少年阶段，而应贯穿人的一生，并且人一生的教育是相互联系、相互作用的，即在某年龄阶段的教育是由先前的教育所决定或影响的，又将对未来的教育起决定或影响作用；其次，教育并不限于在学校中进行，应该使学校以外的社会机构也承担教育的功能，把教育扩展到社会整体中，并寻求各种教育形式的综合统一。正是由于朗格朗率先明确提出了终身教育的思想，并对其含义作了阐述解释，才使得终身教育思想很快引起国际社会的关注，并迅速得到传播。

2. 终身教育思想的发展

1972年，联合国教科文组织发表了《学会生存——教育世界的今天和明天》，被看做终身教育思想进一步发展的标志。

《学会生存——教育世界的今天和明天》是继朗格朗的《终身教育导论》之后的又一部关于终身教育方面的力作。该书是国际教育发展委员会在一年多的时间内先后举行了六次会议，对23个国家进行了实地考察，充分引用了联合国教科文组织在多年的教育活动过程中所积累的经验，并研究了七十多篇有关世界教育的形势和改革的论文，最后于1972年完成的。在《学会生存》中，以埃德加·富尔（Edgar Faure）任主席的联合国教科文组织国际教育发展委员会从回顾教育发展的历程谈起，着重论述了当时世界教育面临的挑战与主要倾向，指出了关于教育革新的一些策略和途径以及最终走向学习化社会的道路，最后还论述了教育的国际合作问题。

《学会生存》对终身教育进一步作了全面的论证和阐述，提出了21条革新教育的建议，分别涉及教育政策的指导原则、教育机构与教育手段、学前教育、普通教育、职业教育、高等教育、成人教育、扫盲、新技术的应用及师资培训、学习者的责任等。其中的第一条，也是最主要的一条建议是："把终身教育作为发达国家和发展中国家在今后若干年内制定教育政策的主导思想。"也就是说，它建议全世界各国的教育按照终身教育的原则进行全面革新。更可贵的是，它提出"每个人必须终身不断地学习"，并把终身教育确定为"学习化社会的基石"。在《学会生存》中也明确指出，"教育过程的正常顶点是成人教育。""成人教育特别重要，因为成人教育对于非成人教育的教育活动是否成功，可能起到决定性的作用。"还指出，"成人是否可能学习，这是实际应用终身教育这个概念的关键问题。"总之，书中充分肯定了终身教育与成人教育间的内在联系。

3. 学习化社会的提出

在《学会生存》一书中，国际教育发展委员会就提出，将终身教育思想的实施同创建"学习化社会"结合起来，从而使终身教育思想向前推进了一步。早在1968年，美国教育家赫钦斯（R. M. Hughes）就曾提出学习化社会的概念。虽然，赫钦斯当时并未对学习化社会下定义，但他曾对学习化社会的概念提出了一些观点。他以古希腊的雅典城为例，说明什么是学习化社会。他指出，当年雅典人努力创造一个社会，使其成员的最高能力均能获得最圆满的发展。教育在当时并不是一种片段的活动，也不是在一定的时间、一定的场所以及人生某个阶段才实施的一种活动；教育是整个社会的目的，整个雅典城市都在教育它的民众。在赫钦斯看来，学习化社会是有可能实现的。

4. 终身学习理念的提出

学习化社会的概念使人对终身教育的理解进一步拓宽，并把终身教育的基础由教育机构转向社会和社会成员自身。终身学习思潮正是在这一基础上形成和发展的。终身学习正式提出的时间是20世纪70年代初，其倡导者是原法国总理，时任联合国教科文组织国际教育委员会主席的埃德加·富尔及其同事。在最初提出终身学习理念时，是这样指出的：在变化急剧的当代社会，虽然一个人正在不断接受教育，但他越来越不成为对象，而越来越成为主体了,因此,教育过程的中心必须发生转移,应当把重点放在教育与学习过程的自学原则上,而不是放在传统教育学的教学原则上。也就是说,"新的教育精神使个人成为他自己文化进步的主人和创造者",因此,"每一个人必须终身不断地学习"。在联合国教科文组织第 19 次大会上发表的《关于成人教育的呼吁》(1976 年)中,有这样的提法:"所谓终身教育和终身学习,是一种综合性的体系,其中包括将现行的教育制度重新构筑以及将现行教育制度范围之外的一切教育资源都挖掘出来,这两者结合起来就是终身教育和终身学习体系的总体目的。"在这里,"终身教育"和"终身学习"的两个说法都出现了。从严格意义上来说这两个概念侧重点有所不同。首先,"教育(Education)"一词强调的是系统化、通常有专门教师指导的、制度化的培养过程,而"学习(Learning)"则更强调学习者的主体性,注重学习者主导的、个性化的学习过程;其次,"终身教育"强调的实施主体是国家、政府,是一种公民义务,主要含义是自上而下的教育形式,"终身学习"强调的实施主体是个人、社会成员,是一种公民权利;最后,推进终身教育的核心任务是侧重从国家和社会层面出发,着力整合各种教育资源,使人们能够在其生活的所有部门均可根据需要方便地获得教育机会。推进终身学习的根本任务是侧重从个体与群体层面出发,培养良好的学习态度,不断提升学习能力,以积极、主动的姿态参与学习。但是不能否认的是两者的终极目标都是为了实现个体的发展、完善和社会文明的进步,在内容选择上都既有扩充和培养个体知识、技能以适应职业、社会需要方面的,也有发展个性、完善人格方面的。

1994 年 11 月,由欧洲终身学习促进会、哥泽堡城市教育委员会、美国教育理事会等组织发起,在联合国教科文组织、美国州市大学与学院联合会等机构和一些大企业的支持下,在意大利罗马举行了"首届世界终身学习会议。"会议提出终身学习是 21 世纪的生存概念,认为人们如果没有终身学习的概念,就难以在 21 世纪生存,并提出了前面我们提到的终身学习定义。

四、终身学习的内容

1996 年,由雅克·德洛尔任主席的国际 21 世纪教育委员会向联合国教科文组织提交的报告——《教育——财富蕴藏其中》是一部里程碑性的教育文献。它着眼于国际经济、政治、文化背景和 21 世纪的发展目标,从纷繁复杂的世界中提炼出了未来社会的最基本要求,报告认为教育必须围绕四种基本的学习能力来重新设计、重新组织,即学会学习、学会做事、学会共同生活、学会生存。可以说,这四种学习是伴随每个人一生的知识支柱,也是终身学习的主要内容。

(一)学会学习

学会学习,即掌握认识世界的工具,就是使受教育者学会如何学习。《教育——财富蕴藏其中》对学会学习的意义做了进一步的阐述:"这种学习更多的是为了掌握认识的手段,而不是获得经过分类的系统化知识。既可将其视为一种人生手段,也可将其视为一种人生目的。作为手段,它应该使每个人学会了解他周围的世界,至少是使他能够有尊严地生活,能够发现自己的专业能力和进行交往。作为目的,其基础是乐于理解、认知和发现。"

我们从以下八个方面来理解认识"学会学习"。

(1)学习者是学习的主体,"学会学习"强调学习者的主体地位和主体作用的充分发挥,重视主体意识培养(包括主动意识、独立意识和创造意识)。

（2）学习者不再受教育框架束缚，学习不再受时间和空间的限制，即使是学生，也不仅在学校中的教师指导下，而且应在家庭、在社会的大环境中，通过各种媒介汲取有益的信息，积极主动、自觉、自由地学习。

（3）"学会学习"既重视学习者非智力心理因素在学习中的地位作用，又把非智力心理因素的发展作为重要的学习目标。重视良好行为习惯和情感态度的培养。

（4）"学会学习"，不仅要学习继续学习所必要的基础知识，而且更重视学习策略，学习方法，电脑多媒体及现代信息高速公路的应用、现代思维方法的训练，以提高综合学力为目标。

（5）"学会学习"重视潜能的开发和实践能力的培养，每个学习者在"学会学习"中，能充分发挥潜力，发展个性，学会做事，达到自己的最佳发展状态。

（6）"学会学习"重视自我评价意识的形成，自我评价能力的培养，以培养学生的独立性和创造性，实现自我激励，自我决策。

（7）"学会学习"重视良好师生关系的形成。在学会学习中教师起指导促进作用。教师要以民主、平等的态度对待学生，学生要尊重教师，重视教师的指导作用。教师和学生在"学会学习"的教学活动中构成整合主体，推动着"学会学习"的进程。

（8）"学会学习"是一个认知过程，而不是终极目标，"学会学习"的最终目标是指向人的全面发展。

学会学习的途径是将掌握足够广泛的普通知识与深入研究少数学科结合起来。专业化学习，哪怕是未来的研究人员的专业化学习也不应该排斥对普通文化知识的学习。因为普通文化教育使受教育者能接触到其他语言和知识，首先有助于与他人交往；其次，文化教育作为超越时间和空间将各个社会联系起来的纽带，势必会使受教育者了解到其他领域的知识，从而有助于充分发挥各学科之间的协同作用。特别是在研究领域，某些知识的重大进展就是在各学科的交叉领域中产生的。因此，若具有比较广泛的普通知识，加上一至两门知识优势，就可能成为这个社会所需要的人。

（二）学会做事

学会认知和学会做事在很大程度上是密不可分的，不过后者与职业培训问题的联系更为紧密。学会做事包括种种职业技能，但在信息社会里，学会做事的主要内涵是学会有效地应付变化不定的情况以及参与创造未来的能力，这种能力是个体在大多数职业与管理位置上高效工作必须具备的技能、行为、态度与知识相互作用的产物。

现代社会发展的趋势是越来越注重能力，而不是资历和学历。专业资格的概念变得有些过时，个人能力的概念则被置于首要地位。一些有远见卓识的企业家早就把能力当做用人的重要标准，唯才是用。如福特公司就非常注重能力的选拔程序。

福特（Ford）汽车公司的招募与选拔的标准是个综合体，它包括知识、经验、技能、能力、价值观与个人特征，福特公司确信人们要想成功并能帮助公司实现目标就必须具备这些标准。这六个标准放在一起就提供了一个路标，指导招募与选拔的各个阶段。

这些标准不仅仅只是为选拔，还为公司的整个人力资源系统提供了基础。除了具有较好的教育背景与职责背景以外，选拔时还要求大学毕业生具备包括以下能力与意愿方面的个人特征。

（1）合理的冒险；

(2) 表现出独立判断和自信，即使是在压力情境中亦是如此；
(3) 始终追求实现组织中达成一致的目标，即使是在模糊与复杂情境中亦是如此；
(4) 专心思考，精力充沛，坚持不懈，即使是在逆境中也不例外；
(5) 从成功与失败中吸取教训并能运用于改善未来的结果之中；
(6) 寻求其他新的经营方式。

(三) 学会共同生活

自人类诞生以来，为应对种种威胁，人们必须形成族群共同生活。但直到当代，随着全球化进程的不断推进，"地球村"的逐渐形成，尤其是当人们发现全世界范围内不同文化、宗教和种族之间的对抗与冲突并未随着冷战的结束而消失时，学会共同生活才逐渐得到人们的重视。当今世界需要一种能使人们通过扩大对其他人及其文化和精神价值的认识，来避免冲突或以和平方式解决冲突的教育。

1. "共同生活"的基本内涵

第一，共同生活不仅意味着人与人之间的合作，还不可避免地包含了竞争。合作与竞争相互交织，人们必须学会迎接共同生活中的这一矛盾关系。从人类社会发展趋势来看，竞争已经成为各类社会生活，尤其是经济活动的特点，但人类社会必须在竞争的同时，为实现"更好地生存与发展"这一共同目标而避免、化解或超越矛盾，开展合作，共同发展。第二，共同生活不是某一时刻或一段时间内的共处，而是长期，持久的共处。随着个人的或人类生活的发展，共同生活的内容、方式都会出现变化，需要保持对生活本身的敏感性。学会共同生活对于个体、对于人类社会，都具有长时段性。第三，共同生活不仅发生在某一组织内部，还发生在组织与组织之间。这里的"组织"可以小到家庭，也可以大到国家。因此共同生活包含了不同年龄、性别、民族、种族、国家的人跨家庭、跨单位、跨城市甚至跨国家地进行交流与合作。第四，共同生活不是一群人同时做一件事情，更不是聚集在一个场所中做各自的事情，而是为了实现一个共同的目标而凝聚在一起，在这个过程中可能会有分工、有协作，有群体的交流与分享，也有个体的思考与判断，最终在实现共同目标的同时也实现每个个体的价值。第五，共同生活的内涵是发展着的，其内容还有待人们在参与共同生活的过程中不断挖掘、开拓和深化。

对于个体来说，学会共同生活要求能够主动地参与到各种社会生活中去，充分理解人类的多样性、相似性与相互依存性，直面共同生活中我与你、竞争与合作、可能与现实等诸多矛盾关系，并在这一过程中通过理解、宽容、尊重、沟通、协商来调整自己与他人的关系，最终实现富有个体意义和人类文明意义的共同生活。

2. 学会共同生活的途径

首先，学会共同生活要发现他人。发现他人即使学生懂得人类的多样性，认识到所有人之间的相似性及相互依存性。认识他人的一个必要前提是认识自己，只有在认识自己的时候，才能真正设身处地去理解他人。

其次，学会共同生活要为实现共同目标而努力，增强合作意识。所谓为实现共同目标而努力，指在做一项共同的项目时，增进相互之间的了解，从而消除分歧，即学会共同生活"其途径是本着尊重多元性、相互了解及平等价值观的精神，在开展共同项目和学习管理冲突的过程中，增进对他人的了解和对相互依存问题的认识"。在实现共同目标的过程中要增强合作意识。合作是人类相互作用的基本形式之一，是人类社会赖以生存和发展的永恒动力。《周易》中说"二人同心，其利断金；同心之言，其臭如兰"。《孟子》中说"天时不如地利，地利不如人和"。《礼记中庸》中说"致中和，天地位焉，万物育也"。这些至理名言都从不同角度阐述了合作的重要性。事实证明，推动人类向前进步的每一个重大的科学成果，都不可能是一个人单枪匹马冲杀的结果，而是需要众多人的精诚合作。如第二次世界大战期间，美国原子弹工程"曼哈顿计划"的成功，是集美国、英国、加拿大、丹麦等国家15万科学家集体智慧的结晶，还有关于基因的研究，关于艾滋病、癌症等尖端科学的研究都需要世界范围内的合作，需要大家始终不渝地共同努力。

（四）学会生存

学会生存，这是前三种学习成果的主要表现形式。国际21世纪教育委员会在《教育——财富蕴藏其中》书中重申了《学会生存》中提出的原则：教育应当促进每个人的全面发展，即身心、智力、敏感性、审美意识、个人责任感、精神价值等方面的发展。应该使每个人尤其借助于青年时代所受的教育，能够形成一种独立自主的、富有批判精神的思想意识，以及培养自己的判断能力，以便由他自己确定在人生的各种不同情况下他认为应该做的事情。

中国青年出版社出版的《学会生存》一书，前言中写道："生命存在着是美丽的，世界将因生命的存在而生机勃勃，风采无限。青少年是世界的未来，学会生存尤为重要。"纳尔逊中学是美国最古老的一所中学，它是由第一批登上美洲大陆的73名清教徒集资创办的。在这所中学的大门口，有两尊用苏格兰黑色大理石雕成的雕塑，左边的是一只苍鹰，右边的是一匹奔马。三百多年来，这两尊雕塑成了纳尔逊中学的标志。它们或被刻在校徽上，或被印在明信片上，或被缩成微雕摆放在礼品盒中。不知道缘由的人一般会以为鹰代表着鹏程万里，马代表着马到成功。可是这种理解和原来雕塑的制作者的初衷是完全不同的。那只鹰所代表的不是鹏程万里，它其实是一只被饿死的鹰。这只鹰为了实现飞追世界的远大理想，苦练各种飞行本领，结果忘了学习觅食的技巧，它在踏上征途的第四天就被饿死了。那匹马也不是什么千里马，而是一匹被剥了皮的马。开始的时候，马嫌它的第一位主人——一位磨坊主给它的活多，乞求上帝把它换到一位农夫家。上帝满足了它的愿望，可是后来它又嫌农夫给它的饲料少。最后它到了一位皮匠手里，在那儿什么活也不用干，饲料也多，可是没几天，它的皮就被剥了下来。从书本上学习到再多的知识，不把它转化成为生存的技能，不能转化成为物质的财富，那么，这样的结局就会同饿死的鹰与被扒了皮的马一样，惨淡收场。

五、终身学习的途径

终身学习强调人的一生必须不间断地接受教育和学习，以不断地更新知识，保持应变能力，其理念正好符合时代、社会以及个人的内在实际需求。因此终身学习理念一经提出，即受到前所未有的重视，世界各国政府通过多种形式推动终身学习的发展。概括起来，我们可以通过三种主要途径进行终身学习，即通过家庭教育学习、通过学校教育学习、通过社会教育学习。

（一）通过家庭教育学习

1. 什么是家庭教育

家庭教育是在家庭生活中，由家长（其中首先是父母）对其子女实施的教育。而按照现代观念，家庭教育包括：生活中家庭成员（包括父母和子女等）之间相互的影响和教育；聘请专门从事家庭教育的教师对子女的教育。家庭是社会的基本单位，也是终身学习的原点。孩子们最初是在家庭中学习对各种各样事物的认识和态度，并且培养兴趣的。前苏联教育家马卡连柯曾经说过："不要认为只有你和儿童谈话、教训他、命令他的时候才是教育，你们在生活的每时每刻，甚至你们不在场的时候，也在教育着儿童，你们怎样穿戴，怎样同别人谈话，怎样读报……这一切对儿童都有着重要的意义。"同时，家庭也是大人们终身学习的场所。因此，家庭教育是终身学习的一个重要途径。

2. 家庭教育的作用

家庭教育以其启蒙性、渗透性、自发性、个别性、权威性等特点的存在，对于人的成长仍起着奠基作用。

（1）家庭教育为人的个性社会化发展起到了基础的作用。个性社会化是人由生物人向社会人转化的过程，这个过程是从婴儿期开始，随着儿童身心的发展、认识能力的增强和活动领域的扩大，在交往和活动中日益完善和提高的，家庭教育在此过程中发挥着奠基的作用。家庭教育无论在思想品德行为规范的形成，还是认识能力的提高、智力的发展以及人格的培养方面，都起着奠基作用。比如，在人格形成方面，权威型家庭教养方式中，父母在对子女的教育中表现为过分支配，孩子的一切均由父母来控制，成长在这种教育环境下的孩子容易形成消极、被动、依赖、服从、懦弱、做事缺乏主动性，甚至会形成不诚实的人格特征；放纵型家庭教养方式中，父母对孩子过于溺爱，让孩子随心所欲，父母对孩子的教育甚至达到失控状态，这种家庭里的孩子多表现为任性、幼稚、自私、野蛮、无礼、独立性差、惟我独尊、蛮横胡闹等；民主型家庭教养方式中，父母与孩子在家庭中处于一个平等和谐的氛围中，父母尊重孩子，给孩子一定的自主权，并给孩子以积极正确的指导，父母的这种教育方式使孩子形成了一些积极的人格品质，如活泼、快乐、直爽、自立、彬彬有礼、善于交往、容易合作、思想活跃等。

（2）家庭教育与学校教育关系密切。儿童在入学以后，学校教育对他们的成长起着主导作用，但家庭教育仍然是影响人的发展的重要因素，对学校的教育起着必要的补充作用。因为家庭仍然是学生生活和学习的主要场所之一，家庭成员对下一代有着经常性和权威性的影响，特别是由于家庭中父母与子女间固有的血缘关系以及情感和伦理道德上的内在联系，使家庭教育有着学校教育不可替代的作用。

（3）家庭教育是促进社会安定的重要因素。社会安定是一个国家和民族发展的基础，而家庭团结又是社会安定的基础，所以家庭关系如何是影响社会发展的大事，而不是一家一户的私事，良好的家庭关系和家庭教育促进社会的安定。另外，在社会信息与日俱增，各种鱼龙混杂的思潮一齐涌来的现代社会，家庭可以帮助子女及时过滤社会信息，给子女以正面教育，这也对社会安定起到很大的作用。

由于家庭教育的重要作用，家庭要形成一个重要的学习氛围，保持一种健康向上的精神，能够自觉学习，保持学习方式和内容的多样化。父母和孩子经常一起参加体育活动、休闲娱乐活动，还有文化活动、志愿服务活动等，这样的话，孩子们每天都在不知不觉中丰富自己的内心世界，同时也培养了学习的欲望。另外，孩子们经常参加学习或者社会活动，可以充分感受到这些活动的魅力和作用，从而认识到参加这些活动的必要性。今天，在家庭里以多种多样的学习为目的而建立的媒介和手段已经很完备了。电视、电话、计算机、因特网等媒介，已经成为一些家庭现在以及终身学习的重要手段之一了。

（二）通过学校教育学习

1. 什么是学校教育

学校教育是由专职人员和专门机构承担的有目的、有系统、有组织的，以影响受教育者的身心发展为直接目标的社会活动。学校教育是在社会向现代化发展的过程中，最早形成较为完整体系的一种正式的教育形式。学校是专门教育人、培养人的场所。学校教育是全面培养人的活动，它不仅要关心教育对象的知识和智力的增长，也要关心学生的思想品德形成，还要照顾受教育者的身体健康成长。

2. 学校教育的作用

对于终身学习社会中学校教育作用的问题，1991年日本中央教育审议会的《和新时代对应的对各种教育制度的改革》中有详细的阐述。这篇文章的主要观点有两点，学校的作用是"培养终身学习的基础"和"作为终身学习机关"。在人的一生中，要养成自发学习的欲望和态度。在学校中，首先教育内容是精选的，是最基础、最基本的，同时也是推进个性生成教育的地方。尽管说教育不应再限于学校的围墙之内，但是学校是有计划有组织地培养人的专门场所，随着终身教育和终身学习模式的确立，学校的范围会扩展，功能会延伸。它在实施终身教育和终身学习的过程中起到主渠道的作用。

（1）学校教育具有方向的一致性。在国家统一规定的教育目的支配下，按照统一的目标和要求，把受教育者培养成一定社会或阶级所需要的人。

（2）学校教育具有严密的计划性。学校教育是遵循国家颁布的教育计划和学校制订的工作计划，按照课程标准和课程顺序进行有计划地教育，这就能使受教育者获得系统的知识，受到系统的教育，得到系统的训练和发展。

（3）学校教育具有专门性。学校教育是专门的教育机关，具有固定场所、专职师资及相应的教学设施，通过开设各种各样的教育课程，有系统有计划地来提高学生的知识、文化和技能方面的水平，能够促进受教育者思想、学业和个性等的全面发展。

（4）学校教育具有高效性。一般来说，学校教育能够采取适当的教育组织形式，选择恰当的教育方法，精取合乎要求的教育内容，受教育者的学习活动在教育者的精心指导下进行，这就使受教育者在较短的时间内，较多地获得各方面的发展，从而避免长期的甚至繁杂曲折的摸索。

（5）学校教育具有针对性。学校教育可以根据受教育者的年龄特征和个性差异以及不同的职业要求，把他们分成不同的专业班级并授之以不同程度、不同内容的有针对性的教育。

3. 在终身学习理念下学校教育的重建

在社会经济的剧烈变迁、资讯科技加速进步的情况下，传统的学校教育面临着改革的挑战。由于现代社会知识不断翻新，学生在学校所学的知识在进入社会之后可能已经面临淘汰的命运。个人在工作场所和社会生活中的学习，其重要性决不亚于学校中的学习。因此，学校不应该被视作为学习的唯一场所。相反的，学校只是人生学习过程中的一个基础阶段而已，个人从出生至临终的全部历程都必须是学习的历程。终身学习的观念使学校教育面临必须改革的境地。终身学习成为当前许多国家改革学校教育的指导思想。

（1）学校教育目的的调整。在终身学习观念下，学校教育的目的不重在只有知识的传递,而重在终身学习者的培养。学校教育所要培养的终身学习者,第一要使其具备终身学习的动机,持续不断地督促自我终身学习;第二要使其学会终身学习的技巧,懂得如何利用各种教育资源和方法,终身不断地学习;第三要使其拥有终身学习的能力,成为一个能够真正独立自主的终身学习者。

(2)学校角色的调整。学校教育在终身学习观念之下所需面临的第一项角色转变,乃是从传统"知识殿堂"角色,转变成"终身学习者的苗圃"。学校不只是知识的提供者,更是"终身学习者的养成所"。在终身学习观念之下,学校教育所应扮演的第二种角色,是"社区终身学习中心"的角色。由于终身学习的观念认为,学校教育不应只为青少年及儿童服务,也应为社区中的成人提供机会。因此,学校被要求向社区中的所有民众开放。学校还应扮演资讯服务者的角色,提供民众完整的社区教育资讯,使其可以参加学校以外的各种教育及文艺活动,充实其社会生活的内涵。

(3)学校课程结构与内容的调整。在终身学习观念之下,学校教育要培养学生成为终身学习者,还必须在课程结构及内容方面有所调整。根据终身教育学者的观点,学校课程宜朝下列几个方向调整:第一,学校课程应该将重点置于知识"创造"与"探索"的历程,而非着重在既有知识的"传递";第二,学校课程应朝向学习技巧训练的方向调整;第三,在终身学习观念之下,学校课程最重要的一项变革就是朝向统整的方向改变,以问题为主题,将过去零碎散乱的课程作一番重新组织,以达成培养"带得走的能力"的教学目标;第四,学校教育在课程方面的第四项变革,是要打破学术与休闲的界限、博雅与职业教育的界限,以及年龄的界限。

(4)学校教材与学习方法的扩充。为了达到培养终身学习者的目的,学校教育不仅应在学习机会方面做结构性的调整,以及在课程结构和内容方面作多方向的统整,还应在教材与学习方法方面做多元化的扩充。戴夫认为,在终身教育原则之下,学习教材的选择,应该能够使学习者逐渐从正规教育体系中解放出来;使学习者能够与他人互动;在入门阶段指引学习,但在较成熟、高阶时期减少依赖、增加学习者的责任及自己规划学习活动的能力;将研究的问题与学习者自身的需求结合在一起;引用各种多元化的学习辅导教材。至于在学习方法方面,终身教育学者多主张新方法的应用,应朝向"学习个别化"的方向发展。由于终身教育强调学习是个人一生的事,个人必须自己学会运用多种方法,进行终身学习活动。因此,在学校教育历程中,应增加学习方法的训练以及学习责任的培养。

(三)通过社会教育学习

1. 什么是社会教育

社会教育是指学校和家庭以外的一切社会活动和社会文化教育机构对社会成员(包括青少年)所进行的教育活动。这种教育活动也是终身学习必不可少的重要途径,主要体现在社区和社会对终身学习的支持上。在当今世界,社会教育已普遍获得了蓬勃发展,社会发展趋势日益表明,随着科学技术的不断发展,社会劳动生产率的不断提高,就业结构的进一步变化,以及人们闲暇时间的增多,社会教育还会获得更大发展,显现出更新的活力。

2. 社会教育的作用

随着科技的进步和经济的发展,人民群众的物质和文化生活日益丰富,终身学习趋势不断得到广泛认同和普遍开展,社会教育的作用将越来越大,并越来越受到人们的重视。它与学校教育、家庭教育相辅相成,共同完成终身学习所追求的目标。

(1) 社会教育直接面向全社会，又以社会政治经济为背景，它比学校教育、家庭教育具有更广阔的活动余地，影响面更为广泛，更能有效地对整个社会发生积极作用。首先，就其对象来说，社会教育把每个社会成员吸纳其中，在某种程度上满足每个社会成员的需求，摒弃那种仅把青少年一代作为社会教育对象的传统教育的狭隘观念；其次，就其内容来说，更是无所不包，以满足不同对象的不同需求。

(2) 社会教育不仅面对学校，面对青少年，更面对社会的成人劳动者，它具有较强的补偿功能。由于学校教育时间较长，在校所学知识有些容易过时，跟不上时代需要；许多新的知识不断涌现，需要新的学习；更有些东西是在学校没有学到的，如日常生活知识、用品修理等。这些在学校尚不具备的知识，需要社会教育予以补充。因此，社会教育具有较强的补偿功能。

(3) 社会教育形式灵活多样，没有制度化教育的严格约束性。它很少受阶级、地位、年龄资历限制，能很好体现教育的民主性。社会教育的多样性主要表现为：第一，教育机构的多样性，如青少年俱乐部、博物馆、图书馆、就业培训中心、文化宫、科技馆、艺术中心等；第二，教育方式的多样化，如社区教育、广播电视教育、银幕教育、板报教育、咨询教育、专题教育、系统教育等；第三，成绩考核的多样性，即社会教育并不是都要强调进行形式单一的成绩考核，它往往采取展览会、汇报会、经验交流会、文艺表演会、体育运动会、现场观摩、各种竞赛等多种开放的形式进行。

(4) 现代人的成长已不完全局限于学校，必须同社会实践相结合，通过社会教育更有利于人的社会化。

3. 日本终身学习背景下的"学社融合"

尽管我国的社会教育机构比较广泛，数量也较庞大，却分别隶属于不同的部门和团体，由于缺乏统一的组织和管理，不能充分地发挥其应有的作用。日本学校教育和社会教育的良好融合，为其终身学习体系的形成奠定了良好的基础，在我国学校与社区的合作或融合刚刚起步、还存在很多问题的情况下，日本的"学社融合"为我国的学校教育与社会或社区教育的合作能够提供一定的借鉴作用。

(1) "学社融合"的内涵。日本教育学界一般认为"学社融合"中的"社"指的是社会教育。日本文部省终身学习审议会认为"学社融合"是学校教育和社会教育在各自承担自身相应功能的基础上，进一步加强学习场所和活动等各方面的融合，以一个新的整体形态为青少年教育服务的教育活动。日本的"学社融合"实际上是在终身学习背景下，学校教育与社会或社区教育通过全方位、立体式的融合所形成的学习活动。

(2) "学社融合"的特点。"学社融合"的特点保持了相对稳定性。"学社融合"是学校教育和社会教育在发挥各自优势的基础上，更进一步相互协作和融合而形成的新教育体系。具体而言，"学社融合"的特点主要包括以下三个方面：第一，"学社融合"是学校和社区所结成的新教育系统。它是面向学校、社区的开放教育系统，融合了两者的有利因素，整合了学校教育和社会教育的优势资源。第二，"学社融合"中学校教育和社会教育的目标同步实现。"学社融合"的教育活动在充分考虑学校教育和社会教育的目标基础上，充分发挥它们的教育力量，为了一致的目标而共同开展教育活动。第三，"学社融合"期待第三方组织在活动中起主导作用。"学社融合"中较少有学校教育或者社会教育的某一方占主导作用的活动形式，而一般由第三方组织推动活动的开展。这个第三方组织便是由学校、社区和相关方面的人士组成的，诸如组成"学社融合推进委员会"。"学社融合推进委员会"的组成成员来自多方面，有PTA（Parent-Teacher Association，即家长老师协会）、青少年团体、学校、企业代表者、社区教育联络协议会等。

（3）"学社融合"的实施意义。实施"学社融合"的意义是多方面的。对学校而言，"学社融合"能够促使学校充分利用好社区或社会的教育资源，开展形式多样的教育活动。对社区而言，"学社融合"使社区能够为人们提供更多的进行终身学习的机会，并且使人们有更多机会来表现自己的学习成果，提升学习的充实感和成就感。具体来说，实施"学社融合"的意义有以下几点：第一，整合学校和社区的教育力量。在某些方面，学校教师无法胜任相应的教学任务，而社区人士能够取而代之。另外，通过开展"学社融合"，能够促成学校教学法得到改进。由于多方参与，通过教师集团、教学者和教育学者等人的商讨，并且整合了社区和民间的教育力量，能够在最大程度上找到最合适的教学方法。第二，增强学校和社区的活力。"学社融合"的活动能够进一步充实学校教育的内容，使之变得更加丰富，因为在"学社融合"活动中，社区的有一技之长的专门人士往往被邀请参加，"指导者"或者说"指导者小组"具有丰富的经验，能够促进学生的学习。从社区层面上而言，正是因为居民们积极参与"学社融合"，使得他们认识到青少年教育必须同时依靠学校、家庭和社区的密切协作。第三，加强学校和社区的联系，建立学校和社区的双向互动机制。"学社融合"活动过程中，在校学生通过和多种年龄层次和不同职业的人相处，提高自身的人际沟通能力。社区通过"学社融合"的活动，更好地和学校的师生接触，更多地了解学校教育的开展情况，增强对学校的理解和支持。由此，学校和社区之间双向互动服务机制得以形成。第四，改变教师的教学方式，提高教育教学水平。在"学社融合"活动的开展过程中，往往设有"学习支援委员会"（由教师、社区专门协会和社区的有识之士组成），共同探讨教学方法，因此，教师在教学中变得更加注重整体的协作，而不是单干。另外，由于存在社区的支援与合作，使得他们认识到青少年的教育不是只能依靠他们，能够在一定程度上减轻教师的压力感。第五，提升居民的主人翁意识，进一步发挥社区教育的作用。在"学社融合"活动的开展过程中，凡是有一技之长的居民都将被邀请到活动中，能够促进社区居民争当能手。居民参与"学校教育支援活动"能够提高他们的策划能力和运作能力。第六，提高终身学习的可操作性，促进终身学习体系的建立。"学社融合"的理念提倡学校教育和社会教育之间模糊自身界限，鼓励人们因地制宜地使用适合自己的学习方式，创造性地通过融合开发出新活动，以提高终身学习的可操作性，促进终身学习体系的建立。

练习思考

1. 终身学习的内容有哪些？怎样理解它们？
2. 终身学习的途径有哪些？
3. 日本的"学社融合"有哪些特点？实施"学社融合"有什么意义？

理念二

在职人员持续学习理念

学习要点

知识要点
1. 了解在职人员持续学习的概念；
2. 了解在职人员持续学习的动力；
3. 掌握在职人员持续学习的特点。

技能要点
1. 学会在职人员持续学习的策略；
2. 学会在职人员持续学习的方法。

内容提要

美国作家斯宾塞·约翰逊写的《谁动了我的奶酪》中指出："变化总在发生，如果你不改变，你就会被淘汰；尽快适应变化，越早放弃旧的奶酪你就会越早享用到新的奶酪。"在职人员为了适应社会的变化，为了生存和职业的发展，为了自我生命的完善，就要根据自身特点进行持续学习。在职人员持续学习要讲究一定的策略和方法，这样才能达到事半功倍的效果。

一、什么是在职人员持续学习

21世纪是学习的世纪。随着信息社会、知识经济时代的全面到来，学习不仅是人们获取知识、应用知识的重要工具和手段，而且成为人们生活的第一需要。由于年龄、心理、生理、环境等方面的差异，在职人员具有与儿童和青少年学生不同的学习特征。罗曼·罗兰说过："成人懒惰的最大动力在于学习热情的降低。"在职人员要想抓住时代的脉搏，不断地完善、发展自我，就要不断地持续学习。

所谓在职人员持续学习，就是在职人员以人的发展为中心，以增长学习能力为导向，将学习与工作系统、持续地结合起来，通过不断学习，使自己不断自我超越，不断创新，从而促进自我完善、自我发展、赢得竞争优势的持续不断的学习过程。

二、在职人员持续学习的动力

（一）学校知识不能满足现有工作的需要

由于我国教育的传统体制和教育课程的单一性，劳动力市场需求和劳动力供给经常出现及不均衡的现象。"学非所需"、"学非所用"、"用非所学"的现象突出。据国内多项调查，学校教育的"应试"教育，强调"应试"多于"动手"，缺少与社会"亲密接触"，课本教育不具备"社会实践"，导致了劳动力不能适应组织对劳动力市场竞争能力的要求。调查显示，一个人所拥有的全部知识，一年之后就会折旧80%。在当今社会，"人才"二字已被越来越多的企业所重视。单纯通过纯粹课堂教育获得知识与技能的人才不是具有竞争力的人才。不具有市场竞争力的人才就不是人才。

（二）时代发展的要求

在这个信息全球化、追求多元化、强调可持续发展的时代，我们不能再坐井观天安于享乐。这个时代要求我们持续学习，这个国家乃至世界都要求我们持续学习。世界在飞速发展，就在不经意间世界已经又向前奔跑了一大段距离，一切都在悄悄地发生着巨大变化。如果我们打算追上时代的步伐，最有效的途径就是持续学习。

知识经济时代，知识的不断创新，必将引起生产的不断变革和社会的不断进步。知识经济的形式使传统的一次性学习或受教育已不能适应经济的发展、社会的发展和人类自身的发展要求。在知识经济中，知识竞争力随着全球化竞争的日益激励，知识劳动力面临着新知识的挑战和知识发展的挑战。人力资本的形成和积累是一个终身的过程，人力资本的时效性表明人力资本不可能达到永恒的卓越的效益，劳动者必须"活到老，学到老"。劳动者积累资本的过程就是在终身学习中扬弃旧的知识，并不断吸纳新知识和创新知识的过程。在职人员要考虑"何时学习"、"如何学习"、"学习什么"等促进自己学习的问题。

（三）生存和职业发展的需要

我们今天和将来学到的知识可以决定余生的生活道路和质量。学习可以增加我们的生活选择，增加的生活选择又可以极大地提高生活质量。在很大程度上，正是学习决定了我们未来的道路，也决定了我们将来将成为一个什么样的人。如果我们了解一些有价值的知识，有能力学习更多的知识，将又有更多机会选择自己谋生的道路，成为"知识经济"时代中最为需要的人才。

在职人员只有不断地学习，才能掌握新知识、新技能，才能在这个不断变化的世界中感到安全。那种建立在忠诚和资历上的安全感已经不存在了。忽略学习知识、技能使我们在遭遇生活和职业生涯中的意外事件时不堪一击，等到生活的重大变化时才去拓展我们的技能是非常危险的策略。如果我们不通过平时持续学习的积累，一旦工作对我们提出越来越多的要求，就无法再胜任。

只要持续学习，不断补充新知识、新技能，就能在工作中显示出优于他人的成绩，促进自己的职业发展水平。通过学习，能够提高自我的认知能力，更能看清问题的本质，为组织提出更优的对策。比尔·盖茨说："一个人如果善于学习，他的前途会一片光明，而一个良好的企业团体，要求每一个组织成员都是那种迫切要求进步，努力学习新知识的人。""工欲善其事，必先利其器"，我们想做好一份工作，就必须通过持续学习来获得优良的工作能力。学习是求生存、求发展的必然选择，是重新创造自我的必经之路。

（四）自我生命完善的需要

追求生命完善是人类进化途中永不熄灭的指明灯，它给人以希望，激励人在困境中坚持下去。生命完善是一个无止境的过程。生命是有限的，这是对受制于寿命的长短和无法实现愿望的无奈。尽管如此，人类仍没有放弃对完善的追求，并在这种追求中体味着生命的真谛。人的生命具有丰富的潜力和内涵，可以从各个方面得到提升。生命完善是一个不断前进的过程，这种完善需要一生持续不断地学习来实现。我们有理由相信，在与终身学习结伴而生的学习化社会，人的生命完善能够得以实现。在职人员如果把学习当成个人完善的过程，其学习就会更具有乐趣，如果养成了为学习本身的乐趣而学习的习惯，生活会变得更加有意义。

三、在职人员持续学习的特点

（一）学习目标的明确性

在职人员的学习是以问题为中心，学习活动与其生活情境有关，与当前需要有关，学习是为了立即应用，解决实际生活和工作中遇到的问题。在职人员的学习直接面向社会，他们的学习往往是同个人的职业密切相关，一般是"干什么学什么，缺什么补什么，需要什么学什么"。这种职业性的学习，不仅为在职人员当前从事的实际工作创造条件，满足立即应用的需求，而且能不断提高其职业能力，满足长远的工作需要。总之，在职人员的学习基本上是遵循着"实际、实用、实效"这样一条原则去进行的，解决问题是其学习目标。

（二）学习动机的内发性

在职人员的学习动机往往来自内在的力量，如源自某一困惑的问题或想要把工作做好、提升自我、提高生活品质、追求发展等，虽然也可能来自外部他人的影响，如家人、雇主或权威者的期望与要求，但有关研究结果显示这种外在的期望动机虽然可能引发学习的行为，但并不能持久。对在职人员来说，学习动力来自自身的强烈需要才会持久。

（三）学习内容的丰富性

在职人员在漫长的人生道路上已经走完了一段路程，不仅学习了一定的间接经验，有的还接受了传统教育，而且在生活和工作中积累了相当丰富的直接经验，如有关生产劳动的经验、生儿育女的经验、社会适应的经验等等。这些经验在他们的再学习过程中起着十分重要的作用，他们可以凭借以往的知识经验和直觉很快抓住问题的实质，找到解决问题的突破口，使问题迎刃而解。这里需要指出的是，在职人员已有的经验，也可能成为学习的阻力。由于经验的积累，成人可能会存在一些不良的习惯、偏见或先入为主的看法，不刻意接受新的观念或采取另一种思考方式，这就需要成人教育工作者对之进行正确引导。

（四）学习方式的自我导向性

在职人员具有强烈的自我概念，这种自我概念使其学习表现为自我导向学习。所谓自我导向学习包含两个基本含义。其一，强调学习主体本人对学习负有大部分的责任；其二，学习者本人要知道如何学习，也就是要学会学习。在自我导向学习中，学习不再是社会或其他成员外部施加强制力的产物，而是学习者自主选择的活动。学习者在学习的过程中逐渐养成良好的学习态度、学习策略，自己选择教育资源、安排学习活动甚至自己进行学习评估。这是在职人员学习最基本、最主要的特征。在职人员的学习是自我导向学习，而非"他人导向学习"。

（五）学习形式的灵活性

同一年龄阶段的未成年人具有相同的年龄特征，他们的学习形式也相差不大。成人的情况远比未成年人复杂得多：年龄不同，有老、中、青之别；职业不同，有行业、职务、工作之别；原有智能基础不同，有文化程度、技术水平、业务能力的差异；学习条件不同，身体有强弱、住址有远近、家务负担有轻重。在职人员必须根据自己的具体情况选择适合自己的方式去学习，诸如脱产进修、函授学习、上夜大或电大、参加讲习班或研讨会等。在职人员的学习形式是不拘一格的。

（六）学习阻力的多重性

在职人员学习的干扰因素既有客观方面的，也有主观方面的，它们都影响学习的顺利进行。在职人员学习主观方面的干扰因素有：有的学员认为自己年龄大、记忆力不好或学习基础差难以取得好成绩，常常感到悲观、绝望等，在学习中不注意记忆力的训练和学习方法的改善，久而久之丧失学习信心；有的学员认为自己经验丰富，凭经验也可以应付工作、生活，贪图安逸，没有开拓进取与拼搏精神，缺乏明确的奋斗目标，整天浑浑噩噩，自我满足的意识在不断动摇其学习动机；还有的学员在以上两种学习动机发生冲突的情况下，往往顾此失彼，认为自己精力欠佳，从而影响学习积极性。在职人员学习客观方面的干扰因素有：外界的压力阻碍了学习；随着社会和经济的不断发展，竞争日趋激烈，人们的生活节奏不断加快，人际关系更为复杂；成人学员大多家庭负担较重，工学矛盾突出，学习中常常感到十分艰苦、吃力，因而忧郁、烦闷，无心去学习。

四、在职人员持续学习的策略

学习是个体在一定情境下由于反复地经验而产生的行为或行为潜能的比较持久的变化。作为在职人员，应该确立终身学习的态度，做到持续不断地学习，不断深造，不断充实，以保持与发展同步，要确立灵活择业的思想。这样，学习的重点开始转移，从摄取尽可能多的知识到学会学习，到掌握学习策略，因为与知识相比，学习策略不易老化。

（一）确定恰当的学习目标期望值

期望就是指一个人根据以往的能力和经验，在一定的时间里希望达到目标或满足需要的一种心理活动。期望值，是人们判断自己达到某种目标或满足需要的可能性的主观概率。目标价值大小直接反映人的需要动机强弱，期望概率反映人实现需要和动机的信心强弱。人总是渴求满足一定的需要并设法达到一定的目标。这个目标在尚未实现时，表现为一种期望。

对于目标的期望值怎样才算适合？有人把它形容为摘苹果。只有跳起来能摘到苹果时，人才最用力去摘。倘若跳起来也摘不到，人就不跳了。如果坐着能摘到，无需去跳，便不会使人努力去做。期望的调节作用在于它在个体行动之前，通过自身的认知活动对行为的结果产生一定的认识。研究表明，学习者保持一定目标期望值具有较强的激励作用。在实际学习过程中，既不能使学习目标定得太高，因为期望值总是太高，如果达不到就会消极对待，失去信心，使学习者望而却步；也不能使学习目标定得太低，因为期望值太低，就会促进学生逃避学习，使学习者轻松达到目标。这两种情况都会削弱学习动机，降低学习积极性。因此，期望值应该与目标相一致，要使目标保持一定的难度和实现的可能性。

（二）制订持续学习的计划

凡事预则立，不预则废。做什么事有了计划就容易取得好的结果，反之则不然。有没有学习计划对学习效果有着深刻的影响。毫无计划的学习是散漫疏懒的,很容易被外界的事物所影响。通过计划合理安排时间和任务,使自己达到目标,也使自己明确每一个任务的目的。

(1) 确定自己对额外学习感兴趣的原因,制定学习目标。可考虑自己想学习是为了提升自己的生活品质而学习,为了扩大自己的择业机会而学习,还是为了学习的乐趣而学习。这样有助于目标的确立。

(2) 确定需要掌握哪些知识和技巧。主要从应该学习的内容考虑需要掌握的知识和技巧。

(3) 探索可利用的学习资源。考虑自己有哪些学习资料,有哪些网站可供学习。通过电话咨询或图书馆查询等方式获得学习资源。

(4) 确定可以用来学习的时间。成功学习的秘籍在于坚持不懈地努力学习。每天不间断地学习20分钟,比到周末挤出几个小时一次性完成一周学习任务的效果要好很多。

(5) 设定学习道路上的小目标。将一个大目标科学地分解为若干个小目标,落实到具体的每天、每周的任务上,是实现目标的最好方法。

(三) 培养自己的学习意志

很多人都希望成为一个终身学习者,能持续不断地学习,但是似乎他们总也做不到,有趣的创意和学习机会总是擦肩而过。这其中有很多原因,其中重要的一点是缺乏学习意志。有人曾经这么说过:"伟大的事业不是靠力气、速度和身体的敏捷完成的,而是靠性格、意志和知识的力量完成的。"在职人员需要锲而不舍的顽强学习意志,这种顽强的学习意志不是先天生来就有的,而是在长期的学习过程中培养出来的。

(1) 从点滴做起,按计划完成自己的各项学习任务,不要老是"明日复明日",当天的学习任务当天完成,这也是一种意志的锻炼。在自己的行动仍缺乏自觉性时,也可以采取适当的有意强制的方法,要求自己无条件地服从。

(2) 正确对待学习中的挫折和失败。在学习中要善于从挫折和失败中吸取经验和教训,正确分析挫折和失败的原因,从逆境中奋起,树立信心,重整旗鼓,善于进行自我调节,把压力转化为动力,变通前进,最终反败为胜,达到成功的彼岸。

(3) 持之以恒,百折不挠。学习意志的培养和锻炼不是一朝一夕的事,需要长期坚持不懈的努力,没有坚持到底的恒心,难以到达成功的彼岸。恒心的坚持在于,一方面要善于抵制不符合行为目的的主观因素的干扰,做到面临重重诱惑而不为所动;另一方面要善于长久地维持已开始的符合目的的行动,不畏困难,并千方百计克服困难。做到无论是学习还是做什么事,都要有始有终,不轻易放弃对目标的执着追求,决不半途而废。

(四) 在工作中学会观察模仿学习

班杜拉(A. Bandura)认为人类的学习大多发生于社会情境中,只有站在社会学习的角度才能真正理解发展。他将自己的理论称为社会认知理论。班杜拉和其他一些学者通过研究证实:人们能通过观察社会情境中的其他人并模仿他们行为而学会新的行为。根据社会认知理论的看法,学习就是通过对信息的认知加工而获得知识。班杜拉认为,观察者比那些没有观察别人行为的人学得更快,因为他们能消除不必要的行为,从而不必为错误付出高昂的代价。

班杜拉认为观察学习包括四点。

（1）注意过程。如果没有对榜样行为的注意，就不可能去模仿他们的行为。能够引起人们注意的榜样常常是因为他们具有一定的优势，如更有权力、更成功等。

（2）保持过程。人们往往是在观察榜样的行为一段时间后，才模仿他们。要想在榜样不再示范时能够重复他们的行为，就必须将榜样的行为记住。因此需要将榜样的行为以符号表征的形式储存在记忆中。

（3）动作再生过程。观察者只有将榜样的行为从头脑中的符号形式转换成动作以后，才表示为已模仿行为。要准确地模仿榜样的行为，还需要必要的动作技能，有些复杂的行为，个体如不具备必要的技能是难以模仿的。

（4）强化和动机过程。班杜拉认为学习和表现是不同的。人们并不是把学到的每件事都表现出来。是否表现出来取决于观察者对行为结果的预期，预期结果好，他就会愿意表现出来；如果预期将会受到惩罚，就不会将学习的结果表现出来。因此观察学习主要是一种认知活动。

在职人员要在工作中学会观察模仿学习，要做到以下几点：当榜样正表现某种行为时，学习者必须观察榜样；学习者必须精确感知榜样的行为；学习者必须记住行为；学习者必须有必要的技能和能力实施行为。

（五）通过提高自我效能感促进学习

自我效能感是指个体对他自己的特定情境中完成特定任务的能力估计。班杜拉认为自我控制和坚持严格的成就标准的原始动机来自于个体的内心，而非外在的环境。当人们实现了追求的目标时，就会觉得有能力，就会感到自豪、骄傲；如果无法达到标准时，就会感到焦虑、羞愧和觉得没有能力。这种从成功的经验中衍生出来的能力信念叫做自我效能感（Self-Efficacy）。越觉得自己能完成任务，员工的自我效能感就越高。有较高的自我效能感的员工相信，他们具有必要的能力，他们能付出努力，没有外在事件能阻止他们高水平地完成任务。如果员工的自我效能感低，他们会认为无论他们怎样努力，总有一些东西会阻碍他们达到想要的成就水平。自我效能感影响人们对任务的选择，还影响人们为达到目标所愿意花费的时间。例如，一个仅上了几次课的高尔夫球新手打了一个好局，在这样的情况下，这个高尔夫球手可能将高分数归因于"初学者的运气"，而不是能力。但是如果在上了许多课、经历了许多练习后还不能突破 100 杆，低自我效能感的球手便会认为这项运动要求太高，不值得花更多时间。而高自我效能感的个体则会更努力地提高自己的运动水平。这些努力或许包括去听更多的课程、观看示范录像、更加努力持久的练习等。

自我效能感在以下三个方面影响学习。

（1）自我效能感影响个体为自己选择的活动和目标。低自我效能感的人不会给自己定下挑战性的，或者"富有张力的"目标。这些人并不是自己懒，他们只是认为自己不能达成一项高目标。高自我效能感的人认为自己能完成高成就的目标，结果他们确实做到了。

（2）自我效能感影响个体对工作的努力程度。高自我效能感的个体努力学习新任务，并坚信付出努力一定会得到回报。低自我效能感的个体对自己成功的能力缺乏自信，认为无论如何都可能失败，因而自己的额外努力也是徒劳无功的。

（3）自我效能感影响个体在某项复杂任务上的持久性。因为高自我效能感的人相信自己会表现出色，尽管有障碍或短暂失意，他们仍可能坚持下去。在 IBM，低成就的员工比高成就的员工更可能存在障碍，这些障碍使他们完成任务的能力受阻。当人们认为自己没有能力做某项工作时，他们去做这项任务的动机水平会很低。

由于自我效能感对个体的行为影响很大，如何加强对其培养就成为实践中的一大课题。班杜拉及其学生认为可以通过以下途径来进行培养：第一，适当的外部强化。因为外部强化能促进任务的完成，激励人去不断奋斗，另外，外部强化能使人看到自己的进步，提高对自我能力的判断。第二，及时自我强化。自我强化以自我奖赏的方式激励或维持一个人达到某一目标，目标的实现会提高自我效能感。第三，加强归因训练。归因对人的行为、情绪和期待有重要的影响，正确的归因能帮助一个人对自己树立信心，使之在自己的每一次进步中意识到自己的努力是有成效的。

（六）善于应用元认知策略

元认知策略就是人们对自己学习过程的认知。例如学习时，学习者要学会使用一些策略去评估自己的理解、预计学习时间、选择有效的计划来学习或解决问题。例如，假如你读一本书，遇到一段读不懂，你该怎么办呢？你或许会慢慢再读一遍；你或许会寻找其他线索，如图、表、索引等来帮助理解；或许你还会退到这一章更前面的部分，这意味着你要学会如何知道你什么地方不懂，以及如何去改正你自己。此外，你还要能预测可能会发生什么，或者能说出什么是明智的，什么不是明智的。所有这些都属元认知策略。概括起来，元认知策略大致可分以下三种。

（1）计划策略。计划策略包括设置学习目标、浏览阅读材料、产生待回答的问题以及分析如何完成学习任务。给学习作计划就好比是足球教练在比赛前针对对方球队的特点与出场情况提出对策。

（2）监控策略。监控策略包括阅读时对注意加以跟踪、对材料进行自我提问、考试时监视自己的速度和时间等。它又可分为领会监控和策略监控两种具体策略。

领会监控。领会监控是指学习者头脑中有明确的领会目标，在整个学习过程中始终根据这个目标来监控学习。一些研究表明，许多人都缺乏这种领会监控技能，好多人总是把重复(如再读、抄笔记等)作为他们的主要策略，从课本或讲演中学习新知识，为了帮助这样的学生，德文（Devine）建议他们使用以下策略以监视并提高他们的领会。第一，变化阅读的速度。以适应对不同课文领会能力的差异。对于比较容易的章节读快点，抓住作者的整体观点；对于较难的章节，则要放慢速度。第二，容忍模糊。如果某些事不太明白，继续读下去，作者可能会在后面填补这一空隙，增加更多的信息，或在后文中会有明确说明。第三，猜测。当所读的某些事不明白时，养成猜测的习惯。猜测不清楚段落的含义，并且读下去，看看自己的猜测是否正确。第四，重读较难的段落。重新阅读较难的段落，尤其是当信息仿佛自相矛盾或模棱两可时。

策略监控。策略监控是学习者对自己应用策略的情况进行监控，保证该策略在学习过程中有效地运用。常用的方法是学生自我提问法。比如一些问题：我采用的方法是否合适？当遇到问题不容易解决时，我归纳总结了吗？

（3）调节策略。调节策略是学习的过程中，根据监控的结果，对有问题的地方进行调节修改的过程。例如，学习者测验时跳过某个难题，先做简单的题目等。调节策略能帮助学生矫正他们的学习行为，使他们补救理解上的不足，从而更好地学习。

五、在职人员持续学习的方法

有人讲过这样一个有趣的童话：一位贫穷的孩子遇到一位神奇的老人，老人用手指头对路旁的一粒小石子点了一下，小石子立即化成一块金子，老人把金子送给孩子，孩子却摇摇头。老人又把一块大石头化成金块送给他，孩子还是摇摇头不要，老人又顺手把对面一座山点化成金山送给他，孩子仍然摇头不要。老人生气了，责问他："金山还不要，你要什么？"孩子不慌不忙地说："我要你的手指头。"老人一听笑了。我们在学习上需要的不也是这种"点金术"吗？对于在职人员来说，在掌握学习策略的基础上，再掌握一定的学习方法，不仅事半功倍，而且取之不竭。从古至今，人们积累了众多的关于学习活动的经验，其中一些经过了反复实践与修正，形成了具有模式意义的学习方法，并得到了广泛的应用。

（一）循环学习法

循环学习法以人类记忆规律为依据。1885 年德国心理学家艾宾浩斯研究发现：遗忘具有先快后慢的规律。据此，复习必须及时，也就是说，学习新内容后要及时进行整理，然后在不同的时间多次加以复习，强化所学内容，使之变成牢固的记忆。具体操作如下：

学习内容：A、B、C、D(用字母代号表示)。

循环学习流程：

(1) 初学 A 和复习 A
(2) 初学 B 和复习 B　　(3) 复习 A、B(小循环)
(4) 初学 C 和复习 C　　(6) 复习 C、D(小循环)　　(7) 复习 A、B、C、D(大循环)
(5) 初学 D 和复习 D

这种循环学习的方法使每项内容都有多次强化的机会，复习是在学习过程的不同阶段进行的，能防止抑制对记忆的干扰。循环学习以"螺旋上升"的方式进行，后一循环以前一循环为基础，但比前一循环更加深入，并使前一循环得到丰富和补充，这有利于建立新旧知识间的联系，使所学知识系统化。

（二）纲要学习法

纲要学习法是前苏联著名教育家沙塔洛夫摸索出的一条有效途径。它要求学生将教材内容组织加工成系统的知识图表或提纲来组织自己的学习活动，以增强对所学知识的记忆和加深对重点难点的理解。

图表或提纲应当考虑到内容和形式两个方面，内容依据学习材料而定，从形式来看，所列各项语言应简洁清晰、富有条理，可以用叙述的方法勾画出学习材料的完整轮廓，也可以用提问形式制成开放式图表或提纲。图表或提纲的制作注意以下几点。

(1) 对所学材料进行分析，找出知识要点，明确哪些必须掌握，哪些需要了解，哪些是根本问题，哪些是派生出来的，进行简明扼要的概括。

(2) 把一个个分散的知识点变成一个有机整体，找出其内在的逻辑关系。若彼此间没有必然联系，可以通过时间、地点、人物、形象等手段加以联系。

(3) 图表或提纲制作完毕要有效地利用，总的原则是从总到分，从粗到细，从一般到个别。

（三）发现学习法

学习过程中的发现主要指通过独立学习与思考从所学材料中探寻规律、掌握原则。学习者所"发现"的多数是前人已总结出来的东西，但通过自己的思考要比从他人那里接受效果好，理解得会更深，记忆得会更牢。当然，学习者也有可能发现前人所不知的东西，但这种发现要么具有偶然性，要么以独立思考能力的培养为基础。

思维最显著的特点是概括性，概括是在思维过程中将事物的共同特征结合起来或将具有共同特征的事物进行归类，概括的过程是思维由个别通向一般的过程，即把个别事物的本质属性推及为同类事物的本质属性。发现法在学习过程中，要学会运用思维方法，如分类方法、归纳方法、综合方法等。

（1）分类方法。通过比较，找出所学材料的共同点和差异点，将学习材料区分为不同层次的类别，并加以系统化。

（2）归纳方法。通过整理，概括经验事实，使分散的、多样的事实系统化和统一化，并找出系统化、统一化的契机，去异求同，从而揭示事物的本质和规律。

（3）综合方法。通过分析，把对象的各个部分、方面和因素联结起来，作为一个统一整体加以考虑。

在运用上述三种方法进行发现学习时，学习者还必须掌握演绎、类比、分析等思维方法和养成学思结合，主动质疑的学习习惯。

（四）程序学习法

程序学习法是美国心理学家斯金纳提出的一种学习方法。它是将学习内容分成许多小步子，并系统地排列起来，学习者按照这种程序一步一步地学习，学完一个小步子后，对小步子所提出的问题作出回答，回答正确后进入下一步，回答不正确再反回来继续学。

PQ4R学习法就是一种程序学习法，是用六个英文单词的首字母组成的，代表着学习任意一章内容应遵循的六个步骤。

（1）预习（Preview，P）。在开始新一章的学习时，一个最好的做法是不要马上就读，而是先花几分钟大略的看一遍。注意一下各节标题、大写的或黑体的术语，形成一个总体的认识。同时，也要考虑这一章讨论的是什么问题，材料是怎样组织的，以及它与前几章有什么联系等。

（2）提问（Question，Q）。在阅读每一节之前，停下来先问问自己它都包含什么内容，以及应当抽取哪些信息。例如，本章中有一节的标题是"人格"，你可以改成这样一些问句，"什么是人格？""人格对我们有什么影响？"

（3）阅读（Read，R）。阅读课文，并试着回答自己前面提出的问题。

（4）复述（Rehearsal，R）。在读课文时，试图予以理解，默读并想出一些例子，把教材和已有的知识联系起来。

（5）回忆（Recall，R）。在学完一段后，试着回忆其中所包含的要点，回答自己提出的问题。对不能回忆的部分再阅读一遍。

（6）复习（Review，R）。学完一章后，复习所有内容，找出各节内和各节间的联系。目的是考察作者如何组织材料。一旦掌握了篇章的组织结构，单个的事实就容易记住了。

在学完所有内容以后进行休息、放松。

研究表明，采用这种方法不仅可以更好的记忆材料，而且会节省大量时间。

练习思考

1. 在职人员持续学习具有什么特点？
2. 班杜拉的观察学习有几个过程？在职人员要在工作中学会观察模仿学习，要做到哪几点？
3. 什么是元认知策略？怎样应用元认知策略进行学习？

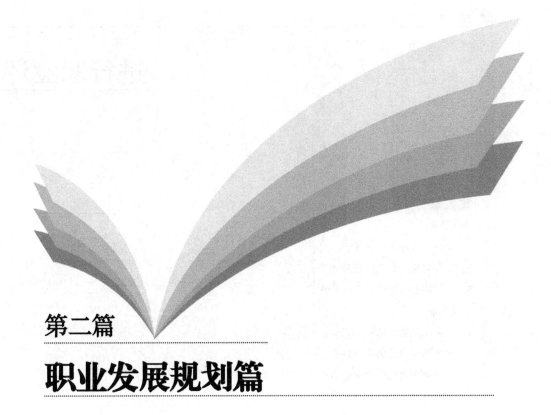

第二篇
职业发展规划篇

　　职业规划，是指一个人在对个人职业发展的主客观条件进行测定、分析、总结的基础上，对自己的兴趣、爱好、能力、特点进行综合分析与权衡，结合时代特点，根据自己的职业倾向，确定其最佳的职业奋斗目标，并为实现这一目标做出行之有效的安排。职业规划的目的绝不仅是帮助个人按照自己的资历条件找到一份合适的工作，更重要的是帮助个人真正了解自己，为自己定下事业大计，筹划未来，拟定一生的发展方向，发挥自己潜能，达到与实现个人职业发展目标。职业规划的步骤是：自我评估、职业发展环境分析、确定职业发展目标、选择职业发展路线、制订职业行动计划与措施、评估与回馈。本篇将这些步骤合并为进行职业评估和制定职业发展规划两个部分进行介绍，以方便进行职业选择和职业规划。

规划一

进行职业评估

学习要点

知识要点
1. 了解自我评估的方法；
2. 了解职业价值观测评的方法；
3. 了解职业发展环境分析的内容。

技能要点
1. 学会测试自己的职业兴趣；
2. 学会测试自己的职业性格；
3. 学会测试自己的职业能力；
4. 学会测试自己的职业价值观；
5. 掌握职业发展环境分析的方法。

内容提要

职业评估主要从自我评估和职业发展环境分析两个方面进行评价，它是个人做好职业规划的第一步。自我评估是根据自身实际特点设计出科学、可行的职业发展路径的基础。自我评估包括对自己的兴趣、性格的了解，也包括对自己的职业能力和职业价值观的测试。自我评估的目的，是认识自己、了解自己，从而对自己所适合的职业和职业目标做出合理的抉择。职业发展环境分析，主要是评估周边各种环境因素对自己职业生涯发展的影响。在制定个人的职业生涯规划时，要充分了解所处环境的特点、掌握职业环境的发展变化情况、明确自己在这个环境中的地位以及环境对自己提出的要求和创造的条件等。

一、了解自己的职业兴趣

（一）职业兴趣

兴趣是指建立在需要基础上，带有积极情绪色彩的认知和活动倾向，是个人对其环境中的人、事、物所产生的喜爱程度，是个人力求认识、掌握某事物，并经常参与该种活动的心理倾向。职业兴趣是指人们对某种职业活动具有的比较稳定而持久的心理倾向。它是一个人探究某种职业或从事某种职业活动所表现出来的特殊个性倾向，它使个人对某种职业给予优先的注意，并具有向往的情感。由于兴趣爱好不同，人的职业兴趣也有很大的差异。

（1）职业兴趣是职业选择的重要依据。兴趣是人的动机产生的重要主观原因，是一种强大的精神力量，是人对所从事的职业活动，具有创造性态度和产生创造性行为的重要条件。

（2）职业兴趣可以提升职业创造能力。兴趣是一种强大的精神力量，它可以使人集中精力去获得知识，并创造性地开展工作。

（3）职业兴趣是保证职业稳定、成功的重要因素。如果你对某个领域充满激情，你就有可能在该领域中发挥自己所有的潜力，学习就成为一种享受。

（4）职业兴趣可提高人的工作效率。一个人对某一工作有兴趣时，枯燥的工作会变得丰富多彩、趣味无穷。兴趣使工作不再是一种负担，而是一种享受。

因此，在选择长期、稳定的职业生涯时，不仅需要知道自己有能力从事什么样的工作，更重要的是需要知道自己对哪类工作感兴趣。只有将能力和兴趣结合起来考虑，才更有可能规划好职业生涯并取得职业生涯的成功。

（二）职业兴趣的测试

目前，职业兴趣测评有兴趣表达、行为观察、知识测验以及兴趣测验四种途径。其中兴趣测验最具科学性和标准化，也最普遍地在职业规划中运用。下面我们介绍目前最常用的霍兰德职业兴趣测试。根据霍兰德的观点：一个人的职业兴趣会极大影响职业的适宜度。当他从事的职业与其兴趣相吻合时，就可能发挥最佳水平，易于做出成就；反之则可能感到极不适应或者毫无兴趣，即使取得一定成绩也难以获得成就感。霍兰德经过大量的分析研究，把职业兴趣分为六种基本类型（实际型、社会型、调查型、事业型、艺术型、常规型），我们每个人都归属于其中的一种或几种类型。霍兰德职业兴趣测试是先通过职业性向测验量表测定自己的兴趣特性，然后根据自己的性格特点查找适合自己的职业。

1. 霍兰德职业兴趣测验量表

本测验量表将帮助您发现和确定自己的职业兴趣和能力特长，从而更好地做出求职择业的决策。如果您已经考虑好或选择好了自己的职业，本测验将使您的这种考虑或选择具有理论基础，或向您展示其他合适的职业。如果您至今尚未确定职业方向，本测验将帮助您根据自己的情况选择一个恰当的职业目标。

第一部分　您心目中的理想职业（专业）

对于未来的职业（或升学进修的专业），您得早有考虑，它可能很抽象、很朦胧，也可能很具体、很清晰。不论是哪种情况，现在都请您把自己最想干的三种工作或者想读的三种专业，按顺序写下来，并说明理由。请在所填职业/专业的右侧按其在你心目中的清晰程度或具体程度，按从很朦胧、抽象到很清晰、具体分别用 1、2、3、4、5 来表示，如 5 分表示它在你心中的影象非常清晰。

一、职业/专业：　　　　　　　　清晰程度：
理由：
二、职业/专业：　　　　　　　　清晰程度：
理由：
三、职业/专业：　　　　　　　　清晰程度：
理由：

以下第二、三、四部分每个类别下的每个小项皆为选择题，请选出比较适合你的，与你的情况相符的项目，并按有一项适合的计 1 分的规则统计分值，将相应分值填写在第六部分的统计项目中。

第二部分　您所感兴趣的活动

下面列举了若干种活动，请就这些活动判断你的好恶。喜欢的，计 1 分，不喜欢的不计分。请将答案直接写在答题纸上（见表 2-1）。

表 2-1　你所感兴趣的活动

R：实际型活动　　　统计（　）	S：社会型活动　　　统计（　）
1. 装配修理电器或玩具	1. 参加单位组织的正式活动
2. 修理自行车	2. 参加某个社会团体或俱乐部活动
3. 用木头做东西	3. 帮助别人解决困难
4. 开汽车或摩托车	4. 照顾儿童
5. 用机器做东西	5. 出席晚会、联欢会、茶话会
6. 参加土木技术学习班	6. 和大家一起出去旅游
7. 参加制图描图学习班	7. 想获得关于心理方面的知识
8. 驾驶卡车或拖拉机	8. 参加讲座会或辩论会
9. 参加机械和电气学习班	9. 观看或参加体育比赛和运动会
10. 装配修理机器	10. 结交新朋友
I：调查型活动　　　统计（　）	E：事业型活动　　　统计（　）
1. 读科技图书或杂志	1. 鼓动他人
2. 在实验室工作	2. 卖东西
3. 改良水果品种，培育新的水果	3. 谈论政治
4. 调查了解土和金属等物质的成分	4. 制订计划、参加会议
5. 研究自己选择的特殊问题	5. 以自己的意志影响别人的行为
6. 解算术题或玩数字游戏	6. 在社会团体中担任职务
7. 物理课	7. 检查与评价别人的工作
8. 化学课	8. 结交名流
9. 几何课	9. 指导有某种目标的团体
10. 生物课	10. 参与政治活动
A：艺术型活动　　　统计（　）	C：常规型活动　　　统计（　）
1. 素描/制图或绘画	1. 整理好桌面与房间
2. 参加话剧/戏剧	2. 抄写文件和信件
3. 设计家具/布置室内	3. 为领导写报告或公务信函
4. 练习乐器/参加乐队	4. 检查个人手指情况
5. 欣赏音乐或戏剧	5. 打字训练班
6. 看小说/读剧本	6. 参加算盘、文秘等实务培训
7. 从事摄影创作	7. 参加商业会计培训班
8. 写诗或吟诗	8. 参加情报处理培训班
9. 艺术（美术/音乐）培训班	9. 整理信件、报告、记录等
10. 练习书法	10. 写商业贸易信

第三部分　您所擅长的活动

下面列举若干种活动，请选择你能做或大概能做的事，请将答案直接写在答题纸上（见表2-2）。

表2-2　你所擅长的活动

R：实际型能力　　统计（　）	S：社会型能力　　统计（　）
1. 能使用电锯、电钻和锉刀等木工工具	1. 有向各种人说明解释的能力
2. 知道万用表的使用方法	2. 常参加社会福利活动
3. 能够修理自行车或其他机械	3. 能和大家一起友好相处地工作
4. 能够使用电钻床、磨床或缝纫机	4. 善于与年长者相处
5. 能给家具和木制品刷漆	5. 会邀请人、招待人
6. 能看建筑设计图	6. 能简单易懂地教育儿童
7. 能够修理简单的电气用品	7. 能安排会议等活动顺序
8. 能修理家具	8. 善于体察人心和帮助他人
9. 能修理收录机	9. 帮助护理病人和伤员
10. 能简单地修理水管	10. 安排社团组织的各种事务
I：调查型能力　　统计（　）	E：事业型能力　　统计（　）
1. 懂得真空管或晶体管的作用	1. 担任过学生干部并且干得不错
2. 能够列举三种蛋白质多的食品	2. 工作上能指导和监督他人
3. 理解铀的裂变	3. 做事充满活力和热情
4. 能用计算尺、计算器、对数表	4. 有效利用自身的做法调动他人
5. 会使用显微镜	5. 销售能力强
6. 能找到三个星座	6. 曾作为俱乐部或社团的负责人
7. 能独立进行调查研究	7. 向领导提出建议或反映意见
8. 能解释简单的化学现象	8. 有开创事业的能力
9. 理解人造卫星为什么不落地	9. 知道怎样做能成为一个优秀的领导者
10. 经常参加学术会议	10. 健谈善辩
A：艺术型能力　　统计（　）	C：常规型能力　　统计（　）
1. 能演奏乐器	1. 会熟练的打印中文
2. 能参加二部或四部合唱	2. 会用外文打字机或复印机
3. 独唱或独奏	3. 能快速记笔记和抄写文章
4. 扮演剧中角色	4. 善于整理保管文件和资料
5. 能创作简单的乐曲	5. 善于从事事务性的工作
6. 会跳舞	6. 会用算盘
7. 能绘画、素描或书法	7. 能在短时间内分类和处理大量文件
8. 能雕刻、剪纸或泥塑	8. 能使用计算机
9. 能设计板报、服装或家具	9. 能搜集数据
10. 写得一手好文章	10. 善于为自己或集体做财务预算表

第四部分　您所喜欢的职业

下面列举了多种职业，请选择你有兴趣的工作，有一项计 1 分，不太喜欢或者不关心的工作不选，不计分。请将答案写在答题纸上（见表 2-3）。

表 2-3　你所喜欢的职业

R：实际型职业　统计（　）	S：社会型职业　统计（　）
1. 飞机机械师	1. 街道、工会或妇联干部
2. 野生动物专家	2. 小学、中学教师
3. 汽车维修工	3. 精神病医生
4. 木匠	4. 婚姻介绍所工作人员
5. 测量工程师	5. 体育教练
6. 无线电报务员	6. 福利机构负责人
7. 园艺师	7. 心理咨询员
8. 长途汽车司机	8. 共青团干部
9. 电工	9. 导游
10. 火车司机	10. 国家机关工作人员
I：调查型职业　统计（　）	E：事业型职业　统计（　）
1. 气象学或天文学者	1. 厂长
2. 生物学者	2. 电视片编制人
3. 医学实验室的技术人员	3. 公司经理
4. 人类学者	4. 销售员
5. 动物学者	5. 不动产推销员
6. 化学学者	6. 广告部长
7. 数学学者	7. 体育活动主办者
8. 科学杂志的编辑或作家	8. 销售部长
9. 地质学者	9. 个体工商业者
10. 物理学者	10. 企业管理咨询人员
A：艺术型职业　统计（　）	C：常规型职业　统计（　）
1. 乐队指挥	1. 会计师
2. 演奏家	2. 银行出纳员
3. 作家	3. 税收管理员
4. 摄影家	4. 计算机操作员
5. 记者	5. 会记人员
6. 画家、书法家	6. 成本核算员
7. 歌唱家	7. 文书档案管理员
8. 作曲家	8. 打字员
9. 电影电视演员	9. 法庭书记员
10. 电视节目主持人	10. 人口普查登记员

第五部分　您的能力类型简评

下面两张表是您在六个职业能力方面的自我评定表。您可先与同龄人比较出自己在每一方面的能力，然后斟酌后对自己的能力作评估。请在表2-4和表2-5中适当的数字上画圈，数值越大表明您的能力越强。注意，请勿画同样的数字，因为人的每项能力不会完全一样的。

表2-4　能力类型简评1

R型	I型	A型	S型	E型	C型
机械操作能力	科学研究能力	艺术创作能力	解释表达能力	商业洽谈能力	事务执行能力
7	7	7	7	7	7
6	6	6	6	6	6
5	5	5	5	5	5
4	4	4	4	4	4
3	3	3	3	3	3
2	2	2	2	2	2
1	1	1	1	1	1

表2-5　能力类型简评2

R型	I型	A型	S型	E型	C型
体育技能	数学技能	音乐技能	交际技能	领导技能	办公技能
7	7	7	7	7	7
6	6	6	6	6	6
5	5	5	5	5	5
4	4	4	4	4	4
3	3	3	3	3	3
2	2	2	2	2	2
1	1	1	1	1	1

第六部分　统计

请将以上各表中的统计结果填入表2-6中。

表2-6　统计结果

测试内容	R型 实际型	I型 调查型	A型 艺术型	S型 社会型	E型 事业型	C型 常规型
第二部分						
第三部分						
第四部分						
第五部分A						
第五部分B						
总分						

请将上表中的六种职业倾向总分按大小顺序依次从左到右排列：
_____型、_____型、_____型、_____型、_____型、_____型
最高分_____　　您的职业倾向性得分_____　　最低分_____

2. 测试结果说明

霍兰德经过大量的分析研究，把职业兴趣分为六种基本类型，这六种职业兴趣类型简述如下：

（1）社会型（S）。该类型的人的共同特征是：喜欢与人交往、不断结交新的朋友、善言谈、愿意教导别人。关心社会问题、渴望发挥自己的社会作用；寻求广泛的人际关系，比较看重社会义务和社会道德。适合该类型的典型职业为：喜欢要求与人打交道的工作，能够不断结交新的朋友，从事提供信息、启迪、帮助、培训、开发或治疗等事务，并具备相应能力。如：教育工作者（教师、教育行政人员），社会工作者（咨询人员、公关人员）。

（2）事业型（E）。该类型的人的共同特征是：追求权力、权威和物质财富，具有领导才能；喜欢竞争、敢冒风险、有抱负；为人务实，习惯以利益得失、权利、地位、金钱等来衡量做事的价值，做事有较强的目的性。适合该类型的典型职业为：喜欢要求具备经营、管理、劝服、监督和领导才能，以实现机构、政治、社会及经济目标的工作，并具备相应的能力。如项目经理、销售人员、营销管理人员、政府官员、企业领导、法官、律师。

（3）常规型（C）。该类型的人的共同特征是：尊重权威和规章制度，喜欢按计划办事，细心、有条理，习惯接受他人的指挥和领导，自己不谋求领导职务；喜欢关注实际和细节情况，通常较为谨慎和保守，缺乏创造性，不喜欢冒险和竞争，富有自我牺牲精神。适合该类型的典型职业为：喜欢要求注意细节、精确度、有系统有条理，具有记录、归档、据特定要求或程序组织数据和文字信息的职业，并具备相应能力。如：秘书、办公室人员、记事员、会计、行政助理、图书馆管理员、出纳员、打字员、投资分析员。

（4）实际型（R）。该类型的人的共同特征是：愿意使用工具从事操作性工作，动手能力强，做事手脚灵活，动作协调；偏好于具体任务，不善言辞，做事保守，较为谦虚；缺乏社交能力，通常喜欢独立做事。适合该类型的典型职业为：喜欢使用工具、机器，需要基本操作技能的工作。对要求具备机械方面才能、体力或从事与物件、机器、工具、运动器材、植物、动物相关的职业有兴趣，并具备相应能力。如：技术性职业（计算机硬件人员、摄影师、制图员、机械装配工），技能性职业（木匠、厨师、技工、修理工、农民、一般劳动）。

（5）调查型（I）。该类型的人的共同特征是：思想家而非实干家，抽象思维能力强，求知欲强，肯动脑，善思考，不愿动手；喜欢独立的和富有创造性的工作；知识渊博，有学识才能，不善于领导他人；考虑问题理性，做事喜欢精确，喜欢逻辑分析和推理，不断探讨未知的领域。适合该类型的典型职业为：喜欢智力的、抽象的、分析的、独立的定向任务，要求具备智力或分析才能，并将其用于观察、估测、衡量、形成理论、最终解决问题的工作，并具备相应的能力。如科学研究人员、教师、工程师、电脑编程人员、医生、系统分析员。

（6）艺术型（A）。该类型的人的共同特征是：有创造力，乐于创造新颖、与众不同的成果，渴望表现自己的个性，实现自身的价值；做事理想化，追求完美，不重实际。具有

一定的艺术才能和个性。善于表达、怀旧、心态较为复杂。适合该类型的典型职业为：喜欢的工作要求具备艺术修养、创造力、表达能力和直觉，并将其用于语言、行为、声音、颜色和形式的审美、思索和感受，具备相应的能力。不善于事务性工作。如艺术方面（演员、导演、艺术设计师、雕刻家、建筑师、摄影家、广告制作人），音乐方面（歌唱家、作曲家、乐队指挥），文学方面（小说家、诗人、剧作家）。

现在，将你测验结果按照得分高低居前三位的职业类型找出来，对照下表，判断一下自己适合的职业类型。对照的方法如下：首先根据你的职业兴趣代号，在下表中找出相应的职业，例如你的职业兴趣代号是 RIA，那么牙科技术人员、陶工等是适合你兴趣的职业。然后寻找与你职业兴趣代号相近的职业，如你的职业兴趣代号是 RIA，那么，其他由这三个字母组合成的编号（如 IRA、IAR、ARI 等）对应的职业，也较适合你的兴趣。

RIA：牙科技术员、陶工、建筑设计员、模型工、细木工、制作链条人员。

RIS：厨师、林务员、跳水员、潜水员、染色员、电器修理、眼镜制作、电工、纺织机器装配工、服务员、安装玻璃工人、发电厂工人、焊接工。

RIE：建筑和桥梁工程技师、环境工程技师、航空工程技师、公路工程技师、电力工程技师、信号工程技师、电话工程技师、一般机械工程技师、自动工程技师、矿业工程技师、海洋工程技师、交通工程技术人员、制图员、家政经济人员、计量员、农民、农场工人、农业机械操作员、清洁工、无线电修理技师、汽车修理技师、手表修理技师、管工、线路装配工、工具仓库管理员。

RIC：船上工作人员、接待员、杂志保管员、牙医助手、制帽工、磨坊工、石匠、机器制造、机车（火车头）制造、农业机器装配、汽车装配工、缝纫机装配工、钟表装配和检验、电动器具装配、鞋匠、锁匠、货物检验员、电梯机修工、托儿所所长、钢琴调音员、装配工、印刷工、建筑钢铁工作、卡车司机。

RAI：手工雕刻、制作模型人员、家具木工、制作皮革品、手工绣花、手工钩针纺织、排字工作、印刷工作、图画雕刻、装订工。

RSE：消防员、交通巡警、警察、门卫、理发师、房间清洁工、屠夫、锻工、开凿工人、管道安装工、出租汽车驾驶员、货物搬运工、送报员、勘探员、娱乐场所的服务员、起卸机操作工、灭害虫工作者、电梯操作工、厨房助手。

RSI：纺织工、编织工、农业学校教师、某些职业课程教师(诸如艺术、商业、技术、工艺课程)、雨衣上胶工。

REC：抄水表员、保姆、实验室动物饲养员、动物管理员。

REI：轮船船长、航海领航员、大副、试管实验员。

RES：旅馆服务员、家畜饲养员、渔民、渔网修补工、水手长、收割机操作工、搬运行李工人、公园服务员、救生员、登山导游、火车工程技术员、建筑工作、铺轨工人。

RCI：测量员、勘测员、仪表操作者、农业工程技术、化学工程师、民用工程技师、石油工程技师、资料室管理员、探矿工、煅烧工、烧窑工、矿工、保养工、磨床工、取样工、样品检验员、纺纱工、炮手、漂洗工、电焊工、锯木工、刨床工、制帽工、手工缝纫工、油漆工、染色工、按摩工、木匠、农民建筑工作、电影放映员、勘测员助手。

RCS：公共汽车驾驶员、一等水手、游泳池服务员、裁缝、建筑工作、石匠、烟囱修建工、混凝土工、电话修理工、爆炸手、邮递员、矿工、裱糊工人、纺纱工。

RCE：打井工、吊车驾驶员、农场工人、邮件分类员、铲车司机、拖拉机司机。

IAS：普通经济学家、农场经济学家、财政经济学家、国际贸易经济学家、实验心理学家、工程心理学家、心理学家、哲学家、内科医生、数学家。

IAR：人类学家、天文学家、化学家、物理学家、医学病理、动物标本制作者、化石修复者、艺术品管理者。

ISE：营养学家、饮食顾问、火灾检查员、邮政服务检查员。

ISC：侦察员、电视播音室修理员、电视修理服务员、验尸室人员、编目录者、医学实验室技师、调查研究者。

ISR：水生生物学者，昆虫学者、微生物学家、配镜师、矫正视力者、细菌学家、牙科医生、骨科医生。

ISA：实验心理学家、普通心理学家、发展心理学家、教育心理学家、社会心理学家、临床心理学家、皮肤病学家、精神病学家、妇产科医师、眼科医生、五官科医生、医学实验室技术专家、民航医务人员、护士。

IES：细菌学家、生理学家、化学专家、地质专家、地理物理学专家、纺织技术专家、医院药剂师、工业药剂师、药房营业员。

IEC：档案保管员、保险统计员。

ICR：质量检验技术员、地质学技师、工程师、法官、图书馆技术辅导员、计算机操作员、医院听诊员、家禽检查员。

IRA：地理学家、地质学家、声学物理学家、矿物学家、古生物学家、石油学家、地震学家、声学物理学家、原子和分子物理学家、电学和磁学物理学家、气象学家、人口统计学家、数学统计学家、外科医生、城市规划家、气象员。

IRS：流体物理学家、海洋物理学家、等离子体物理学家、农业科学家、动物学家、食品科学家、园艺学家、植物学家、细菌学家、解剖学家、动物病理学家、农作物病理学家、药物学家、生物化学家、生物物理学家、细胞生物学家、临床化学家、遗传学家、分子生物学家、质量控制工程师、地理学家、兽医、放射性治疗技师。

IRE：化验员、化学工程师、纺织工程师、食品技师、渔业技术专家、材料和测试工程师、电气工程师、土木工程师、航空工程师、行政官员、冶金专家、核工程师、陶瓷工程师、地质工程师、电力工程师、口腔科医生、牙科医生。

IRC：飞机领航员、飞行员、物理实验室技师、文献检查员、农业技术专家、动植物技术专家、生物技师、油管检查员、工商业规划者、矿藏安全检查员、纺织品检验员、照相机修理者、工程技术员、编计算程序者、工具设计者、仪器维修工。

CRI：会计、记时员、铸造机操作工、打字员、按键操作工、复印机操作工。

CRS：仓库保管员、档案管理员、缝纫工、讲述员、收款人。

CRE：标价员、实验室工作者、广告管理员、自动打字机操作员、电动机装配工、缝纫机操作工。

CIS：记账员、顾客服务员、报刊发行员、土地测量员、保险公司职员、会计师、估价员、邮政检查员、外贸检查员。

CIE：打字员、统计员、支票记录员、订货员、校对员、办公室工作人员。

CIR：校对员、工程职员、电报员、检修计划员。

CSE：接待员、通信员、电话接线员、卖票员、旅馆服务员、私人职员、商学教师、旅游办事员。

CSR：运货代理商、铁路职员、交通检查员、办公室通信员、出纳员、银行财务职员。

CSA：秘书、图书管理员、办公室办事员。

CER：邮递员、数据处理员、办公室办事员。

CEI：推销员、经济分析家。

CES：银行会计、记账员、法人秘书、速记员、法院报告人。

ECI：银行行长、审计员、信用管理员、地产管理员、商业管理员。

ECS：信用办事员、保险人员、各类进货员、海关服务经理、售货员、采购员、会计。

ERI：建筑物管理员、工业工程师、农场管理员、护士长、农业经营管理人员。

ERS：仓库管理员、房屋管理员、货栈监督管理员。

ERC：邮政局长、渔船船长、机械操作领班、木工领班、瓦工领班、驾驶员领班。

EIR：科学、技术和有关周期出版物的管理员。

EIC：专利代理人、鉴定人、运输服务检查员、安全检查员、废品收购人员。

EIS：警官、侦察员、交通检验员、安全咨询员、合同管理者、商人。

EAS：法官、律师、公证人。

EAR：展览室管理员、舞台管理员、播音员、驯兽员。

ESC：理发师、裁判员、政府行政管理员、财政管理员、工程管理员、职业病防治人员、售货员、商业经理、办公室主任、人事负责人、调度员。

ESR：家具售货员、书店售货员、公共汽车的驾驶员、日用品售货员、护士长、自然科学和工程的行政领导。

ESI：博物馆管理员、图书馆管理员、古迹管理员、饮食业经理、地区安全服务管理员、技术服务咨询者、超级市场管理员、零售商品店店员、批发商、出租汽车服务站调度。

ESA：博物馆馆长、报刊管理员、音乐器材售货员、导游、(轮船或班机上的)事务长、飞机上的服务员、船员、法官、律师。

ASE：戏剧导演、舞蹈教师、广告撰稿人、报刊或专栏作者、记者、演员、英语翻译。

ASI：音乐教师、乐器教师、美术教师、管弦乐指挥、合唱队指挥、歌星、演奏家、哲学家、作家、广告经理、时装模特。

AER：新闻摄影师、电视摄影师、艺术指导、录音指导、丑角演员、魔术师、木偶戏演员、骑士、跳水员。

AEI：音乐指挥、舞台指导、电影导演。

AES：流行歌手、舞蹈演员、电影导演、广播节目主持人、舞蹈教师、口技表演者、喜剧演员、模特。

AIS：画家、剧作家、编辑、评论家、时装艺术大师、新闻摄影师、男演员、文学作者。

AIE：花匠、皮衣设计师、工业产品设计师、剪影艺术家、复制雕刻品大师。

AIR：建筑师、画家、摄影师、绘图员、环境美化工、雕刻家、包装设计师、陶器设计师、绣花工、漫画工。

SEC：社会活动家、退伍军人服务官员、工商会事务代表、教育咨询者、宿舍管理员、旅馆经理、饮食服务管理员。

SER：体育教练、游泳指导。
SEI：大学校长、学院院长、医院行政管理员、历史学家、家政经济学家、职业学校教师、资料员。
SEA：娱乐活动管理员、外事服务办事员、社会服务助理、一般咨询者、宗教教育工作者。
SCE：部长助理、福利机构职员、生产协调人、环境卫生管理人员、戏院经理、餐馆经理、售票员。
SRI：外科医师助手、医院服务员。
SRE：体育教师、职业病治疗者、体育教练、专业运动员、房管员、儿童家庭教师、警察、引座员、传达员、保姆。
SRC：护理员、护理助理、医院勤杂工、理发师、学校儿童服务人员。
SIA：社会学家、心理咨询者、学校心理学家、政治科学家、大学或学院的系主任、大学或学院的教育学教师、大学农业教师、大学工程和建筑课程的教师、大学法律教师、大学数学、医学、物理、社会科学和生命科学的教师、研究生助教、成人教育教师。
SIE：营养学家、饮食学家、海关检查员、安全检查员、税务稽查员、校长。
SIC：描图员、兽医助手、诊所助理、体检检查员、娱乐指导者、咨询人员、社会科学教师。
SIR：理疗员、救护队工作人员、手足病医生、职业病治疗助手。

二、了解自己的性格

（一）职业性格

性格是个人对现实的稳定态度和与之相适应的习惯化了的行为方式中表现出来的个性心理特征。从广义讲，性格是人的自然追求和精神欲求的追求体系，是行为方式、心理方式、情感方式的总和，集中反映了一个人的心理面貌。职业性格是指人们在长期特定的职业生活中所形成的与职业相联系的、稳定的心理特征。不同性格的人在其日常生活、工作中有不同的具体表现，有的人内向，有的人外向，有的人冲动，有的人沉稳。不同工作类型需要不同性格的从业人员，比如从事销售类工作的人要热情，从事管理类的人要沉稳等。因此个人在职业规划时，要深入分析自己的职业性格类型、特点，并弄清自己的性格适合从事的工作类型。

（二）探索自己的职业性格

现在世界上有多种对性格的分类，迈尔斯-布里格斯性格分类法（MBTI）是现在较常见的一种。

1. 迈尔斯-布里格斯性格类型测量表

该量表通过一个四个部分的框架来检测我们天生的某些倾向性。在每一部分中，你可以决定在两个特点或偏好的描述中，哪一个更像你。阅读下面每一对描述，选择其中在大多数情况下最像你的一个，你必须设想最自然状态下的自己，在没有别人观察下的举止。

第一部分：表2-7关于你精力的描述，哪一种模式更适合你，是E还是I？

表 2-7 精力描述模式

E（外向型）	I（内向型）
喜欢行动和多样性	喜欢安静和思考
喜欢通过讨论来思考问题	喜欢讨论之前先进行独立思考
采取行动迅速，有时不做过多的思考	在没有搞明白之前，不会很快地去做一件事情
喜欢观察别人是怎样做事的，喜欢看到工作的结果	喜欢了解工作的道理，喜欢一个人或很少的几个人干事
很注意别人是怎样看自己的	为自己设定标准

第二部分：下面表 2-8 中是一些处理信息的方式，其中哪一种模式与你更接近，是 S 和还是 N？

表 2-8 处理信息方式

S（感知型）	N（直觉型）
主要是通过过去的经验去处理信息	主要是通过事实所反映出来的意义以及二者之间的逻辑关系去处理信息
愿意用眼睛、耳朵或其他感官觉察新的可能性	喜欢用想象去发现新的做事方法，感受事物
讨厌出现新问题，除非存在标准解决方法	喜欢解决新问题，讨厌重复地做同一件事
喜欢用自己会的技能去做事，而不愿意学习新的东西	不喜欢练习旧技能，更愿意运用新技能
对于细节很有耐心，但当出现复杂情况时则开始失去耐心	对于细节没有耐心，但不在乎复杂的情况

第三部分：下面表 2-9 中是描述你作决定的方式，其中哪一种模式更接近你，是 T 还是 F？

表 2-9 作决定的方式

T（思考型）	F（感觉型）
根据逻辑决策	根据个人感受和价值观决策，即使他们可能不符合逻辑
愿意被公正和公平地对待	喜欢被表扬，喜欢讨好他人，即使在不太重要的事情上也是如此
可能不知不觉地伤害别人的感情	了解和懂得别人的感受
更关注道理或事物本身，而非人际关系	能够预计到别人会如何感受
不太关注和谐	不愿看到争论和冲突，珍视和谐

第四部分：下面表 2-10 中是描述你日常生活的方式，其中哪一种模式更接近你，是 J 还是 P？

表 2-10 日常生活方式

J（判断型）	P（认真型）
预先制订计划，提前把事情落实和决定下来	保持灵活性，避免做出固定的计划
总想让事情按"它应该的样子"进行	轻松应对计划外和意料外的突发事件
喜欢先完成一件工作后，再开始另一件	喜欢开展多项工作
可能过快地作出决定	可能作决定太慢
按照不轻易改变的标准和日程表生活	根据问题的出现不断改变计划

回顾前面的四个部分，哪些类型更接近你？圈出适当的字母，你的职业性格的四个字母为：_____。

2. 测试结果说明

根据对上述问题的不同答案，可将人的性格分为 16 种。下面就简单对这 16 种性格进行分析：

ISTJ：内向、感知、思考、判断型。这种人一丝不苟、认真负责，而且明智豁达，是坚定不移的社会维护者。他们讲求实际、非常务实，总是孜孜以求精确性和条理性，而且有极大的专注力。不论干什么，他们都能有条不紊、四平八稳地把它完成。对这类人而言，满意的工作是技术性的工作，能生产一种实实在在的产品或有条理地提供一种周详服务。他们需要一种独立的工作环境，有充裕的时间让自己独立工作，并能运用自己卓越的专注力来完成工作。如审计员、后勤经理、信息总监、预算分析员、工程师、技术作者、电脑编程员、证券经纪人、地质学者、医学研究者、会计、文字处理专业人士。

ISFJ：内向、感知、感觉、判断型。这种人忠心耿耿、一心一意、富有同情心，喜欢助人为乐。由于这种人有很强的职业道德，一旦觉得自己的行动确有帮助，他们便会担起重担。最令他们满意的工作是，需要细心观察和精确性要求极高的工作。他们需要通过不声不响地在背后工作以表达自己的感情投入，但个人贡献要能得到承认。如人事管理人员、簿记员、电脑操作员、顾客服务代表、信贷顾问、零售业主、房地产代理或经纪人、艺术人员、室内装潢师、商品规划师。

INFJ：内向、直觉、感觉、判断型。这种人极富创意。他们感情强烈、原则性强且具有良好的个人品德，善于独立进行创造性思考。即使面对怀疑，他们对自己的观点仍坚信不疑。看问题常常更能入木三分。对他们来说，称心如意的事业就是，能从事创新型的工作，主要是能帮助别人成长。他们喜欢生产或提供一种自己能感到自豪的产品或服务。工作必须符合个人的价值观。如人力资源经理、事业发展顾问、营销人员、企业组织发展顾问、职位分析人员、企业培训人员、媒体特约规划师、编辑／艺术指导（杂志）、口译人员、社会科学工作者。

INTJ：内向、直觉、思考、判断型。这类人是完美主义者。他们强烈要求自主、看重个人能力、对自己的创新思想坚定不移，并受其驱使去实现自己的目标。这种人逻辑性强、有判断力，才华横溢，对人对己要求严格。在所有类型的人中，这种人独立性最强，喜欢我行我素。面对反对意见，他们通常多疑、霸道、毫不退让。对权威本身，他们毫不在乎，但只要规章制度有利于他们的长远目标他们就能遵守。最适合的工作是：能创造和开发新颖的解决方案来解决问题或改进现有系统；他们愿意与责任心强，在专业知识、智慧和能力方面能赢得自己敬佩的人合作；他们喜欢独立工作，但需要定期与少量智囊人物切磋交流。如管理顾问、经济学者、国际银行业务职员、金融规划师、设计工程师、运作研究分析人员、信息系统开发商、综合网络专业人员。

ISTP：内向、感知、思考、认知型。这种人奉行实用主义，喜欢行动，不爱空谈。他们长于分析、敏于观察、好奇心强，只相信可靠确凿的事实。由于非常务实，他们能很好地利用一切可利用的资源，而且很会瞧准时机。对于 ISTP 这种人而言，事业满意就是，做尽可能有效利用资源的工作。他们愿意精通机械技能或使用工具来工作。工作必须有乐趣、有活力、独立性强，且常有机会走出工作室去户外。如证券分析员、银行职员、管理顾问、电子专业人士、技术培训人员、信息服务开发人员、软件开发商、海洋生物学者、后勤与供应经理、经济学者。

ISFP：内向、感知、感觉、认知型。这种类型的人温柔、体贴、敏感，从不轻言非常个人化的理想及价值观。他们常通过行动，而非语言来表达炽烈的情感。这种人有耐心、能屈能伸、且十分随和、无意控制他人。他们从不妄加判断或寻求动机和意义。适合的工作是，做非常符合自己内心价值观的工作。在做有益他人的工作时，希望注重细节。他们希望有独立工作的自由，但又不远离其他与自己合得来的人。他们不喜欢受繁文缛节或一些僵化程序的约束。如顾客销售代表、行政人员、商品规划师、测量师、海洋生物学者、厨师、室内/风景设计师、旅游销售经理、职业病理专业人员。

INFP：内向、直觉、感觉、认知型。INFP 类型的人珍视内在和谐胜过一切。他们敏感、理想化、忠心耿耿，在个人价值观方面有强烈的荣誉感。如果能献身自己认为值得的事业，他们便情绪高涨。在日常事物中，他们通常很灵活、有包容心，但对内心忠诚的事业义无反顾。这类人很少表露强烈的情感，常显得镇静自若、寡言少语。不过，一旦相熟，他们也会变得十分热情。对 INFP 类型的人而言，最好的工作是，做合乎个人价值观、能通过工作陈述自己远见的工作；工作环境需要有灵活的架构，在自己激情高昂时可以从事各种项目；能发挥个人的独创性。如人力资源开发专业人员、社会科学工作者、团队建设顾问、编辑、艺术指导、记者、口笔译人员、娱乐业人士、建筑师、研究工作者、顾问、心理学专家。

INTP：内向、直觉、思考、认知型。这类人善于解决抽象问题。他们经纶满腹，时能闪现出创造的睿智火花。他们外表恬静，内心专注，总忙于分析问题。他们目光挑剔，独立性极高。对于这类人，事业满意源自这样的工作：能酝酿新观念；专心负责某一创造性流程，而不是最终产品。在解决复杂问题时，能让他们跳出常规的框框，冒一定风险去寻求最佳解决方案。如电脑软件设计师、系统分析人员、研究开发专业人员、战略规划师、金融规划师、信息服务开发商、管理顾问、企业金融律师。

ESTP：外向、感知、思考、认知型。这类人无忧无虑，属乐天派。他们活泼、随和、率性，喜欢安于现状，不愿从长计议。由于他们能够接受现实，一般心胸豁达、包容心强。这种人喜欢玩实实在在的东西，善于拆拆装装。对这种人来说，事业满意度来自这种工作：能随意与许多人交流；工作中充满冒险和乐趣，能冒险和随时抓住新的机遇；工作中当自己觉得必要时希望自我组织，而不是听从别人的安排。如企业家、业务运作顾问、个人理财专家、证券经纪人、银行职员、预算分析者、技术培训人员、综合网络专业人士、旅游代理、促销商、手工艺人、新闻记者、土木/工业/机械工程师。

ESFP：外向、感知、感觉、认知型。ESFP 这一类人生性爱玩、充满活力，用自己的陶醉来为别人增添乐趣。他们适应性强，平易随和，可以热情饱满地同时参加几项活动。他们不喜欢把自己的意志强加于人。对于这类人来说，适合的工作是，能在实践中学习，利用常识搜集各种事实来寻找问题的解决方案；他们喜欢直接与顾客和客户打交道；能同时在几个项目或活动中周旋。尤其爱从事能发挥自己审美观的项目或活动。如公关专业人士、劳工关系调解人、零售经理、商品规划师、团队培训人员、旅游项目经营者、表演人员、特别事件的协调人、社会工作者、旅游销售经理、融资者、保险代理／经纪人。

ENFP：外向、直觉、感觉、认知型。ENFP 这类人热情奔放，满脑子新观念。他们乐观、率性、充满自信和创造性，能深刻认识到哪些事可为。他们对灵感推崇备至，是天生的发明家。他们不墨守成规，善于闯新路子。ENFP 这类人适合的工作是，在创造性灵感的推动下，与不同的人群合作从事各种项目；他们不喜欢从事需要自己亲自处理日常琐碎杂务的工作，喜欢按自己的工作节奏行事。如人力资源经理、变革管理顾问、营销经理、企业／团队培训人员、广告客户经理、战略规划人员、宣传人员、事业发展顾问、环保律师、研究助理、广告撰稿员、播音员、开发总裁。

ENTP：外向、直觉、思考、认知型。这种人好激动、健谈、聪明、是个多面手。他们总是孜孜以求地提高自己的能力。这种人天生有创业心、爱钻研、机敏善变、适应能力强。令这类人满意的工作是：有机会从事创造性解决问题的工作。工作有一定的逻辑顺序和公正的标准。希望通过工作能提高个人能力并常与权力人物交流。如人事系统开发人员、投资经纪人、工业设计经理、后勤顾问、金融规划师、投资银行业职员、营销策划人员、广告创意指导、国际营销商。

ESTJ：外向、感知、思考、判断型。这种人办事能力强，喜欢出风头，办事风风火火。他们责任心强、诚心诚意、忠于职守。他们喜欢框架，能组织各种细节工作，能如期实现目标并力求高效。ESTJ 类型的人适合做理顺事实和政策以及人员组织工作，能够有效利用时间和资源以找出合乎逻辑的解决方案，在目标明确的工作中运用娴熟的技能。他们希望工作测评标准公正。如银行官员、项目经理、数据库经理、信息总监、后勤与供应经理、业务运作顾问、证券经纪人、电脑分析人员、保险代理、普通承包商、工厂主管。

ESFJ：外向、感知、感觉、判断型。ESFJ 类型的人喜欢通过直接合作以切实帮助别人。由于他们尤其注重人际关系，因而通常很受人欢迎，也喜欢迎合别人。他们的态度认真、遇事果断、通常表达意见坚决。这类人最满意的事业是，整天与人交往，密切参与整个决策流程。工作的目标明确，有明确的业绩标准。他们希望能组织安排自己及周围人的工作，以确保一切进展得尽可能顺利。如公关客户经理、个人银行业务员、销售代表、人力资源顾问、零售业主、餐饮业者、房地产经纪人、营销经理、电话营销员、办公室经理、接待员、信贷顾问、簿记员、口笔译人员。

ENFJ：外向、直觉、感觉、判断型。这种人有爱心，对生活充满热情。他们往往对自己很挑剔。不过，由于他们自认为要为别人的感受负责，所以很少在公众场合发表批评意见。他们对行为的是非曲直明察秋毫，是社交高手。这种人最适合的工作是，工作中能建立温馨的人际关系，能使自己置身于自己信赖、且富有创意的人群中工作。他们希望工作多姿多彩，但又能有条不紊地干。如人力资源开发培训人员、销售经理、小企业经理、程序设计员、生态旅游业专家、广告客户经理、公关专业人士、协调人、交流总裁、作家／

记者、非营利机构总裁。

ENTJ：外向、直觉、思考、判断型。这种人是极为有力的领导人和决策者，能明察一切事物中的各种可能性，喜欢发号施令。他们是天才的思想家，做事深谋远虑、策划周全。这种人事事力求做好，生就一双锐眼，能够一针见血地发现问题并迅速找到改进方法。最令ENTJ这类人满意的事业是，做领导、发号施令，完善企业的运作系统，使系统高效运行并如期达到目标。他们喜欢从事长远战略规划，寻求创造性的解决问题的方式。如（人事、销售、营销）经理、技术培训人员、（后勤、电脑信息服务和组织重建）顾问、国际销售经理、特许经营业主、程序设计员、环保工程师。

从上述性格分类来看，也可以看出，人的成功是多种多样的，无论什么样的性格，都有成功的基础和可能。从生物多样性的原则来看，人的性格的多样性也是显而易见的。这种多样性不仅体现在不同的人有不同的性格，也体现在同一个人也有不同的性格特征。例如，有时内向和外向是结合在一起的，没有绝对的外向，也没有绝对的内向。这种性格多样性也从迈尔斯-布里格斯性格分类中体现出来。所谓的16种性格或成功，就是不同个体有不同的性格，也具备了在不同领域成功的基础。

三、认识自己的职业能力

（一）职业能力

能力是人们顺利完成某种活动所必备的个性心理特征。能力包含多方面内容，即能力是一个多层次、多维度的复杂的心理系统，可分为认知能力、操作能力、创造能力以及社会适应能力等。职业能力是人们从事某种职业活动必须具备的、影响职业活动效率的个性心理特征。职业能力是人们从事某项职业必须具备的多种能力的综合，是择业的基本参照和就业的基本条件，是胜任职业岗位工作的基本要求，也是个人立足于社会、获取生活来源、取得社会认可、谋求自我发展的安身立命之本。

职业能力分为一般职业能力、专业能力和职业综合能力。一般能力主要指一般的学习能力、文字与语言运用能力、数学运算能力、空间判断能力、形体知觉能力、颜色分辨能力、手的灵巧度、手眼协调能力、人际交往能力、与他人良好协作的团队合作能力、生活与工作环境的适应能力以及对失败和挫折的心理承受能力。专业能力主要指从事某一职业的专业能力。综合能力包括跨职业的专业能力（数学运算与逻辑分析能力、计算机外语能力）、方法能力（信息收集和筛选能力、制订工作计划和独立策划与实施的能力、正确地自我评价能力和接受他人评价的承受力）、社交能力（团队合作能力、人际交往能力、协作共事的能力）和个人能力（个人的社会责任心和可靠性）。

（二）职业能力倾向的自我测试

目前能力测试比较常用的方法是职业能力倾向测试。该测试是通过一组科学编排的测试题，对一个人的言语能力、数学能力、空间判断能力、观察细节能力、书写能力、运动协调能力、动手能力、社会交往能力和组织管理能力进行综合测评。它是个人进行自我探索，明确自身能力特点的工具，也是企事业单位招聘、选拔、培养各类人才的常用工具。

1. 职业能力倾向测量表

本测试能把人的职业能力倾向分为九种，每种能力有一组五个题目反映。测试时，请您仔细阅读每一题，采用"五等评分法"自己进行评定。然后分别计算出自评等级，见表2-11。

表 2-11 五等评分法

每一道题目分"强"、"较强"、"一般"、"较弱"、"弱"五个等级，请您在选定的栏目打√。					
（一）一般学习能力倾向（G）	强 1	较强 2	一般 3	较弱 4	弱 5
1. 快而容易地学习新内容					
2. 快而正确地解数学题					
3. 你的学习成绩					
4. 对课文字、词、段落篇章的理解、分析和综合能力					
5. 对学习过的知识和记忆能力					
（二）言语能力倾向（V）	强 1	较强 2	一般 3	较弱 4	弱 5
1. 善于表达自己的观点					
2. 阅读速度和理解能力					
3. 掌握词汇量的程度					
4. 你的语文成绩					
5. 你的文学创作能力					
（三）算术能力倾向（N）	强 1	较强 2	一般 3	较弱 4	弱 5
1. 作出精确的测量					
2. 笔算能力					
3. 口算能力					
4. 打算盘能力					
5. 你的数学成绩					
（四）空间判断能力倾向（S）	强 1	较强 2	一般 3	较弱 4	弱 5
1. 解决立体几何方面的习题					
2. 画二维度的立体图形					
3. 看几何图形的立体感					
4. 想象盒子展开后的平面图					
5. 想象三维度的物体					
（五）形态知觉能力倾向（P）	强 1	较强 2	一般 3	较弱 4	弱 5
1. 发现相同图形中的细微差别					
2. 识别物体的形状差异					
3. 注意物体的细节部分					
4. 观察物体的图案是否正确					
5. 对物体的细微描述					
（六）书写知觉能力倾向（Q）	强 1	较强 2	一般 3	较弱 4	弱 5
1. 快而准地抄写资料（如姓名、日期、电话号码等）					
2. 发现错别字					

(续表)

3. 发现计算错误					
4. 能很快查找编码卡片					
5. 自我控制能力（如较长时间抄写资料）					
（七）眼手运动协调能力倾向	强 1	较强 2	一般 3	较弱 4	弱 5
1. 玩电子游戏					
2. 打篮球、排球、足球一类活动					
3. 打乒乓球、羽毛球运动					
4. 打算盘能力					
5. 打字能力					
（八）手指灵巧度（F）	强 1	较强 2	一般 3	较弱 4	弱 5
1. 灵巧地使用很小的工具					
2. 穿针眼、编制等使用手指的活动					
3. 用手指做一件小艺品					
4. 用计算器的灵巧度					
5. 弹琴					
（九）手腕灵巧度（M）	强 1	较强 2	一般 3	较弱 4	弱 5
1. 用手把东西分类					
2. 在推拉东西时手的灵活度					
3. 很快地削苹果					
4. 灵活地使用手工工具					
5. 在绘画、雕刻等手工活动中的灵活性					

2. 统计分数的方法

（1）对每一类能力倾向计算总分数。每组五道题完成后，分别统计各等级选择的次数总和，用下面公式计算出该类的总计次数（把"强"定为第一项，依此类推，"弱"定为第五项。第一项之和就是选"强"的次数和）。

总计次数：（第一项之和×5）+（第二项之和×4）+（第三项之和×3）+（第四项之和×2）+（第五项之和×1）。

（2）计算每一类能力倾向的自评等级。自评等级=总计次数/5。

将自评等级填在表 2-12 中。

表 2-12 自评等级表

职业能力倾向	自评等级	职业能力倾向	自评等级
G		Q	
V		K	
N		F	
S		M	
P			

3. 测试结果说明

根据结果对照表 2-13,可找到你适合的职业。

表 2-13 测试结果表

职业类型	职业能力倾向							
	G	V	N	S	P	Q	K	F	M
生物学家	5	5	5	4	4	3	3	4	3
建筑师	5	5	5	5	4	3	3	3	3
测量员	4	4	4	4	4	3	3	3	3
测量辅导员	2	2	2	2	2	2	3	2	3
制图员	4	3	4	4	4	3	4	4	3
建筑和工程技术员	4	3	3	3	3	3	3	3	3
建筑和工程技术专家	4	4	4	4	4	3	3	3	3
物理科学技术家	4	4	4	4	3	3	3	3	3
物理科学技术员	4	3	3	3	4	3	3	3	3
农业、生物、动物、植物学的技术专家	4	4	4	2	4	3	3	4	3
农业、生物、动物、植物学的技术员	4	3	3	2	4	3	3	3	3
数学家和统计学家	5	5	5	3	3	4	2	2	2
系统分析和计算机程序编制者	4	4	4	4	3	3	2	2	2
经济学家	5	5	5	2	2	4	2	2	2
社会学家、人类学者	5	5	3	4	4	3	2	2	2
心理学家	5	5	4	4	4	3	2	2	2
历史学家	5	5	3	2	2	3	2	2	2
哲学家	5	5	2	3	3	3	2	2	2
政治学家	5	5	3	2	2	3	2	2	2

四、认识自己的职业价值观

(一)职业价值观

价值观是社会成员用来评价行为、事物以及从各种可能的目标中选择自己合意目标的准则。价值观通过人们的行为取向及对事物的评价、态度反映出来，是世界观的核心，是驱使人们行为的内部动力。职业价值观是人们在职业生活中表现出来的一种价值取向，是人们在选择职业时的一种内心尺度，是人们对待职业的一种信念和态度。它支配着人的择业心态、行为以及信念和理解等，支配着职业人认知、明白事物对自己职业发展的意义以及自我了解、自我定位、自我设计等，也为自认为正当的职业行为提供充足的理由。因此，认真分析和了解个人的职业价值观，对正确开展职业规划有重要的意义。

（二）职业价值观的测试

通过本测试，就可以大致了解自己的职业价值观倾向，从而为自己选择理想的职业提供信息。

1. 测验设计

本测验共有 52 题，可帮助测试者大致确定自己的职业价值观类型。在回答下列问题时，若自己认为"很不重要"记 1 分，"较不重要"记 2 分，"一般"记 3 分，"比较重要"记 4 分，"非常重要"记 5 分。

（1）你的工作必须经常解决新的问题。
（2）你的工作能为社会福利带来看得见的效果。
（3）你的工作奖金很高。
（4）你的工作内容经常变换。
（5）你能在你的工作范围内自由发挥。
（6）工作能使你的同学、朋友非常羡慕你。
（7）工作带有艺术性。
（8）你的工作能使人感觉到你是团体中的一分子。
（9）不论你怎么干，你总能和大多数人一样晋级和涨工资。
（10）你的工作使你有可能经常变换工作地点、场所或方式。
（11）在工作中你能接触到各种不同的人。
（12）你的工作上下班时间比较随便、自由。
（13）你的工作使你不断获得成功的感觉。
（14）你的工作赋予你高于别人的权力。
（15）在工作中，你能试行一些自己的新想法。
（16）在工作中你不会因为身体或能力等因素，被人瞧不起。
（17）你能从工作的成果中，知道自己做得不错。
（18）你的工作经常要外出、参加各种集会和活动。
（19）只要你干上这份工作，就不再被调到其他意想不到的单位和工种上去。
（20）你的工作能使世界更美丽。
（21）在你的工作中，不会有人常来打扰你。
（22）只要努力，你的工资会高于其他同年龄的人，升级或涨工资的可能性比干其他工作大得多。
（23）你的工作是一项对智力的挑战。
（24）你的工作要求你把一些事务管理得井井有条。
（25）你的工作单位有舒适的休息室、更衣室、浴室及其他设备。

（26）你的工作有可能结识各行各业的知名人物。
（27）在你的工作中，能和同事建立良好的关系。
（28）在别人眼中，你的工作是很重要的。
（29）在工作中，你经常接触到新鲜的事物。
（30）你的工作使你能常常帮助别人。
（31）你在工作单位中，有可能经常变换工作。
（32）你的作风使你被别人尊重。
（33）同事和领导人品较好，相处比较随便。
（34）你的工作会使许多人认识你。
（35）你的工作场所很好，比如，有适度的灯光、安静、清洁的工作环境，甚至恒温、恒湿等优越的条件。
（36）在工作中，你为他人服务，使他人感到很满意，你自己也很高兴。
（37）你的工作需要计划和组织别人的工作。
（38）你的工作需要敏锐的思考。
（39）你的工作可以使你获得较多的额外收入，比如，常发放实物，常购买打折扣的商品，常发放商品的提货券，有机会购买进口货等。
（40）在工作中你是不受别人差遣的。
（41）你的工作结果应该是一种艺术而不是一般的产品。
（42）在工作中你不必担心会因为所做的事情领导不满意，而受到训斥或经济惩罚。
（43）在你的工作中能和领导有融洽的关系。
（44）你可以看见你努力工作的成果。
（45）在工作中常常要你提出许多新的想法。
（46）由于工作的关系，经常有许多人来感谢你。
（47）你的工作成果常常能得到上级、同事或社会的肯定。
（48）在工作中，你可能做一个负责人，虽然可能只领导很少几个人，你信奉"宁做兵头，不做将尾"的俗语。
（49）你从事的工作，经常在报刊、电视中被提到，因而在人们的心目中很有地位。
（50）你的工作有数量可观的夜班费、加班费、保健费或营养费等。
（51）你的工作比较轻松，精神上也不紧张。
（52）你的工作需要和影视、戏剧、音乐、美术、文学等艺术打交道。

2．测评结果说明

本测试将人的职业价值观分为13种类型，各类型的基本含义见表2-14，根据你的回答计算出各类价值观的得分，得分最高的类型即代表了你的职业价值观倾向。

表 2-14 职业价值观

项 目	价值观	所属项目	说 明
1	利他主义	2，30，36，46	工作的目的和价值，在于直接为大众的幸福和利益尽一份力
2	美感	7，20，41，52	工作的目的和价值，在于能不断地追求美的东西，得到美感享受

（续表）

项　目	价值观	所属项目	说　明
3	智力刺激	1，23，38，45	工作的目的和价值，在于不断进行智力的操作，动脑思考，学习以及探索新事物，解决新问题
4	成就感	13，17，44，47	工作的目的和价值，在于不断创新，不断取得成就，不断得到领导与同事的赞扬，或不断实现自己想要做的事
5	独立性	5，15，21，40	工作的目的和价值，在于能充分发挥自己的独立性和主动性，按自己的方式、步调或想法去做，不受他人的干扰
6	社会地位	6，28，32，49	工作的目的和价值，在于从事的工作在人们的心目中有较高的社会地位，从而使自己得到他人的重视与尊敬
7	管理	14，24，37，48	工作的目的和价值，在于获得对他人或某事物的管理支配权，能指挥和调遣一定范围内的人或事物
8	经济报酬	3，22，39，50	工作的目的和价值，在于获得优厚的报酬，使自己有足够的财力去获得自己想要的东西，使生活过得较为富足
9	社会交际	11，18，26，34	工作的目的和价值，在于能和各种人交往，建立比较广泛的社会联系和关系，甚至能和知名人物结识
10	安全感	9，16，19，42	不管自己能力怎样，希望有一个安稳的工作，不会因为奖金、加工资、调动工作或领导训斥等经常提心吊胆、心烦意乱
11	舒适	12，25，35，51	希望能将工作作为一种消遣、休息或享受的形式，追求比较舒适、轻松、自由、优越的工作条件和环境
12	人际关系	8，27，33，43	希望一起工作的大多数同事和领导人品较好，相处在一起感到愉快、自然，认为这就是很有价值的事，是一种极大的满足
13	变异性	4，10，29，31	希望工作的内容应该经常变换，使工作和生活显得丰富多彩，不单调、枯燥

五、职业发展环境分析

职业发展环境分析，主要是评估各种环境因素对自己职业发展的影响。在制定个人的职业规划时，要充分了解所处环境的特点、掌握职业环境的发展变化情况、明确自己在这个环境中的地位以及环境对自己提出的要求和创造的条件等等。只有对环境因素充分地了解和把握，才能做到在复杂的环境中避害趋利，使自己的职业规划具有实际意义。职业环境因素主要包括两个方面：社会环境因素和组织环境因素。

（一）社会环境分析

所谓社会环境分析，就是对我们所处的社会政治环境、经济环境、法制环境、科技环境、文化环境等宏观因素的分析。社会环境对我们职业发展乃至人生发展都有重大影响。通过对社会大环境包括国际、国内与所在地区三个层次的分析，来了解和认清国际、国内和自己所在地区的政治、经济、科技、文化、法制建设、政策要求及发展方向，以更好地寻求各种发展机会。对社会环境因素的了解主要包括以下几个方面。

1. 社会各行业对人才的需求状况

随着社会的变革，对各种人才的需求也在不断发生变化。例如，随着信息技术的发展和普及应用，对计算机、网络等方面的应用人才的需求不断增加。同时，对各种管理人才的需求也越来越多。对这方面信息的分析可以使个体认识到自己目前所具备的知识和技能是否为社会所需要，需求程度如何，自己应在哪些方面学习和提高才能适应社会的需要。

2. 社会中各种人才的供给状况

对人才资源供给状况的分析实际上是在分析人才竞争的状况。通过对这些信息的分析，可以使个体认识到与自己竞争相似职业的人的状况，自己与他人相比较优势在哪里，不足在哪里，如何才能在竞争中取得优势。

3. 社会政策

法规政策环境主要是指一个国家或地区的法律、法规、方针政策、经济管理体制、人才培养开发政策、人才流动有关规定等。制定职业规划时，有必要研究国家在相关行业中的政策。政府会根据国家宏观经济状况对一些行业发布法规政策，对一些行业鼓励、扶持，对一些行业限制、缩小规模。国家政策可能会对一些专业人才的培养给予鼓励支持，对某些行业人员给予限制。这些政策对企业和职业的发展都会产生重要的影响。例如，《个人独资企业法》的出台使得有志于独立创业的个体找到新的职业发展路线。

4. 社会价值观的变化

一个人生活在社会环境中，必然会受到社会价值观念的影响。社会价值观会随着社会的不断发展和进步而发生不同程度的变化，从而会影响社会对人的认识和对职业的要求。因此，了解社会价值观的变化，有利于在职业设计时作出与社会价值观相一致的职业选择。

5. 科学技术的发展

科技的发展会带来理论的更新、观念的转变、思维的变革、技能的补充等，而这些都是职业规划中不可或缺的要素。科技的发展引起产业结构的调整，产业结构的调整必然引起职业模式的变化，其变化最大的是就业岗位由制造业和农业转到了服务业和电信业。也就是由第一产业、第二产业转到了第三产业。第三产业的就业岗位通常包括金融服务、医疗保健、运输、零售、快餐和饭店、法律和社会服务、教育、计算机领域等各行各业中的岗位。

6. 经济环境

经济环境对人的职业生涯发展也会产生影响，当经济发展非常景气时，百业兴旺，就业渠道、薪资提升和职业发展的机会就会大增，反之，就会使人的职业发展受阻。对经济环境的了解可以通过以下几个方面获得：经济改革状况、经济发展速度、通货膨胀率、经济建设状况、国际贸易状况等。

（二）组织环境分析

组织环境对个人职业发展有着重要的影响，当组织环境适宜于个人发展时，个人职业更容易取得成功。但组织环境同社会环境一样，也在不断地变化，这些变化同样对职业提出了不同的要求。因此，在制定职业规划时，个人所在的组织环境也是应考虑的重要因素。组织环境分析包括行业环境分析和企业环境分析。

1. 行业环境分析

行业环境分析包括对目前从事或拟从事的目标行业的环境分析。其内容应包括行业的发展状况，国际、国内重大事件对该行业的影响，目前行业的优势与问题，行业发展趋势等。行业与职业不同，行业是企业的集合。从事同类产品的生产销售企业或提供类似服务的企业达到一定的数量才形成一个行业。例如，家电行业，就包括生产电视机、空调、冰箱、洗衣机等不同类型具体产品的若干家企业。在同一行业内，可以从事不同的职业。例如同在保险业，可以作保险业务员，也可以是人力资源部经理。

在分析行业环境时，一定要结合社会大环境的发展趋势。由于科学技术的飞速发展，会使某些行业如同夕阳坠落，逐渐萎缩、消亡，更有许多极具发展前途的朝阳行业不断出现、发展起来。同时还要注意国家政策的影响，要了解国家对某一行业是支持、鼓励和引导，还是限制、控制和制约。要尽量选择那些有前景、发展空间较大的行业。例如，我国近年来狠抓环境保护，推行可持续发展战略，保护生物多样性，在农业生产中控制化学制品的使用，开发"绿色食品"等等，使环境保护产业如初升朝阳，充满生机，导致环保设备生产、环保技术咨询等行业迅速发展，提供了大量就业岗位。而这时如果不了解情况，为了一时利益，盲目进入那些污染后果严重的行业谋职，必将会给自己的职业发展造成严重的不良后果。

2. 组织（企业）环境分析

组织（企业）环境分析尤为重要。个人在选择组织时有必要通过个人可能获得的一切渠道，比如，可以通过公司所在地的新闻出版机构的新闻线索，来了解该组织产品及服务的详细情况和富有深度的财政经济状况；通过有关书籍和企业发展史、当地各种商业活动、企业人物获奖的细节也能了解到可供参考的资料信息；另外公司的网站上介绍公司价值观念的那些主页也会透露一些企业文化的有关线索；至少还可以通过参观或参加面试时的谈话资料和知识背景来充分了解和考虑各种因素。

企业环境分析包括：用人单位的声誉和形象是否良好？组织实力怎样？在本行业中的地位、现状和发展前景怎样？所面对的市场状况如何？产品和服务在市场上的发展前景怎样？能够提供哪些工作岗位，是否与自己适合对路？有无良好的培训机会？企业领导人怎样？企业管理制度怎样，是否先进开明？企业文化是否与自己吻合？福利待遇是否完善等若干方面。具体包括以下三个方面。

（1）企业实力。企业在社会中的地位和声望如何？企业目前的产品、服务和活动范畴是什么？企业的发展领域在哪些方面？发展前景如何？战略目标是什么？技术力量和设施是否先进？在本行业中是否具备很强的竞争力？是发展扩张，还是倒退紧缩，处于一个很快就会被吞并的地位？谁是竞争对手？企业目前的财政状况如何？要仔细观察是真正在"做大"、"做强"，还是空有其壳？有没有长久的生命力？企业的组织结构是怎样的？是扁平的还是等级制的？等等。

（2）领导人。企业主要领导人的抱负及能力是企业发展的决定性因素。而且个人在职场的运气很大一部分来自于你的老板。很多成功的大企业都有一位出色的企业家作为掌舵领航人。因此，要了解企业主要领导人是真心要干一番事业，还是想捞取名利？管理是否先进开明？他有足够的能力带领员工开创新天地吗？他有没有战略眼光和措施？他尊重员工吗？

（3）企业文化和企业制度。除了很好的福利、吸引人的薪酬、舒适的工作环境和出色的管理之外，优秀的企业还会创造积极的企业文化，让员工感到快乐和受尊重，而使员工工作更有创造性。员工与企业相互配合是否良好的关键在于企业文化。因此，在求职时选择什么样的企业文化氛围让你觉得最舒服，才是至关重要的。企业制度涉及的范围比较广，包括管理制度、用人制度、培训制度等，尽可能了解这些信息，了解企业在组织结构上的特征与发展变化趋势，分析这种安排对自己的未来可能带来什么样的影响。特别要注意企业用人制度如何，能否提供教育培训机会，提供的条件是什么？自己将来有没有可能在该企业担任更高级的职务或担负更大的责任？个人待遇提升的空间有多大？是基于能力还是工作年限？企业的标准工作时间怎样？是固定的还是可以变通的？当然也还要考虑企业提供的薪酬和福利待遇与行业内其他公司比较如何？

总之，通过以上分析，应理出一条清晰的线索，确定自己的职业生涯在这个企业中有没有足够的发展空间，衡量自己的目标能够在该企业得以实现的可能性。

练习思考

1. 运用教材中提供的工具对自己的职业性格、职业能力、职业兴趣和职业价值观进行测评，发现自己的优势与不足，找出比较适合自己的职业。

2. 对自己的理想职业进行职业发展的社会环境分析，说说这个职业有何发展前景，对从业者有哪些要求？

规划 二

制定职业发展规划

学习要点

知识要点
1. 掌握确定职业目标的方法；
2. 了解职业发展的路线；
3. 了解职业规划评估的内容；
4. 掌握职业规划评估的方法。

技能要点
1. 学会制定自己的长期、中期和短期职业目标；
2. 学会制定自己的职业发展路线；
3. 制定自己职业规划的实施措施；
4. 学会评估自己的职业发展过程。

内容提要

在准确地对自己和环境做出了评估之后，我们可以确定适合自己、有实现可能的职业发展目标。而在职业目标确定后，还必须对发展路线做出抉择，以便及时调整自己的学习、工作以及各种行动措施沿着预定的方向前进。因此，在职业生涯规划中，在确定了职业生涯的终极目标并选定职业发展的路线后，行动便成了关键的环节。这里所指的行动，是指落实目标的具体措施，主要包括工作、培训、教育、轮岗等方面的措施。影响职业生涯规划的因素很多，有的变化因素是可以预测的，而有的变化因素难以预测。在此状态下，要使职业生涯规划行之有效，就必须不断地对职业生涯规划执行情况进行评估和调整。

一、确立职业目标

（一）职业目标

职业目标是指人们对未来职业表现出来的一种强烈的追求和向往，是人们对未来职业生活的构想和规划。职业生涯目标的设定，是职业设计的核心。确立目标可以成为追求成功的驱动力，所谓"志不立，天下无可成之事"。因此在制定职业规划时，关键是要确立好目标。

职业目标的确立，也是个体职业理想的具体化和可操作化。个人职业目标按时间可以分为短期目标、中期目标、长期目标和人生目标。短期目标通常是指时间在一至三年内的目标，是中期目标和长期目标的具体化、现实化和可操作化，是最清楚的目标；中期目标一般为五到七年，它相对长期目标要具体一些，如参加一些旨在提高技术水平的培训并获得等级证书等；长期目标时间为十年以上的目标，它通常比较粗、不具体，可能随着企业内外部形势的变化而变化，在设计时以画轮廓为主。一般说来，短期目标服从于中期目标，中期目标服从于长期目标，长期目标又服从于人生目标。

（二）确定职业生涯目标的基本原则

确立目标，关键在于选择目标。目标的选择并无定式可言，重要的是要依据自身实际，扬长避短，利于自身发展。同时，要有超前意识，使目标与社会的需求和发展相适应，跟上时代的发展步伐。要保证制定出符合自身特点的、科学、合理、可行的职业发展规划，就要遵循以下几个原则。

1. 择己所爱原则

个人在制定职业规划时，尽量选择从自己的价值观和兴趣出发，只有选择符合自己价值观和兴趣的职业，个人才能发挥出自己的潜能，才能从工作中获得快乐和成就感，个人职业发展才能取得成功。

2. 择己所能原则

择己所能就是要选择和自己的能力、素质相匹配的职业，只有充分利用自己的优势能力，个人才能在职业发展过程中游刃有余，才能更快地取得事业的成功。

3. 择世所需原则

择世所需就是要选择符合社会发展需求，具有良好社会发展前景的职业，不能选择那些即将退出历史舞台的职业为自己的发展方向。所选职业只有为社会所需要，才有自我发展的保障。

4. SMART 原则

SMART 是五个英文单词的第一个字母组合，分别代表具体（Specific）、可度量（Measurable）、可实现（Attainable）、现实性（Relevant）、有时限(Time-based)的意思。制定职业发展规划也要遵循这个原则，各阶段目标要具体、要可以考量、要充分考虑各种现实因素、要有明确的时间节点。

5. 目标一致性原则

目标一致性主要涉及三个方面：第一，个人长远职业发展目标要清晰明确，长远目标不可能发生大的调整和改变，要保持一致性；第二，目标要逐级分析，分解的中期目标和近期目标要始终围绕着长远目标，保持和长远目标的一致性；第三，为实现各阶级目标而制定的具体行动计划要为实现目标服务，行动计划不能偏离目标。

6. 整体性原则

生涯目标应构成一个目标体系。人生有许多目标，它们时间跨度不同、大小也各不一样。如果它们相互割裂，不要说难以取得人生成功，即使各目标都能实现，其最终效果也只能是简单的叠加。然而，各目标之间，如有很强的逻辑性、系统性，其远、中、近期目标，大、中、小目标相互衔接，有机地构成一个目标体系，不仅有利于人生目标的实现，而且所产生的最终效果则是相乘效应。因此，确立目标要注意使大大小小的目标构成一个体系。

7. 弹性原则

社会在不断发展变化，影响个人职业发展的因素也在不断变化，所以制定职业规划时，要留有一定的余地和弹性,以便在具体执行过程中对职业发展目标和实施计划能进行持续的改进和完善。

8. 实事求是原则

个人在制定职业规划时,也要立足于现实环境,立足于已有的经济基础和个人能力,确保自己先能够生存,然后再考虑职业发展。

9. 平衡原则

平衡原则主要是指个人制定职业发展规划时还要综合考虑个人身体健康、个人业余爱好、夫妻关系、照顾父母、培养子女等多种因素,不能完全顾此失彼。

(三) 职业生涯目标确立的方法

在设定职业生涯目标时可以采取多种方法,诸如"5W"法、SWOT 法等。下面以 SWOT 法为例说明职业生涯发展目标如何确立。SWOT 法是指个体通过分析自己的性格、能力、爱好、长处、短处、所处环境的优势(Strength)和劣势(Weakness),以及一生中可能会有哪些机遇(Opportunity),职业生涯中可能有哪些威胁(Threat),将自身条件和需求与外部环境结合起来,制订职业生涯目标。

1. 优势分析

优势分析主要是分析自己出众的地方。寻找职业方向,往往要从自己的优势出发,以己之长立足于社会。在自己的职业生涯设计中,如果你能根据自身长处在选择职业并"顺势而为"地将自己的优势发挥得淋漓尽致,就会事半功倍。对于个体而言,必须从所学专业和优势入手明确职业生涯目标,专业学习是职业生涯发展的基石,是通向职业生涯目标的桥梁和翅膀。

2. 劣势分析

"人无完人,金无足赤"。由于生长环境的不同、经历的不同,在有限的条件下,人无法避免自身的劣势。劣势分析主要包括性格的弱点和经验经历中的欠缺。人天生就都有弱点,这是我们与生俱来且无法避免的。卡耐基曾说:"人性的弱点并不可怕,关键要有正确的认识,认真对待,尽量寻找弥补、克服的方法,使自我趋于完善。"经历中的欠缺也同样需要我们积极面对,寻找弥补的方法。

3. 机会分析

机会分析主要包括对社会环境的分析认知、行业环境分析认知、人际关系的分析认知等等。环境为每个人提供了活动的空间,发展的条件和成功的机遇。特别是近年来,社会的快速变化,科技的高速发展,市场的竞争加剧,对个人的发展产生了很大的影响。在这种情况下,个人如果能很好地利用外部环境,就会有助于个人发展的成功。

4. 威胁分析

在当今社会中,除了机遇我们还会面对各种各样的挑战和威胁。这些威胁和挑战对我们明确职业目标至关重要。尽管这是我们无法控制的外部因素,但是我们却可以通过努力弱化它的影响。对于这些挑战,我们不能采取一味地回避态度,我们只能改变自己,提高自己去适应社会的能力,通过努力把挑战转化为一种内在的动力。这样,我们才能避免不利的影响,在困境中脱颖而出,寻求发展和成功。

在仔细地对自己做一个 SWOT 分析评估后,你可以列出自己的优势和劣势,分析环境带来的机会和挑战,比较分析之后确立自己的职业生涯目标和发展规划。

（四）确定个人的职业生涯目标

职业生涯目标的设定，是职业规划的核心。一个人事业的成败，很大程度上取决于有无正确适当的目标。职业生涯目标分解是根据观念、知识、能力差距，将职业生涯的远大目标分解为有时间规定的长、中、短期分目标，直至将目标分解为某确定日期可以采取的具体步骤。

1. 制定 10 年或以上的长期目标

在确定职业生涯目标上，比较理想的第一步就是要确定长期的目标。长期目标应该是自我考察和工作环境、社会环境积极评价的结果，就是要充分考虑个人的需要、价值观、兴趣和才能等，包括考虑到个人的婚姻、家庭、生活方式等因素。这就需要对自己进行审视：你希望在未来长时期内从事何种类型的工作、从事哪些活动，获得什么样的回报，如收入多少、社会地位、声望。

2. 制定 5～7 年的中期目标

职业生涯中期目标是在长期目标的规划和影响下制定出来的，也是对实现长期生涯目标行动的具体化。这期间的目标应该比长期目标更加具有可操作性。这就需要对如下的问题做进一步的思考：什么样的工作经历能够使你有条件去实现你的长期目标，你需要提高哪些才能，你需要经历哪些锻炼，你需要得到哪些人或者哪类人的帮助等。

3. 制定 1～3 年的短期目标

职业生涯设计的短期目标应尽可能是具体化、评细化、操作性强的行动目标，这期间的目标实施处于大学到工作阶段的过渡期，或者处于工作的初期。短期目标的具体化并不意味着短期目标的非灵活性。目标制定的灵活性不仅体现在长期目标和中期目标，而且也应该体现在短期目标上。对于短期的职业生涯目标，需要对如下问题做出仔细的思考：你需要接受什么样的教育，掌握什么样的专业背景，需要具备什么样的社会经历，选择什么样的职业和工作环境等。

在短期目标的制定和行动落实中，还需制订与之相应的更为详细半年计划、或者一个月、日的计划等。通过这些计划，目的还是确保自己的职业生涯目标能够落实在行动上。并通过不断地行动来反馈信息，从而进一步修订自己的短期目标、中期目标，甚至长期目标。

二、拟定职业发展策略

职业生涯目标确立之后，行动便是职业生涯成功的关键。至于如何行动，或者说选择什么样的职业生涯策略，就直接关系到生涯目标能否实现乃至生涯的成败。所谓职业生涯策略，是指为实现职业生涯目标而制订的行动计划，一般包括职业发展路线和职业规划实施措施等。

（一）职业发展路线

所谓职业生涯发展路线，是指当一个人选定职业之后为实现其职业目标和职业理想所选择的路径。在职业选择后，还必须考虑向哪一路线发展。是走行政管理路线，向行政方面发展，还是走专业技术路线，向业务方面发展。发展路线不同，对其要求也就不同。因为，即使是同一职业，也有不同的岗位，有的人适合搞行政，可在管理方面大显身手，成为一名卓越的管理人才。有的人适合搞研究，可在某一领域有所突破，成为一名著名的专家学者。如果一个人不具有管理才能，却选择了行政管理路线，这个人就难以成就事业。由此可见，职业生涯路线的选择，也是职业生涯发展能否成功的重要步骤之一。

在进行职业生涯路线选择时，可以从三个方面考虑：一是个人希望向哪一条路线发展，主要考虑自己的价值、理想、成就动机，确定自己的目标取向；二是个人适合向哪一条路线发展，主要考虑自己的性格、特长、经历、学历等客观条件，确定自己的能力取向；三是个人能够向哪一条路线发展，主要考虑自身所处的社会环境、政治与经济环境、组织环境等，确定自己的机会取向。职业生涯路线选择的重点是对职业生涯选择要素进行系统分析，在对上述三方面的要素进行综合分析的基础上确定自己的职业生涯路线。职业生涯路线可以朝以下三个方向发展。

1. 纵向发展

纵向发展是指员工职位等级由低级到高级的晋升，如由经理职位晋升到副总经理的职位，由助理工程师晋升到工程师的职位。纵向的职业发展主要强调的是员工职位承担责任由小到大，员工职位承担内容的挑战性由小到大，员工所掌握的技能或能力由低到高。

2. 横向发展

横向发展是指在同一层次不同职位之间的调动，如部门经理调到办公室主任，从事技术工作的研发工程师轮调到生产管理工程师岗位。这种横向发展可以发现员工的最佳发挥点，同时又可以使员工积累各个方面的经验，为以后的发展创造更加有利的条件。横向的职业发展强调的是员工需要对组织内不同职能领域的熟悉，当今组织更多需要的是"T"字形的人才，所以不同职能部门之间的轮换，是组织培养干部的重要手段之一。

3. 核心方向发展

虽然职位没有晋升，但是承担了更多的职责，有了更多的机会参加单位各种决策活动。如组织内的人事经理通常只是负责公司的招聘、培训、薪酬、绩效等人力资源管理工作，如果当领导将行政、总务等工作也都让人事经理来管理，那么人事经管辖的范围就更宽了，这样对人事经理能力的要求也更高了。核心方向的职业发展强调的是职位不变，但是管理的范围更宽、管理的幅度更大，因此需要进一步提升任职者的综合能力。

下面是几种典型的职业生涯路线，见表 2-15。

表 2-15 典型职业生涯路线

类型	典型特征	成功标准	主要职业领域	典型职业通路
技术型	职业选择时，主要注意力是工作的实际技术或职能内容。即使提升，也不愿到全面管理的位置，而只愿在技术职能区提升	在本技术区达到最高管理位置，保持自己的技术优势	工程技术、财务分析、营销、计划、系统分析等	财务分析员-主管会计-财务部主任-公司财务副总裁
管理型	能在信息不全的情况下，分析解决问题，善于影响、监督、率领、操纵、控制组织成员为感情危机所激励，善于使用权力	管理越来越多的下级，承担的责任越来越大，独立性越来越大	政府机构、企业组织及其各部门的主要负责人	工人-生产组长-生产线经理-部门经理-行政副总裁-总裁

（续表）

类型	典型特征	成功标准	主要职业领域	典型职业通路
稳定型	依赖组织，怕被解雇，倾向于按组织要求行事，高度的感情安全，没有太大抱负，考虑退休金	一种稳定、安全、整合良好的家庭、工作环境	教师、医生、幕僚、研究人员、勤杂人员	更多的追求职称、助教-讲师-副教授-教授
创造型	要求有自主权、管理才能、能施展自己的特殊才能，喜好冒险、力求新的东西、经常转换职业	建立或创造某种东西，他们是完全属于自己的杰作	发明家、风险性投资者、产品开发人员、企业家	无典型职业通路，极易变换职业或干脆单挑
自主型	随心所欲地制定自己的步调、时间表、生活方式和习惯，组织生活是不自由的、侵犯个人的	在工作中得到自由与欢娱	学者、职业研究人员、手工业者、工商个体户	自己领域中发展自己的事业与个人

（二）制定职业规划实施措施

制定好一系列的职业发展规划后，如何将其最终落实是每个规划制定者所必须考虑并面对的一个问题。做一个好的计划若没有实施上的细则，就无法保证计划顺利进行。应对职场纷繁的信息和变动，我们必须建立有效的信息整理、分析和筛选系统，再结合自身竞争力合理规划职业生涯。一个人要在职业发展过程中达到职业成功的彼岸，必须采取有效措施保证计划的实施。

（1）保证经常回顾你的构想和行动规划，必要时做出变动。有些人有计划，但总是不将计划放在心上，只要有事做，就不知道自己努力的方向在哪里，缺乏时间观念，结果贻误发展机会。

（2）如果你的理想蓝图已经发生变化，你的构想和行动规划也要做出相应的变动，从而目标和策略也应随之改变。计划毕竟是计划，往往需要和现实结合起来作动态性的管理，否则，缺乏灵活性，也会导致计划落空。

（3）把你的构想和任务方案存入电脑文件或贴在床头等可经常看见的地方。为了避免自己忘记重要的工作及时间表，最好将这些内容放在自己经常能看见的地方，如写在日历上，时刻提醒自己。特别是随着年龄的增大，事情增多，记忆力下降，尤其要注意日程表。

（4）当你做出一个对生活和工作极其重要的决定时，请考虑一下你的构想和行动规划，并确保你正在仔细考虑的决策与你的本意相符。在有些情况下，可能有一些重要的诱因，能获得短期内的收获，但从长期考虑有损失。这种时候，需要冷静的思考，权衡利弊及对策，做出符合职业生涯发展利益的决策。

（5）与好朋友讨论你的构想和行动方案，并询问实现构想的途径。向好朋友公开自己的计划，往往能督促自己行动。如果计划只是自己知道，往往在遇到困难时，人们容易退步，而且心理上没有压力，因为计划是自己知道，别人不知道。明智的人会先征求别人的意见和建议，再采取行动。一方面可以集中集体的智慧，帮助自己设计最佳的策略和方案；另一方面可对自己进行约束，增加责任心及激励力量。

（6）注意抓住机遇以实现你的目标。开发职业的渠道很多，除了个人自己创造的机会外，个人还应该注意抓住组织所提供的机会，为实现自己的职业目标打基础。如果你所在的组织有培训机会，千万不要因为工作太忙、今后还有机会等理由而放弃。也许失去此次机会，就失去了一个晋升、选择更有挑战的职业的机会。

（7）保证至少每三个月检查一次你的计划进度。过程监督十分重要，监督可以发现计划的问题，可以考察计划的落实情况，可以有针对性地提出解决方案。如果感到工作和生活过于舒适，那就意味着目标定低了，需要进行调整，适时适当地调高目标。这样，可以使自己的目标难度更合理，使成就水平更高。如果感到自己的效率很低，没有实现原计划的职业发展目标，首先要考虑自己的动机水平是否足够。如果不是职业目标太难，就应该加强紧迫感，使自己不要脱离职业发展规划的轨道，一旦长期偏离，个人就会放弃原来的计划，使计划成为一纸空文。

（8）要坚持不懈、持之以恒。参加工作后，学习和技能培训与学生时代不同了，可能工作十分繁忙，可能要谈婚论嫁，时间不再是整块的，而是要靠自己去挤，通常较多的是牺牲节假日和八小时之外的时间，这就需要毅力，需要亲戚、朋友的理解和支持，否则，计划很难长期执行。如果没有计划观念和自觉性，通常会使计划流产。一旦起初的计划落空，以后也容易放弃，这是人们一定要注意的。无论身处何时何地，实施计划都需要顽强的毅力。

三、职业规划的评估与反馈

职业规划设计经过自我分析评估、职业发展环境分析、确定职业发展目标和拟订职业发展策略四个阶段后，就进入了职业规划的第五个阶段—职业规划的具体实施执行与评估反馈阶段。职业规划的评估与反馈过程是个人对自己的不断认识过程，也是对社会的不断认识过程，是使职业规划更加有效的有力手段。

（一）职业规划评估

职业规划涉及多种因素，这些因素是经常变化的，所以职业规划在执行过程中还要进行定期评估，一般情况下至少一年要做一次定期评估，如出现个人职位变更、组织合并重组等特殊情况，还要及时安排临时评估。

1. 职业规划评估的内容

（1）职业目标评估（是否需要重新选择职业）。主要看设定的职业目标是否合理，是否很难实现，还是太简单，有无必要进行调整，如何调整。假如一直无法找到我们所希望的学习机会和工作，那么将根据现实情况重新选择职业目标；如果一直无法适应或胜任我们设计的职业目标，在学习工作中得不到应有的发展，导致我们长期压抑、不愉快，我们将考虑修正和调整职业规划；如果我结婚后，职业给家庭造成极多的不便，或者家人反对所从事的职业，将考虑修正和调整职业规划。

（2）职业发展路径评估（是否需要调整发展方向）。主要看设计的职业发展路径是否合理，是否还适合自己，是否有更简洁的发展路径，是否需要转换发展方式。当出现更适合自身发展和职业发展的机会或选择，而原定发展方向缺少发展前景的时候，就尝试调整发展方向。

（3）实施策略评估（是否需要改变行动策略）。主要看设计的具体实施策略是否合理、是否需要调整策略。如果在其他地方可以找到一份令我和家人都十分满意的工作，就前往该地；如果家人无法在我工作的地方定居、工作，我将考虑改变已定计划，前往它地；如果在已定区域和职业选择上实在得不到发展，我将考虑改变行动策略。

（4）实施效果评估。主要是对职业发展规划具体实施执行效果进行分析，看实施效果是否满意，是否达到设计要求，进度有无拖延。虽然在制定职业生涯规划的过程中，对内在和外在、主观和客观的因素考虑了很多，但是随着时间的推移，这些因素也会发生变化。因此，为了确保规划的可行性和有效性，必须随时对职业设计的内容和成效加以评估。此外，在实际实施过程中，也会发现当初作设计时未曾想到的缺点与执行后的困难。为保证职业设计的效果，在每实施一段时间后，有必要对计划执行的方法作一评估。

（5）职业环境评估。主要评估所在单位的生存环境、文化氛围、经济社会发展变化等因素，看是否出现影响自己职业目标的环境因素。如果有，该如何调整职业发展目标和计划。

（6）其他影响因素评估。主要评估自己的身体健康情况、家庭经济条件、父母子女等因素，看这些因素对实现自己职业发展目标有无限制。如果有，该如何调整。

2. 职业规划评估的方法

职业规划评估不是做一次就万事大吉的，职业规划的评估也应遵循 PDCA 循环规则。PDCA 循环是美国管理学家戴明提出来的质量管理理论，被广泛地运用于职业规划、学习、生活当中，是一个从计划、实施、检验到行动往复循环逐步提高的过程，由量变到质变一种行动模式，具体到职业规划当中来看包括以下几个方面。

（1）计划（Plan）。一个职业生涯成功的人，在其每个职业阶段中应该都有明确的目标，才能一步一个脚印，从低阶职位迈向高阶职位。计划的制订必须符合实际情况，不能太高也不能太低，太高了打击士气，太低了起不了激励作用，不利于自己进一步成长。

（2）执行（Do）。好的计划归根到底在于执行，对于行从古至今有很多的说法：言行一致、讷于言而敏于行，说的就是行的重要。行动贵在坚持，这其实是非常困难的一件事。执行不能坚持很大的原因在于当初制定的计划不切实际，比如自己本身的长处在销售，但偏偏希望在技术方面有所发展，这会让自己非常痛苦，在追求技术的道路上也不能走得更远。因此对职业生涯的某一阶段，我们所制定达到目标的行动必须是让我们感觉到快乐的，有兴趣的，同时也是比较合理的过程，那我们才能坚持到底。

（3）检验（Check）。对于检查，需要确定时间点和标准两个因数。通常某阶段职业规划的大目标下可能分好几个子阶段，其每一个子阶段都可以作为一个检查点。检查的标准以当初设定的计划为标准，如果完成了计划，那么执行是成功的，相反就不成功。

（4）行动（Action）。对于检查不成功的目标进行判断，是计划有问题还是执行有问题，如果计划有问题，就应当调整计划进入一个新的 PDCA 循环，如果执行有问题，应该分析自己在时间、精力、金钱上的投入是否不足，方法上有没有问题。比如子计划中的学习计划没有成功，就得分析花在学习上的时间是否足够、参加专业的培训是否必要、资料是否充足、学习方法是否合理等。深入挖掘导致执行不成功的因素，找到原因后针对问题点加以改进，进入下一个 PDCA 循环。周而复始直到职业生涯有一个更好的发展。

3. 职业规划评估过程中应注意的问题

职业规划评估可以参照各类短期、中期预定目标和实际结果比照而行。一般来说，任何形式的评估都可以归结为自我素质和行为对现实环境的适应性判断，分析自己现状，特别是针对变化的环境，找出偏差所在，并做出修正。

（1）抓住最重要的内容。在职业生涯的某一阶段，总有一个最重要的目标，其他目标都是指向这个核心的，我们完全可以通过优先排序，重点评估那些可能达到这个核心目标的主要策略执行的效果。

（2）分离出最新的需求。针对变化了的内外环境，要善于发掘最新的趋势和影响。对于新的变化和需求，怎样的策略才是最有效而且最有新意的。

（3）找到突破方向。有时候，在某一点上取得突破性的进展将对整个局面发生意想不到的改变。想一想，先前职业规划中的策略方案。哪一条对于目标的达成应该有突破性的影响？达到了吗？为什么没达到？如何寻求新的突破？

（4）关注弱点。在反馈评估过程中，当然要肯定自己取得的成绩与长处。但更重要的是切合变化的环境，发现自己的素质与策略的"短处"，然后想办法修正。一般来说，你的短处可能存在于下列方面：观念差距、知识差距、能力差距、心理素质差距。

（二）职业规划的反馈调整

在人生的发展过程中，由于社会环境的巨大变化和一些不确定因素的存在，会使我们与原来制定的职业目标与规划有所偏差，这时需要对职业目标与规划做出适当地调整，以更好地符合自身发展和社会发展的需要。一般来说，反馈调整就是对自我素质和行为与现实环境的适应性进行再认识、再判断，找出规划与现实的偏差所在，并做出修正。职业规划修订的内容重要包括：职业的重新选择、职业路线的选择、职业目标的修正、实施策略计划的变更等。

1. 职业生涯调整的时机

当然，在我们职业生涯发展的过程中也会出现这样或那样的问题，职业规划本身就是在发展中不断再调整的，所以当你的工作中出现以下问题时，你就应该考虑调整自己的职业规划了。

（1）怀疑自己不合格。如果你工作感到痛苦，这可能是自己工作表现不佳而又不愿正视这个问题。因此应该扪心自问：自己到底干得如何？你可以请上司对你的表现作一个评定，以确定是否仍符合他的要求，或是请教一位精明且诚信的同事，让他为你作一个非正式的评估。

（2）与上司不合拍。一种较好的测试方法是：你在上司身边时感觉如何？是自在放松还是紧张不安？

（3）与同事不合拍。你可以问问自己：当你与单位的人交往时，是否觉得格格不入？你是否对引起他们兴趣的话题感到乏味和无聊？如果是这样的话，那你可能已陷入一个无法展现自己的环境。

（4）工作过于轻松。如果你闭着眼睛都能工作时，这可能表明你的能力已远远超越你的职位而自己却不知道。你可以问自己几个问题：你仍然能够从工作中学习到别的东西吗，想进一步发展你正在使用的技能吗？

（5）对于这一行不感兴趣。如果你可重新选择，你还会选择同一职业吗？你有兴趣阅读这一领域有名人物的自传吗？如果不是，你该考虑去见职业咨询顾问或参加求职测试了。

2. 职业规划调整的方法

（1）目标度量法。职业目标是职业生涯规划的核心，它对于个体职业规划的成功具有直接的帮助。生涯目标中的短期、中期和长期目标一旦确定，就形成了非常具有操作性的度量职业生涯规划实现的标准，调整的方法也就直接锁定在现实目标实现和生涯目标之间纠偏的动态过程中。

（2）局部调整法。从职业规划的实施基本步骤和方法来看，每一个环节都可能直接影响到前后职业生涯规划的实施效果，如果设定的目标不适合于自己，长期目标和短期目标相脱节，目标缺乏弹性或制定的太容易或太难；确立的志向和自我评估有偏差；对职业生涯规划机会的把握不准确；对职业的选择把握不好；或者职业规划路线的选择有问题，制定的具体行动计划方案可操作性较差等，在执行的过程中都需要根据不同的情况进行局部调整。

（3）重新规划法。有时候个体对职业生涯规划的基本概念掌握不够，具体的职业规划的步骤和方法应用不熟练，导致所制定出的规划方案完全脱离了自身实际，"牛头不对马嘴"时，则需要彻底调整，亦就是重新规划。这种方法不建议多次使用，以避免陷入"常立志而不立长志"的困境。

根据职业生涯的理论，定期地做总结评估和反馈调整是做好职业规划不可或缺的一个环节。个体应该进行周期性的总结和计划调整，重点针对职业生涯计划进行反馈调整。未来的长期计划是以综合考虑各方面的因素做出的决定，具有一定的客观性和科学性。在没有确实发现自己的长期目标有重大偏差的时候，不应该三心二意，随意改变自己的决定。

练习思考

1. 运用 SWOT 分析法分析自己的优点、缺点、威胁和机会，在此基础上确立自己的职业目标。

2. 对自己拟定的职业目标按时间进行分解，如长期目标、中期目标、短期目标、本年目标、本月目标、本周目标，越详细越好。

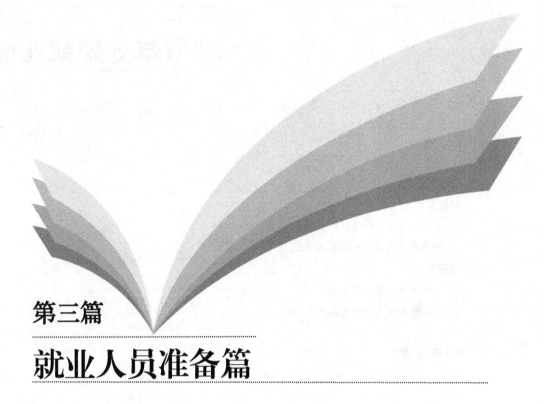

第三篇
就业人员准备篇

　　对于即将走向工作岗位的求职者来说，了解就业形势，认真地收集和处理就业信息，努力做好就业前的各项准备，掌握求职应聘过程中的各项技巧是至关重要的。就业信息作为信息的一种，是求职者在就业的过程中必须要掌握的重要内容。求职者可以利用各种收集就业信息的途径，充分收集就业信息，争取更多的就业机会。求职材料在求职的过程中具有为求职者争取面谈机会的重要作用，求职者应积极准备充分的求职材料，如求职信和个人简历等，做好求职准备。求职时面试和笔试都有各自的技巧和注意事项，求职者应根据实际情况，掌握技巧，提高求职成功率。另外，就业的心理调适是求职者不可忽略的内容，求职者应正视求职过程中常见的心理问题，掌握就业心理调适的基本方法，顺利完成就业。本篇重点论述求职者在就业前应如何获取和处理就业信息，怎样撰写求职材料，如何掌握求职技巧以及调适求职心理，从而提高其就业竞争力，确保求职顺利进行。

准备一

获取与处理就业信息

学习要点

知识要点

1. 了解就业信息的特征和类型；
2. 明确收集就业信息的基本原则。

技能要点

1. 了解就业信息的收集途径；
2. 掌握就业信息的处理技巧。

内容提要

获取有效的就业信息，在职业选择和就业的过程中有着举足轻重的作用。就业人员应当充分重视就业信息的重要性，积极主动、广辟途径地收集就业信息，并认真细致地分析、筛选、整理这些信息，从而准确地处理，抓住就业机会，成功就业。

一、了解就业信息

近年来，国家出台了一系列与就业相关的政策规定，了解就业信息可以使求职者就业方向更加明确，并且能更加充分地享受这些优惠政策。另外，更多地了解就业信息可以帮助求职者了解就业市场、就业需求，给求职者提供更加广阔的就业空间，提升其就业成功率。

（一）就业信息的含义和类型

1. 就业信息的含义

就业信息是指由用人单位发布的，求职者未知的，经过加工处理后对求职者具有一定价值的客观存在的就业资料和情报。求职者要实现成功就业，不仅仅取决于个人的学业成绩、能力水平、综合素质及社会对人才的需求等因素，同时也与求职者能否及时有效地获取就业信息密切相关。

2. 就业信息的类型

就业信息的类型根据分类方法和标准不同有很多种。从信息包含的内容来看，可以分为就业形势信息、社会需求信息、用人单位信息等；从信息语言的角度来看，可以分为口头信息、媒体信息。

（二）就业信息的特征

1. 时效性

就业信息的效用具有一定的期限。例如，用人单位的招聘活动都有明确的时间限制，超过一定的时间之后该招聘信息基本不具有实用价值。

2. 共享性

就业信息一经公开发布即为人共享。任何就业信息，一旦通过公共媒体发布之后，即成为公共信息供所有人共享。因此，求职者在求职时，一旦获取相关就业信息，应尽快做出响应，争取赶在其他人前面，以获得更多的机会。

3. 传递性

就业信息总处于流动和传递的状态，它通过各种媒介和途径广泛传播，而每个接收者的时间和方式并不相同。

4. 两面性

就业信息有真假之分。求职者在寻找和收集就业信息时，应注意区分信息的真假，以免落入求职陷阱，上当受骗。

二、收集就业信息

（一）收集就业信息的原则

求职者在收集信息时，既要做到高质高效、准确无误，又要符合自己的实际情况，因而要求求职者在收集就业信息时不能无的放矢，应遵循一定的原则。

1. 目的明确

在搜集就业信息之前，首先必须明确自己的就业方向，即拟定就业的行业和职位。在此基础上，有意识、有目的地搜集相关行业各类企业发布的就业信息，然后按照职位进行筛选，做到有的放矢。

2. 真实准确

无论采取何种方式和渠道搜集就业信息，均应提高警惕，要善于从众多的就业信息中发现和剔除虚假信息，以避免落入各式各样的招聘陷阱中。

3. 适合自己

在确定拟应聘岗位时，应认真分析自己的优势和劣势，选择最适合自身实际情况的岗位进行准备，以提高求职成功的比例。

（二）收集就业信息的途径

在信息时代，对于求职者而言，获取就业信息的渠道和途径十分广泛。就业信息的获取对职业选择起着举足轻重的作用，就业信息越广泛，求职的视野就越宽阔；就业信息越有效，求职的把握性就越大。就业信息多种多样，收集的渠道也各有不同。总体上说，目前求职者可以通过以下渠道获取用人单位的信息。

1. 个人走访收集

个人走访收集是指求职者采取上门走访的方式，直接到自己感兴趣或向往的企业、公司等，面对面地与其人力资源部主管进行交流、表达愿望的一种信息收集途径。而直接上门走访不仅可以节省识别信息准确性的时间，还能通过实地考察，对用人单位的地理位置、周边环境等外部条件有清晰的认识，待决策时参考。

2. 学校就业指导部门

学校的毕业生就业指导部门专门从事毕业生就业指导工作，与用人单位建立了长期、稳定的合作关系，在长期的工作交往中与用人单位有着广泛而密切的联系，是学校接收用人单位寄送人力资源需求情况信息的职能部门。他们提供的信息数量大，针对性、准确性、可靠性都较强，是毕业生获取求职信息的主要渠道。

3. 就业供需见面会和人才招聘会

就业供需见面会和人才招聘会是由就业主管部门组织，让求职者与用人单位直接见面、洽谈的一种择业活动方式。通过这种方式，求职者将直接面对招聘单位，通过交流可以获得更为丰富、全面的信息；而且双方可以当场拍板、签订协议，十分便捷，可以大大提高求职者应聘的成功率，用人单位也可以挑选到自己满意的人才，因而受到求职者和用人单位双方的欢迎。

此外，还有一些实力雄厚的用人单位自己组织的人才招聘会。这类招聘会一般对应聘者要求很严格，进行多重筛选，因此竞争激烈，淘汰率高。不过，它也是求职者向用人单位展现自己风采、实现自己人生抱负的好机会。

4. 互联网

随着网络信息时代的到来，互联网的应用已经越来越广泛。通过互联网求职是近年来在求职者中比较流行的求职方式。

5. 社会关系

通过社会关系网获得就业信息，也是一条重要的渠道。当求职者在寻找就业信息的时候，千万不要忘记了你周围的家人、老师、朋友以及朋友的朋友，也许他们会给你提供一些机会。每个人都生活在特定的社会关系中，都不可避免地要与人接触，双方在交互作用的过程中不断交换着各种信息。一般而言，信息总是在关系密切的人际圈子里流动、传递的。所以，求职者要善于利用各种社会关系，拓宽就业信息的来源，让更多的人帮助收集就业信息。

6. 新闻媒介

当前，就业已成为社会热点问题，受到各新闻媒介的普遍关注。每年在求职者应聘旺季，广播、电视、报纸、杂志等新闻媒体上都会有大量就业信息，包括就业政策、行业现状、职业前景、人才需求等方面的报道和分析。许多用人单位也通过新闻媒介，如广播、电视、报纸、杂志等，刊登自己的招聘广告，介绍企业现状、发展前景及人才需求，宣传和说明所需人才的层次、专业、工作性质、薪金等问题，从而成为一个巨大的信息源。新闻媒介不仅信息传播速度快，而且涉及面广，信息传播也很及时，是求职者收集就业信息的重要途径。

另外，手机的广泛使用及其功能的不断拓展，也使得它在提供就业信息方面异军突起，显露出极为便捷、快速的特点。如上海人才市场开通的"上海人才移动网暨招聘短信服务"，求职者只要通过手机订阅相关的短信息，就可以及时、准确地收到其发送的最新招聘信息，如公司名称、招聘职位、联系方式等。

三、处理就业信息

（一）建立个人就业信息管理库

因为求职者就业信息多处于随机状态，时断时续、时多时少，收集到的信息往往是五花八门、各式各样。在这种情况下，如果求职者不对信息进行有效的管理，收集到的信息就会如一团乱麻，让人晕头转向，给自己造成许多麻烦，以致顾此失彼，错过许多机会。一些求职者不想做信息处理的工作，总认为现在时间太紧张，能够把就业信息抄下来及时行动就行了，没有必要再去处理信息。还有一些求职者，则是不会做信息处理，平时懒散惯了，做事情本来就缺少条理性，在处理就业信息时就更杂乱无章。

如果求职者个人计算机能力和数理统计分析能力比较强，也可以对若干重要指标设立权重系数（比如，单位地理位置的权重，经济状况、福利待遇、单位发展前景的权重，等等），利用数理统计公式得出对各用人单位的综合评价。这样就能较客观地对一组信息进行量化处理，从而避免在比较条件相似的用人单位时，出现左右摇摆、拿不定主意的情况。

（二）寻求就业个人信息咨询的"智囊团"

有些求职者由于缺乏社会经验，在对就业信息进行分析和处理时难免主观幼稚，失于偏颇。因此，求职者在处理信息时，也要"民主决策"，最好是有一个自己就业信息咨询的"智囊团"。当然，这并不是要求职者煞有介事地去请一些人来担任自己的就业参谋，而是要求求职者在处理收集到的就业信息，特别是对一些自己没有把握做出准确判断的信息进行选择时，要有意识地主动去请教一些能提供帮助的人。比如：就业指导老师、辅导员、家长、老乡、已参加工作的师兄师姐等。"兼听则明，偏信则暗"。涉世未深、欠缺经验的求职者在就业时应多方听取有工作经验人的意见，特别是在辨别信息的真假、辨别单位的优劣、选择适合自己将来发展的单位等问题上，他们会对求职者提供非常有意义的指导。

（三）对虚假信息进行"反侦察"

虚假信息令人深恶痛绝，但又防不胜防。如何有效地识别和预防这些信息呢？有一招就是"以其人之道，还治其人之身"。也就是求职者在面对一条自己很感兴趣但又感到无法确定的信息时，不妨给对方发一条关于自己的虚假信息，故意贬低自己，把自己塑造成一个毫无可爱之处的平庸之辈。这样的信息发出去之后，用人单位如果还对你热情有加，那十有八九属于"别有用心"之类，应当"宁可放弃百次机会，也不让骗子得逞一次"，坚决地将其排除在视野之外。

（四）学会了解公司的关键信息

1. 公司的产品和服务

求职者可以通过公司的宣传册、广告、网站和其他传播途径了解公司过去、现在和未来的产品状况，看看这个行业是不是属于你很感兴趣的领域。通过对公司所提供的产品和服务进行了解，可以对自己的技术和能力是否符合该公司的要求做出相应客观的评估。

2. 公司的竞争力

包括公司的产品和服务在当地的市场占有率、规模和发展变化状况等。

3. 公司所瞄准的市场

如公司的产品主要是针对什么人群或产业、主要销往哪些地区等。

4. 公司的发展策略

公司可能会发展什么新的产品、新的投资方向、新的产业等。

5. 公司的社会影响力和参与的公益活动

公司在当地或在全国是否享有盛名，是否有好的社会效益等。

6. 主要管理部门的管理者姓名

研究这类信息可以在面试时拉近与对方的关系，显示出你真正关心该企业的发展。如果该面试主管只遇到你这位候选人知道他们公司主要管理人员的名字，显然在同一资格条件下会对你产生特别好的印象。

7. 有关公司和这个行业的最新消息

了解公司和所在行业的最新信息，如该公司最新的开发项目和产品，该行业的最新发展趋势和状况等。

8. 公司的主要竞争对手

熟悉该公司在其发展领域的主要竞争对手，了解公司竞争对手的主要基本信息和最新动态以及在该领域与该公司竞争的主要过程。

此外，公司是否是行业龙头、是否为本地垄断行业等相关信息，也都会对求职者是否选择这家公司产生影响。

四、处理就业信息的样例

建立一个简单的个人就业信息管理库对于就业人员非常必要，也很容易。下面我们向大家介绍几种处理就业信息的表格，如就业信息统计表、供需见面会信息表以及用人单位基本情况数据表，就业人员可以通过这些表格来处理个人的就业信息，建立属于自己的就业信息管理库。

（一）就业信息统计表

就业信息统计表是就业人员根据自己的就业意向，在搜索了符合自己就业条件的信息后，进行整理统计的表格。它一般包括就业信息的搜集时间、就业单位名称、招聘专业与人数、联系方式等内容，如表 3-1 所示。就业人员可以通过制定就业信息统计表来筛选个人的就业信息，把握就业机会。

表 3-1　就业信息统计表

收集时间	单位名称	单位性质	招聘专业	招聘人数	所在地或网址	联系部门和联系人	联系电话	电子信箱	备注

（二）供需见面会信息表

就业供需见面会是就业人员寻求就业机会的重要途径。掌握供需见面会的信息，可以使就业人员及时了解更全面的就业信息，提高就业人员应聘的成功率。供需见面会信息表一般包括举办时间、见面会名称、主办单位、举办地点、联系人、联系电话等内容，如表 3-2 所示。统计供需见面会联系人和联系电话等信息，对就业人员今后了解更多的就业信息提供了便利条件。

表 3-2　供需见面会信息表

举办时间	见面会名称	主办单位	举办地点	联系人	联系电话	备注

（三）用人单位基本情况数据表

用人单位基本情况数据表是就业人员对选择符合自己就业意向以及就业条件的用人单位进行基础数据统计所形成的数据表。用人单位基本情况数据表一般包括总体状况（隶属关系、历史沿革、规模等）、经济范围、经济状况、福利待遇、发展前景等内容，如表 3-3 所示。搜集用人单位基本信息数据，能直观地帮助就业人员选择符合自己职业发展的理想单位。

表 3-3　用人单位基本情况数据表

单位名称：　　　　　　所有制性质：　　　　　　所在地：

总体概况	经济范围	经济状况	福利待遇	发展前景

练习思考

1. 根据某一求职目标，收集招聘信息，然后进行处理。
2. 处理就业信息的技巧有哪些？请举例说明。

准备二

求 职 材 料

学习要点

知识要点
1. 了解求职信和个人简历的基本内容;
2. 了解求职信和个人简历的写作要点。

技能要点
1. 掌握求职信的撰写方法;
2. 掌握个人简历的制作技巧。

内容提要

求职材料需要准备求职信、个人简历、获奖证书、资格证书以及必要的证明材料等。求职材料是求职者提供给用人单位的"名片",它在很大程度上决定求职者能否获得进一步面试的机会。求职材料对用人单位决定是否有必要与求职者进一步接触有着重要的作用,每位求职者都应该认真准备求职材料。

一、学写求职信

(一)求职信的含义及功能

1. 求职信的含义

求职信也称应征函,是应聘者主动表示自己对这份工作热衷程度的一种表现,是求职过程中附带的,但具有争取面谈机会的一种关键的半正式沟通方式。

2. 求职信的主要功能

(1)让招聘方知道应聘者非常想而且有能力来担任此职位,吸引招聘方翻阅应聘者的简历等求职材料。

(2)能够很好地补充简历本身缺乏描述性词语的不足,加深招聘方对应聘者的了解。

(3)透过应聘者主动而附带的书写行为,与招聘方作半正式的沟通,进而能加强招聘方给予应聘者面谈机会的可能性。

(二)求职信的写作内容及要点

求职信一般由标题、称呼、正文、落款四部分组成。

1. 标题

标题部分应该简明扼要,可以根据招聘方的具体要求或招聘信息来撰写求职信的标题。

2. 称呼

写明收信人的姓名和称谓或职务。如果写给国家机关、事业单位的人事领导,则用"尊敬的×××司长"(处长、领导等)称号;如果对企业老板,则用"尊敬的×××董事长"(总经理、招聘主管、先生、女士等)。

3. 正文

正文一般包括三到四个简短的段落。

第一部分,写明你要申请的职位和你是如何得知该职位的招聘信息的。

第二部分,陈述你的个人技能,描述你对公司的认识和理解,说明你如何满足公司的要求,强调自己能为公司做出哪些贡献。

第三部分,表明你非常愿意接受面试,并希望迅速得到回音,同时标明与你联系的最佳方式。

第四部分,感谢对方阅读并考虑你的应聘。

4. 落款

包括署名和日期。署名即手写的签名,日期一般写在署名下方最好用阿拉伯数字,并把年、月、日写全。

(三)求职信写作的注意事项

求职信在写作的过程中,应尽量避免出现以下的失误。

1. 篇幅过长

内容以简洁为原则,招聘主管不会有时间看冗长的求职信,所以求职信应尽量在一页纸内完成。首两段就要提出重点,说明为何会对该项工作有兴趣及自己具备什么条件与对应职位相适合。只写与应聘职位有关的工作经验或资历,其他人生经验如何丰富,都与此次应聘无关。

2. 内容重复

每段写一个重点,不要反复讲述同一论点。求职信是与简历相辅相成,而不是段落形式的简历,因此你可以提及一些简历上的重点,例如你在该行业的突出成就,但切勿全盘重复简历上的项目。

3. 华而不实

外观格式要整洁,给人一目了然的感觉。除非所申请的是设计、广告等讲求创意的工作,否则版面不宜设计得太缤纷花哨,最重要的是内容充实到位。

4. 流水作业

公式化、千篇一律的求职信不足以吸引雇主,所以求职信的范例只是让你参考,而非抄袭。细读招聘广告,了解应聘职位的需要,针对性地指出自己能胜任该职位的理由。

5. 对象模糊

留意招聘广告,或打电话到该公司,查明收信的人是谁,在开头写上收信人的姓名称谓,如"陈经理"、"马主任"等。如真的不知道收信人姓名,也应以"人事部经理"等称谓代替。

6. 自以为是

不宜用太多艰深的生字。你以前可能有很多丰功伟绩,但不宜附寄一大沓你以前做过的报告或计划书,因为招聘人员根本不会有时间一一查看。

7．粗心大意

要重复翻看，避免错字和语法错误。资料要齐全，尝试设身处地考虑读信者能否从求职信中得到他需要的资料。切记要写上一个办公时间内能联络得上你的电话号码。

8．不留后招

每封寄出的求职信都应保留一份副本，以作日后获得面试机会时参考。

9．条理不明

如招聘广告上附有参考编号，最好在信首和信封面上都列明，这样可以方便和缩短对方处理你的信件的时间，那你便可以更快获得回复。

（四）求职信样本分析

1．修改前的求职信样本

在这里，请大家仔细阅读一封存在诸多问题的求职信，按照求职信的写作要点，尽量找出其问题所在，具体分析。

求 职 信

尊敬的领导：

您好！

春暖花开、万物生长之际，我真诚地向贵公司寄去本人的应聘资料，很荣幸您能在百忙之中翻阅我的求职信，谢谢！

我是一名即将毕业的计算机系本科生，2005 年 7 月将获得××大学计算机学士学位。众所周知，我的母校××大学，计算机专业素以严谨的学术精神和专业的研究能力而闻名。2000 年更是名列国家较为基础学科—计算机专业前三名。2001 年我以省理科专业第七名的身份考入这个我向往已久的××大学，同时还有幸进入了自己十分感兴趣的计算机专业。在校四年的学习生活使我受益匪浅，在学习上，由于老师严格的要求，谆谆教诲，加上我个人刻苦学习的精神，使得我具有扎实的专业理论基础；在社会工作中，我积极参加学校和系内各种团体活动，培养了自己良好的组织能力、团队协作精神、务实的工作作风；同时在生活中，四年远离家乡的生活经历，使我变得更为独立自主，坚强成熟。

转眼间，我进入了大学毕业阶段，虽然我十分留恋我的母校，但是为了尽早将自己所学的知识用于实践之中，我还是选择找工作而放弃系内读研的机会。于是，我期待成为贵公司的一员。我相信我可以在贵公司获得更为宝贵的结合实践进行研究的锻炼。因为我有如下优点：

（1）理论学习上

认真学习专业知识理论，阅读了大量计算机书籍。同时对法律、音乐等方面的非专业知识我也有浓厚的兴趣。在校期间，在专业课考试中屡次获得单科第一。获得全校××奖学金一次，系内××奖学金两次。获得第六届挑战杯创业大赛二等奖。获学院 2005 届优秀毕业设计奖。

（2）专业知识上

精通 Visual Basic、SQL Server、C++编程、JAVA、ASP。熟练使用 Linux、Windows 9x/Me/NT/2000/XP 等操作系统。熟练使用 Office、WPS 办公自动化软件。对于常用软件能熟练使用。

（3）工作上

曾担任院学生会成员、副班长等职，现任计算机系团学联组织部部长。多次组织系部、班级联欢会、春游等活动，受到老师、同学们的一致好评。

（4）思想修养上

品质优秀，思想进步，遵守诚、信、礼、智的做人原则。在校期间，光荣加入中国共产党。

（5）社会实践上

四年的大学生活，我对自己严格要求，注意能力的培养，尤其是实践动手能力更是我的强项。

曾在深圳华为公司实习。在航天科学技术研究院参加工程项目。在校期间多次深入企业实习，进一步增强了社会实践能力。

手捧菲薄求职之书，心怀自信诚挚之念，我期待着能成为贵公司的一员！

此致

敬礼！

求职者：×××

2. 修改前的求职信样本点评

这封求职信存在很多求职者写求职信时的通病。

（1）一封求职信走天下。这封求职信给人的总体感觉是可以应聘任何一个职位，如同"万金油"一般，可以用于任何公司、任何职位。许多公司的 HR 经常抱怨，收到的求职信中很多甚至开头都写的一样，"尊敬的先生/女士：您好，我在×××处看到贵公司招聘的广告，十分感兴趣……"，这种乏味的称呼和开头在阅人无数的 HR 眼中就是一种对公司不了解的表现。

（2）简历"复本"。求职信不是简历的复写，写求职信是为了吸引招聘人员能够继续阅读你的简历。从求职者的角度来讲，如果只是简单地复制简历的内容，事实上是丧失了一个更好地介绍自己和弥补简历中未能展现自己能力的机会。而从阅读求职信的招聘人员的角度讲，看到这样一封求职信，根本不会留下任何深刻的印象，甚至可能因为内容的重复，而根本不会详细阅读求职者的简历。可见，一封简历复写版的求职信不仅不能使求职者和招聘人员得到更好的沟通，反而可能会成为求职过程中的绊脚石。

（3）篇幅过长。英文中有一句知名的谚语"less is more"。对应中国的警世名言就是"贵精而不贵多"。这也是求职写作中的一个关键的原则。每年的招聘旺季，都有 HR 或者招聘主管抱怨他们超时的工作和巨大的压力，在这种情况下，如果你的求职信篇幅过长，读了大半页尚未让 HR 找到你的优势和特色，那么你的简历基本上将会被淘汰。

（4）只有索取没有奉献。很多求职者往往在求职信中提出大量的关于个人期望薪水和职业发展规划的设想，但是一涉及"为什么应聘公司该职位"这一核心问题时，却不能写出 HR 们最想看到的"我愿意为公司奉献什么"的内容，反而负面地强调自己选择该公司完全为了个人的进一步发展。诚然，公司发展和员工个人提升这二者都是一家好公司应该具备的特征，但前提是员工要能够帮助公司壮大。"当你自己想要从别人那里得到东西的时候，首先要问问自己，自己能够满足别人的什么需要！"——这是每一位求职者必须铭记的法则。

（5）充斥形式错误。求职信的开头是不需要写上"求职信"这个大标题的。对于对方的称呼只是简单地用"尊敬的领导",这样的信寄到公司后,大部分的情况就是直接进了碎纸机,没有人会有时间和兴趣主动阅读不是给自己的信件。信的最后没有写出和该公司进一步沟通的愿望,没有留下个人的联系方式。

3. 修改后的求职信样本

根据上述分析,我们将存在问题的求职信进行了相应的修改和完善,在这里供大家参考和借鉴,为求职者撰写属于自己的求职信提供帮助。

××科技有限公司
人力资源部　　　　××先生
尊敬的×先生:您好!

一年的计算机数字模拟项目经验,使得我这个××大学计算机系2005届毕业的应届毕业生,在贵公司的网站上看到了有关招聘数字处理研发研究员的信息时,激动地带上了我在××大学4年的优秀的学术背景和学习经历,以及对××公司的热情,向贵公司投递简历,申请数字处理研发研究员一职。

除了在××大学的4年计算机专业学习的经历以外,我还在各种研究项目、实践活动和课外活动中体现出我各方面的能力。不仅是优秀的专业研究能力,而且还有良好的英语听说能力,同时也积累了丰富的与人沟通、与人协作的经历,这些都为我应聘贵公司的研发研究员作好了充分的准备。我相信我的到来,将给××公司这个正在不断发展壮大的IT团队带来我应有的奉献。理由如下:

××公司研发研究员要求的素质	我所具备的素质
—重点院校大学本科以及学历	—北京××大学计算机系本科毕业,具有较好的学术背景和学历
—具有相关研究工作经验者优先考虑	—曾在包括IBM在内的多家IT行业公司实习,熟知软件开发的整体流程,同时,具备独立项目研发能力
—对软件开发工程有深刻的理解,良好的专业技术水平	—优秀的专业知识水平,在本科阶段已参加导师课题组的研究,相关的优秀毕业设计
—流利的英语听说能力	—在多家跨国IT企业实习中,锻炼了自己英文听说能力;四六级成绩优异
—吃苦耐劳,责任心强,耐心细致,具备团队合作精神	—熟练掌握与人沟通技巧,同时具有较好的团队协作精神
—能够在工作中承受一定的压力	—在高压力环境下工作的能力强

非常感谢您能在百忙之中抽出时间来阅读我的求职信。同时我也万分期待能够在您方便的时候与您见上一面,给我一个机会,来向您展示更多的自我。

顺颂商祺!

签　名
××大学计算机专业理科学士
联系方式:地址　　邮编:××××××
手机:86-138-××××-××××　宅电:86-10-××××-××××
E-mail: ***@163.com

二、准备个人简历

（一）个人简历的含义和主要功能

1. 个人简历的含义

在求职者准备求职材料时，不但要写好求职信，同时还要附上自己的一份个人简历。简历，从字面意思来理解，就是把求职者个人的过去，如个人生活、学习、工作、经历、成绩等简要的记录下来。简历没有相对固定的格式，信息量全面而集中，是用人单位分析、比较、筛选和录用求职者的主要依据。

2. 个人简历的主要功能

个人简历是求职者生活、学习、经历、成绩的概括和集中反映。通过简历，用人单位对求职者的经历、受教育程度、兴趣、特长和爱好等情况有一个初步的了解和认识。个人简历的主要功能就是让用人单位全面地了解求职者，从而为求职者创造一个难得的面试机会。

（二）个人简历的基本内容和写作要点

1. 个人信息

这部分的主要作用是方便 HR 清楚、简单地知道简历是属于谁的。如果对这位求职者感兴趣而且想联系他（她）的话，能够容易地拨通他（她）的电话。这就是简历中"个人信息"的作用。个人信息的写作应该简单、直观、清晰，没有多余信息。

2. 求职目标

（1）求职目标的确定。在确定求职目标之前，很多求职者（特别是应届毕业生）都有一个困惑：求职目标要不要写？有人建议写，也有人说不写（通常美式建立的规范写法都不写求职目标）。其实写和不写各有利弊。如果写上，当然显得目标明确，非这个行业、这个部门不可，但同时也就限制了你在别的行业求职的可能性。比如你在申请某公司时明确写上了"市场部"，那么万一这个部门没有录用你，而你又不是非这个部门不可，就很可能失去在这家公司其他部门工作的机会。但如果你什么都不写，HR 就很难确定你适合从事哪一个岗位，在大量简历面前，HR 不会花太多时间考虑你的背景是否更适合其他部门，这样你就可能失去机会。一般建议应届毕业生还是写上求职目标，但是写求职目标时应该把握个"度"：既要考虑自己的能力范围，不能超出最大潜能而无法实现；也不能过于谦虚，对自己要求太低，无法激发潜能。

（2）求职目标的撰写。一般的求职者只会在简历表开端简单地写上所应征的职位，其实，若懂得利用这小小空间写出自己的职业目标，显示出你对该工作的热诚及憧憬，会令招聘者对你加倍留意。求职目标书写要尽可能具体，针对你应聘的公司和职位。要充分表明自己在该方面的优势和专长，尽可能把选择放到一个具体的工作部门，当然，选择也不能过窄。要选择那些对所申请工作具有说服力的资历和能力进行描述。语气要积极、坚定、有力，不要让人产生疑问。

3. 教育背景

首先要强调一点：学生求职者应该将教育背景置于最醒目的地方。有工作经验的求职者则应选择将"工作经历"放在"教育背景"之前。应该按照时间逆序的写法来写你的教育背景，最近的学历要放在最前面，即如果你现在是硕士刚毕业，那么要先写硕士再写本科。教育背景可能涵盖的内容如下：

（1）学校、学校所在地；

（2）学位获得时间/期望获得时间、毕业时间；

（3）专业——主修、辅修；

（4）小方向；

（5）论文题目；

（6）相关课程；

（7）平均成绩或者主修课平均成绩；

（8）排名情况；

（9）语言水平及国外学习项目；

（10）社会工作。

4. 工作经历

一般认为，工作经历是简历中最重要的一块内容，为什么？其实这个问题和"有些企业为什么不爱招应届大学毕业生"是一样的。答案很简单：招聘单位雇用你是让你来工作为公司创造价值的，而不仅仅是为了培养你。有些企业为了节省培训成本，偏爱那些有多年工作经验的业内人士。对于刚刚走出校门的毕业生而言，工作经历无疑是他们的软肋，如何规避工作经历缺失带来的应聘"歧视"？我们将其划分为两类行业来考虑。

对于研发类的工作，熟手比新手受欢迎，内行比外行受欢迎。所以，以往的研究经历很重要，要突出你在校期间的研究项目和实验经历。这点对于理工类的学生尤为重要，你可以告诉老板你没有工作经验，但你不能说你在校期间任何实训和项目都没有做过。

对于非研发类的工作，大部分毕业生没有全职工作经验，所以，体现出的和职位相匹配的综合素质和潜力是最重要的。比如你是学文史专业的，那你就应该突出你的文字功底、文学素养、人文精神、工作潜质等。

这部分中，你要重点突出"职责、项目、结果"，以此告诉招聘人员，你在过去的工作经历中承担了哪些职责，做了哪些项目，结果又怎样。因为这些是你的经验和能力的证明。

5. 奖励情况

这部分要注意强调奖励的级别。每个求职者在大学或多或少得到过奖励，而且奖项名目繁多，标准不一。仅仅说出奖励的名称是没有意义的。必须描述这个奖励的实质，最好用相对的数字来说明获得该奖励的难度，让HR明白多么优秀的人才能得到这样的荣誉。同时，还要有所选择，一定要注意奖励的含金量，与申请职位不会有任何关系的奖项，应从你的简历中删除。

6. 英语和计算机技能

这些技能通常用等级标准证书和技能认证来表现和证明。如果你的技能多而杂，一定要再次注意"相关性"原则——对未来工作最有用和与之最直接相关的能力"一个都不能少"，至于无关的能力，则应该毫不犹豫地从简历草稿中删除。

7. 其他个人信息

（1）个人爱好。个人爱好要写强项，弱项一定不要写，面试人员说不定对哪个项目感兴趣，有时会跟你聊两句，尤其是接连面试了几个、十几个人之后，会聊一些轻松的话题，一旦谈到你的弱项，就会很尴尬，使你显出窘态、丧失自信。这是很不利的。更重要的是，他会认为你在撒谎。个人爱好只写两到三项，因为极少有人在很多方面都很强。所以你也没必要写太多，以免给人浮躁的感觉。不具体的爱好不要写，如运动、音乐、阅读。大家不知道你到底喜欢什么，或者让大家觉得你根本就没有真正的爱好，更糟糕的是，人们会认为你的写作水平很差。针对职位需求，通过"个人爱好"来补充说明自己在某些素质、能力上的掌握。在很多情况下，HR可能会通过个人的喜好、爱好来判断这个人的一些品质，比如团队协作精神、个人独立工作能力、与人沟通能力等。例如，如果你喜欢旅行，说明你具备适应不同环境的能力以及快速学习的能力，而有些工作需要经常出差，那么你写上旅行是非常有利的；有些女性写上烹饪，很实事求是，也给人以踏实的感觉；而篮球、足球、排球等"个人爱好"则可以体现你的团队合作精神。

（2）自我评价。最好不要写！为什么不写？都是套话，空洞，不实在。在前文尤其是工作经历能证明个人的很多特质。如果重复出现HR可能会很反感。要根据实际情况，对方要求写的时候再写，原则依然是投其所好。

（3）补充信息。如果你还有什么信息没有在上面提及，可以加入到"补充信息"模块上。例如你应聘国企，可以加上"中共党员"这个信息。

（三）简历写作的注意事项

每发出一份求职简历，相信你的内心就多了一份期盼与渴望，但往往事与愿违，因为发出的简历有时如同石沉大海，杳无音信，这会屡屡打击我们的求职信心，但究竟是什么原因造成了这种情况呢？

1. 求职简历不注明应聘岗位

有的简历不注明应聘岗位名称，对于每天接收成百上千封简历的招聘人员，这样的简历很可能一下就被淘汰了。

2. 简历内容与招聘岗位要求明显不符

有的简历呈现出来的工作经验与应聘岗位差异太大，也是容易被淘汰的对象。如企业招聘软件开发人员，简历却呈现出做销售或客户开发的工作经历。因为这样的简历没有突出任何方面的技能或专长，自己对自身的发展不清楚，没有明确的职业目标，这样的人企业不会感兴趣的。当然，对于刚毕业的学生，求职心切，需要企业帮他们来定位，希望多获得一份机会，可以另当别论，但对于有工作经验的人，出现这种情况是不应该的。

3. 简历内容简单，突出不了招聘岗位需要的内容

有的简历只是程序化地列出接受教育、参加工作的时间段，对涉及的实质内容则轻描淡写，让人无法了解其做过哪些工作，具备什么样的知识、经验、技能，这样的简历呈现出来的信息有限，不会引起招聘人员的注意。

4. 简历出现错误或时间顺序混乱情形

简历好比求职者的"脸面"，如果出现错字、时间顺序混乱或内容错误等情况，无疑会让人觉得连自己的"脸面"都收拾不好的人，工作能力也好不到哪儿去。所以，简历填写完毕，一定要反复查阅，确保无误。

5. 简历呈现出"频繁跳槽"的经历

用人单位普遍不喜欢"频繁跳槽"者，除非你本人所拥有的技能市场替代性很小。当然，求职者如果为了隐瞒"频繁跳槽"经历，造成简历不真实，则更是弄巧成拙。

6. 其他不可预见的因素

有时，招聘岗位非常急缺，可能先发求职简历的人就先被录用了，后面发简历的人即使知识、经验、技能更高一筹，也可能失去机会，所以，时机也很重要。有时，招聘人员看到求职者在该企业的竞争对手企业中工作过，为了解更多的信息，可能优先安排面试。总之，不可预见的主观因素有时也是影响求职成功与否的重要因素。

（四）简历写作的样本分析

1. 个人简历制作的细节对比样例

为什么同一个求职者，同一份经历，会有不同的录取结果？你曾经花时间考虑过简历的格式或制作细节问题吗？你的简历为什么不是最优秀的？试着从下列对比中找到答案。

成功的简历与失败的简历对比

失败的简历	成功求职者的简历
标题："简历"等字样	标题：规范的个人姓名
有个人照片	无个人照片
页数：超过2页	页数：2页之内最好1页
纸张：过轻，五颜六色	纸张：白色，80g以上
低级错误	无低级错误
排版：格式差、不整齐	排版：整齐，专业
打印：喷墨打印或彩色	打印：黑色，激光打印

点评 通过以上两份简历在格式上的对比，我们可以有个大概的了解：在形式上，一份专业的简历应当要疏密有致，主次分明，规范自己的个人信息；如果用人单位没有指定要求，就不要贴照片；个人简历的页数最好控制在一页范围之内；排版整齐专业，各级别的字体要选择适当，不要出现低级的错误；打印简历应选择质量较好的纸张，尽量使用激光打印机。

2. 成功的个人简历样本

为了使求职者能够直观的了解简历的写作内容及要点，在这里向大家提供一份个人简历的写作样本，供大家参考和借鉴。

刘国航

北京航空航天大学　　　经济管理学院　　　××××班　　　100083
86-10-8060×××　　　　86-138100××××　　××××@163．com

求职意向　　工商银行北京分行

教育背景

2003.09—2006.04　北京航空航天大学经济管理学院国际贸易学硕士排名：全院前 20%
1999.09—2003.07　北京理工大学　管理与经济学院　经济学学士　排名：全院前 5%

专业经历
- 新华通讯总社　信息部　行业分析研究员　北京 2005.09—2005.11

新华通讯总社即中国国家通讯社，中国最大的新闻信息采集发布中心，位列世界四大通讯社之一

参阅国内外行业数据分析和预测报告，运用国际宏观经济数据库，充分收集行业分析资料，涵盖煤炭、石油等能源行业，涉及行业反战预测数据和数百家相关部公规模企业的具体财务分析

参与整体团队对数据的进一步的筛选、整合和分析，并运用 Excel 结合相关统计和数据库知识独立建成中国煤炭行业数据库

通过对中国能源产业的整体分析和概括，针对性地收集和整理煤炭、石油、电力等行业数年行业资产负债和相关的非量化性数据和资料，汇总并撰写关于 52 项国家重点电力建设项目的专题报告

- 北京航空航天大学继续教育学院　对外贸易概论　教师　北京 2005.03—2005.06

论文"从环境成本的构成看我国环境成本内部化"，发表于 2005 年 12 月《兰州大学学报（社会科学版）》

翻译"2005 世界贸易报告"中"多边贸易系统中的标准"部分

教授 3 个班 150 名学生"对外贸易概论"课程，并负责期末考试和毕业设计指导

- 川化集团有限责任公司进出口部　对贸业务助理　成都 2002.05—2002.08

川化集团有限责任公司是综合性特大型化工企业，是全国 18 个大型化工基地之一，拥有 5 家全资控股子公司和一家中外合资企业

审核大量往来客户的外贸单证、财务单证；协助申报和核算企业对外贸易税务，处理企业和客户在各笔经济合作中关于远洋运输和外贸的增值税缴纳和退还问题

圆满完成大量日常商务函电的翻译工作，锻炼了专业外贸和商务英语能力

- 民航总局科研项目　中国公务航空发展及政策建议　研究组成员　北京 2004.11—2005.02

协助课题组组长搜集中国公务航空产业发展历程资料，强化了多渠道搜集资料和学习高科技行业的能力

多次参与关于交叉学科课题研究的讨论会，运用 Power Point 演示和讲述研究阶段性成果

带领由多名不同学科研究者成员组成的团队，完成西安咸阳国际机场航空服务有限责任公司重组可行性研究报告，并于其中主要负责探讨关于大型航空业并购和重组的财务分析影响

获奖情况

2000—2002	院级二等奖学金（奖励全系前 10%）	3 次
1999—2000	院级一等奖学金（奖励全系前 5%）	2 次

其他技能

英语：四级、六级优秀，托业考试 950，中华人民共和国职业英语水平二级证书

听力优秀,口语流利,书面能力良好

计算机:熟练运用 Microsoft Office 办公软件和 Excel、SPSS 等统计分析软件

个人爱好

细心,整洁,耐心,喜欢整理,喜爱游泳、羽毛球

练习思考

1. 阅读招聘信息,根据某一目标职位撰写一封求职信。
2. 思考如何制作简历可以让你的简历有耳目一新的感觉,尝试制作个人简历。

准备三

求职面试

学习要点

知识要点

1. 了解面试种类的相关内容；
2. 熟悉面试前的心理准备。

技能要点

1. 面试着装及面试礼仪要点；
2. 掌握面试技巧。

内容提要

求职面试这种考核形式在求职者和招聘者之间建立起一座能够相互沟通的无形桥梁，使用人单位能多维地、动态地、直接地考察并了解求职者的资历、能力、志向、个性、事业心、责任感及职业目标等，然后做出是否录用的决定。求职者也可以通过面谈了解用人单位的情况，最后作出是否签约的决策。因此，求职面试对于求职者或招聘方都是非常重要的环节。

一、了解面试种类

如果你经历过一些面试，你就会发现不同的面试千差万别，一套"面试必胜策略"是不存在的。但是，你了解得多了，就会发现这些面试还是有共通之处，有规律可循的。在此提供各种面试方式的介绍，以及面试相关问题的总结，希望能让你对面试有一个更全面的认识，对你的面试有所帮助。当然，多参加一些面试，亲身体会并做出总结，是你增加面试经验、提高未来成功率的最佳措施。

首先介绍几种最常见的面试方式，他们是你在面试中极有可能遇到的，如果能够提前有所了解和准备，你会发挥的更加出色。

（一）行为面试

如果面试一开始，应聘者就被提出许多有针对性的具体问题，那么你面对的就是一次行为面试了。在这种面试中，面试官往往已通过其他途径对应聘者有了一个比较全面的了解，所以对一般性的问题不会再提及。面试官在这种情况下提的问题往往会涉及一些应聘者做过的或者将来可能从事的比较重要的工作，也可能会涉及未来职位所需的个人能力。

比如，面试官可能会这样问：你以前有没有过掌握不好时间，因而使得项目未能按期完成的情况？

面试官在这里考查的是应聘者就把握时间、合体调配项目计划的能力。同时,还想通过应聘者的叙述得知其他一些细节性的东西。应聘者在此时应该注意用非常简明扼要的语言高度概括自己的经历,要注意可信性。应聘者可能被提问的还有:

(1) 你在这个项目中的具体角色是什么?

(2) 在操作一个项目的时候,你怎样决定哪部分应该最先着手?

(3) 你负责操作的项目对你的公司产生过哪些影响?

(4) 在做这个项目时,你有没有与其他人不同的想法?你的经验对你的工作有什么样的帮助?

(二) 状态面试

这种面试方式与行为面试有紧密的关系,面试官提出的问题同样会比较具体,往往是与应聘者在工作中的具体行为有关系的,而且会被问及为什么要这样做。

如:星期一,有位顾客来修汽车,并且要求星期三修好。可到了星期三,顾客来取汽车时车子并没有修好。此时,作为修车店的技术服务经理,你该怎么做?

(1) 如实告诉顾客车还没有修好,让他下午再来。

(2) 先道歉,然后说明由于发生了某种不可控制的原因导致你未能及时为顾客把车修好。

(3) 再次确认将尽快为顾客解决问题,并且将所需的时间告诉顾客。

这种面试方式可以考查应聘者处理临时情况的能力和协调组织能力。选择关键职位时,用人单位往往采取这种方式。

(三) 间接面试

有些应聘者一听说是间接面试,往往先有些泄气,以为是面试官想找个理由来拒绝自己的申请,其实也不一定。间接面试最常采用的是电话面试的方式,一般会提出下面几类问题。

考查应聘者是否具有胜任某项工作的最基本能力和技术,考查应聘者的能力与简历描述是否一致,考查应聘者能否与他人很好地沟通。

小窍门:把简历贴在电话旁边的墙壁上,以便接电话时随时参考。

如何应对间接面试呢?首先,情绪要平稳、放松,因为看不见面试官的表情,所以要仔细听清楚每一个问题。然后,回答问题之前,将问题含糊之处询问清楚。尽可能回答得简短、专业,并表现出对所应聘的职位有浓厚的兴趣。

如果在间接面试时,面试官向你询问有关薪资的问题,你可以告诉他最好在建立了相互的兴趣之后再讨论这个问题。如果他坚持问,你可以告诉他一个范围,但不要说实际数字。

(四) 集体面试

集体面试在这里是指多位面试官考核一个应聘者。因为有越多的人在考核中参与意见,选中最优秀人才的可能性就会越大。因此,这种面试通常用在招聘重要的人才。应聘者有可能一次只见一个面试官,也可能同时接受多位面试官的考查。

最终的决定有可能是整个面试小组讨论的结果,也可能主要由主面试官决定,同时参考其他成员的意见。因此,应聘者在接受这种面试时,应该在较短的时间内,确定是否有主面试官,以便及时调整自己回答问题的针对性。

二、做好面试准备

(一) 面试前的心理准备

在市场经济的大潮中,你要想找到称心如意的工作,往往要通过求职面试这一道关口。不管竞争多么激烈,也不管你本人是否乐意去面试,你必须尽力而为,因为面试是求职成功极为重要的途径。

1. 面试不良心态的主要表现

能否在求职面试前或过程中克服和调整不良心态,是成功面试的重要条件。下面几种应试心态,肯定导致求职的失败。

(1) 自视甚高的心态。这种求职者常把个人估计过高,自认为学历、能力,甚至长相都不错,用人单位肯定人见人爱,自然顺利通过。但是,他一旦坐在聘用单位诸考官面前,听到他们的一连串提问、追问、反问,就一下慌了起来。特别是谈及个人的业务专长时,那种自以为了不起的神态让人反感,而触及个人的弱点问题时,却又遮遮掩掩、吞吞吐吐,让对方感到其不够成熟很难担其重任。

(2) 无所谓的心态。这类求职者把面试当成一个"撞大运"的机会,抱着试试看的态度,总认为也许招聘单位一下子看中我呢。于是在面试时,表现出一种不认真、满不在乎的神态,回答任何问题都不够正经,大意马虎,既不认真推销自己,把个人应聘的优越条件讲全、讲透,也不认真了解对方的需求,好让自己适应对方的条件。这种无所谓、碰运气的侥幸心态,很难使应聘获得成功。

(3) 自惭形秽的心态。这类求职者还没有"上战场"就感到自己不行,非常恐惧。特别是在多人的面试场合,看到别人学历、能力比自己高,就一下丧失了信心,总是想到自己存在这样或那样的缺陷,不如别人,等轮到自己面试时就抱有紧张的情绪,在用人单位面试时也不能大胆地推销自己,总觉得招聘单位不会录用自己等。

2. 调整良好的心态

求职者一旦具备了良好的心态,就会在面试时精神饱满、意气风发,充满自信,讲起话来语气肯定、语气恳切,操纵言辞得心应手,讲起话来侃侃而谈,从而为成功应聘打下良好的基础。

(1) 积极进取的心态。有积极进取心态的求职者,总是把每个面试机会看成是千载难逢的好机遇,可遇而不可求,是新的成功在向你招手。于是,能在面试前认真做准备,打电话,查资料去摸底,对每一个可能要问的问题细节都仔细思考一番,在面试时就可望有正常的或超常的发挥。有这种积极心态的人,不怕负面消息的干扰,如"你还是多考虑一下吧!这工作不见得适合你","你这不是大材小用了吗","再等等,也许还有更好的职位呢"等。找工作其实是找机会,而机遇又从来不是唾手可得的,它总是偏爱那些有准备的求职者。

(2) 双向选择的心态。你去求职应聘参加面试,不是命运操在对方手里,命运还是在自己手上。的确,从用人单位来看,你是在接受审视,看你的条件是否符合招聘的要求。不过,换个角度来看,那家用人单位和主试人同时也在被你审查,看看他们给的条件能不能吸引你。求职面试就是一个双向选择的过程——有了这种心态,你在精神上就占了上风

（但不可趾高气扬），以沉着、稳健的气势面对主考官那一连串的问题，自然能表现出一种不卑不亢的态度。再有，面试时别高估了对方答应的条件，特别是对方表示接纳你的意思时，不要高兴得冲昏了头脑。看情况也可以采用"轻处理"法，即"我很高兴这次面试。回去以后我再考虑一下，尽快答复您什么时候来报到"（或签约）。这种表现会给用人单位一个良好的印象。

（3）输得起的心态。面试时如果有了不怕挫折、不怕失败、输得起的心态，那就会大大增强面试的信心，讲起话来有板有眼、自信地介绍自己，就是遇到比自己强的竞争者，你也不会自惭形秽。总之，经不起挫折、输不起的人才是真正的失败者。有了这种输得起的思想准备，你就会一试再试，最终会找到比较称心适合你的工作。

（二）面试前的着装准备

常言道："人靠衣装，马靠鞍。"当你敲门以后，面试官第一眼看到的就是你的仪容打扮，所以面试着装非常重要。懂得面试着装的具体要求，面试者就要根据自己的具体情况考虑如何打扮。一般要求大方、得体，呈现职场新人的形象，面试最好着职业装，女生化淡妆。以下是一些具体的细节。

1. 女生着装

（1）西装。对于女生来说，选择西装的时候也要注意颜色，黑色、深蓝、灰色等稳重的颜色是比较理想的选择。款式不要太过新颖、前卫，宜保守、传统。如果买的是裙装，就一定要注意裙子的长度，裙子太短是不专业的表现，会使面试官的印象大打折扣。如果上衣是V领的，也要注意开口不能太低，如果太低的话，可以通过丝巾或者内衬上衣来弥补。

（2）衬衣。在挑选衬衣的时候，无论是颜色还是款式也以保守为宜。不要挑选那些透明材质的上衣，也不要蕾丝花边或者雪纺薄纱。在衬衣里面可以再穿一件小背心，以防走光。

（3）鞋子和丝袜。确保鞋子的款式专业，不花哨，颜色与套装相配。丝袜的颜色也最好是传统、常见的，比如黑色、肉色、深灰等，但必须与套装、鞋子和谐。不要穿明黄、玫瑰红等鲜艳的颜色。

（4）包。选用的包应该是与整个穿着相配的，不要太大，中等或小型尺寸即可。如果可能的话，最好是皮制的。

（5）发型。头发在整个仪容中是十分重要的组成部分。保证头发是干净、整齐的，仔细梳理过。如果是长发，就把它盘起来，或者选择其他看起来专业、舒服的发型。

（6）淡妆。女生去面试前，应该稍稍化一下妆，这样会使自己看起来很精神。但不要化浓妆，要选择自然、清淡的颜色，稍作修饰，清新自然，保持整个妆容的干净，注意不要掉妆。

口红：选择的颜色尽量接近唇色。

粉底霜：颜色应与你脖子的皮肤颜色接近。

眼线：选择黑色或棕色，因为要与深咖啡色的眼球和谐。

眼影：不要选择艳丽的色彩。

还有最重要的一点就是：化妆一定要与服装搭配。

（7）配饰。选择尽可能简单的饰品。面试属于正式场合，不应戴手链；一只手只戴一枚戒指，且不要戴形状奇特的戒指，不然不方便握手，也会留下不好的印象；不要戴很大、很长的耳环，也不要戴太多耳环，简洁的耳钉就可以带来不凡的效果。

2. 男生着装

（1）西装。男生应选择裁剪良好、款式经典的西服套装，切忌太过前卫的设计。颜色以黑色、灰色、深蓝为宜，并且最好是纯色的，不要有大格子、大条纹什么的，这些在宴会上比较合适，但不适用于面试。衣服的面料最好是比较易于打理又不易变形的。

（2）衬衫。要选用面料挺、好一点的衬衫。白色的长袖衬衫是上上之选，永远都不会错。别的颜色的衬衫当然也可以，但是不如白色那么正式，并且要注意和西装的颜色搭配是否合适。短袖的衬衫太过休闲，不推荐。

（3）领带。领带宜选用保守一些的，传统的条纹、几何图案和佩斯利螺旋花纹都很不错。还有注意和西装、衬衫颜色的协调性。

（4）鞋子。在面试前把鞋子擦干净并且上些鞋油，确信鞋子是完好的。光亮的鞋子能够表现出你的专业做事风格以及良好的职业素养。要注意鞋子的颜色和套装相配，黑色是个很好的选择。

（5）袜子。袜子是很容易被忽视的一个环节，很多求职者往往有特别准备的西装和鞋子，却在袜子上功亏一篑，与整体不和谐。首先是面料和颜色。可以在面试前的晚上，把细心挑选好的袜子放在桌上，一定要注意颜色的选择。一般来说，白袜子黑鞋子的搭配是很不专业的，一定要避免。此外，袜子也不宜过短，以免坐下来的时候，把小腿露出来了。

（6）头发。保持头发合适的长度，如果你不是去面试广告创意、艺术类等强调创造性的工作，长发不是一个好的选择。注意仔细地打理发型，并且不要忘记刮胡子，保持面容整洁。

（7）饰品。男生最好少带饰品，越简单越好，不要佩戴项链、手链、耳环、鼻环、手镯等，手表是可以接受的。

一般企业面试都要着正装，不过 IT 行业面试可以随便一些。但是要注意，有些企业在通知面试时会强调面试着装注意事项，比如要求必须着职业装，那么你就一定要按照企业的要求去准备。

三、掌握面试过程的技巧

面试同其他考试一样，有着平常知识的积累，同时也需要一定的技巧和方法。因此为了提高面试的成功率，需根据面试的特点，掌握一定的技巧。

（一）提前到达

提前 5~10 分钟到达面试地点，以表示求职者的诚意，给对方以信任感，同时也可以调整自己的心态，做一些简单的仪表准备，以免仓促上阵，手忙脚乱。为了做到这一点，一定要牢记面试的时间地点，有条件的求职者最好能提前去一趟。这样，一来可以观察熟悉环境，二来便于掌握路途往返时间，以免因一时找不到地方或中途延误而迟到。如果迟到了，肯定会给招聘者留下不好的印象，甚至丧失面试机会。

（二）镇定自如

进入面试场合时不要紧张。如门关着，应先敲门，得到允许后再进去。开关门动作要轻，以从容、自然为好。见面时要向主试者主动打招呼问好致意，称呼应当得体。在主试者没有请你坐下时，切勿急于落座。主试者请你坐下时，应道声"谢谢"。坐下后保持良好的状态，即正襟危坐，双手自然放在膝盖上。切忌大大咧咧，左顾右盼，满不在乎，以免引起反感。

（三）正确称呼

与主试者见面后，首先面临的是如何与面试人员打招呼的问题，如果主试人员有职务，一般采用姓加职务称呼的形式，如"刘经理"、"李部长"等；如果职务较低，可不采用职务称呼，以"老师"相称为好。如果对方职务是副职，从目前社会上流行的称呼习惯和社交心理来看，一般最好略去"副"字，就高不就低，以正职相称。

（四）热情握手

握手是一种礼貌，也是一种常见的社交礼仪，求职面试必然少不了握手。握手看似简单，却颇有讲究：首先，握手的姿态。握手要伸右手，伸出的手要使手心向着一侧。平等而自然的握手时两人的手掌处于垂直状态，轻握对方的手指，两足立正，距离受礼者约一步，身体略微前倾，面带笑容，目光正视对方，显得亲切、热情、大方。第二，要注意伸手的顺序。社交场合的一般规则，应由主人、年长者、职务高者、女性先伸手，客人、年轻者、职务低者、男性要待对方伸出手后再握，切不可先伸手去握。在众多人相互握手时，应按顺序进行，不要抢先交叉握手。第三，握手力度要适当。以紧而不捏痛为宜，握得太紧，或握不住对方的手，只是几个手指头和对方手指头接触一下，都是失礼行为。

（五）举止大方

在整个面试过程中，要保持举止文雅大方，谈吐谦虚谨慎，态度积极热情。如果主试者有两位以上时，回答谁的问题，你的目光就应注视谁，并应适时地环顾其他主试者以表示你对他们的尊重。要把握情绪，切忌因某个问题与面试官发生争辩，同时也要做到不卑不亢。

（六）注意倾听

只有通过专心致志地倾听，才能抓住问题的实质。因此，在面试中应注意以下几点：一是目光要专注，要有礼貌地注视主试者，并且要不时地与主试者进行眼神交流，千万不要东张西望；二是要尽量微笑，适时爽朗的笑声可令气氛活跃，但绝不可开怀大笑；三是用点头来对主试者的谈话做出反应，并适时说些简短而肯定对方的话语。如对、可以、是的、不错等。

（七）察言观色

根据主试者的体态变化，了解主试者的内心活动以及对自己的认识和态度，解读和"破译"招聘者体态语的真实含义。其一，密切注意主试者的面部表情。如对方听了你的介绍，双眉上扬，双目上张，则是惊奇、惊讶的表现。可能表明，你就是他们理想的人选。如果对方听了你的介绍后皱眉，则表示不高兴或遇到麻烦无能为力等，也可能表明你不是他们的意中人。其二，要密切注意观察主试者的目光。对方听你的自我介绍时，双目直视前方，旁若无人，则他的眼睛无声地告诉你：他是一个高傲的人。那么你讲话时就要力争满足他的自尊心理。如果对方眼睛眨个不停，则他的眼睛告诉你：他在怀疑、疑问，那么你就力争把问题解释清楚。如果对方眯着眼睛看你，则表示他比较高兴，那么你的介绍可能打动对方，再继续下去，就可能成功。如果对方表情不愉快，则表示他对你或你的某句话反感，这时你就要特别注意。总之，你要认真观察，力争掌握主动权。

（八）会答会问

回答问题时要遵循以下几点：先说论点后说论据；语调平缓、语速适中；简明扼要、紧扣提问；扬长避短、显示潜力；讲清原委，避免抽象；要知之为知之，不知为不知；回答问题要尽量使用生动、形象、富有感染力的语言。

四、做好面试的善后工作

面试结束后，并不是只能坐等成功或束手待毙了，你还有一些事情可以去做，它们是一种礼貌，更是提高求职成功率的好办法。在求职的过程中，许多求职者只留意面试时的礼仪，而忽略了面试的善后工作。以下给求职者几点建议，供大家参考。

（一）写封感谢信

为了加深招聘人员的印象，增加求职成功的可能性，在面试后的二三天内，求职者最好给招聘人员写封信表示感谢。感谢信要简洁，最好不超过一页纸。感谢信的开头应提及自己的姓名、简单情况和面试的时间，并对招聘人员表示感谢。感谢信的中间部分要重申对公司、应聘职位的兴趣，增加一些对求职成功有用的新内容。感谢信的结尾可以表示对自己的信心，以及为公司的发展壮大作贡献的决心。

（二）耐心等待结果

在一般情况下，每次面试结束后，招聘主管人员都要进行讨论和投票，然后送人事部门汇总，最后确定录用人选，这个阶段可能需要三五天的时间。因此，在这段时间内，一定要耐心等候消息，不要过早打听面试结果。

（三）收拾心情

如果同时向几家公司求职，在一次面试结束后，则要注意调整自己的心情，全身心投入第二家单位的面试。因为在接到聘用通知之前，面试结果还是个未知数，始终不应该放弃其他机会。

（四）查询结果

一般来说，如果在面试的两周后，或主考官许诺的时间到来时还没有收到对方的答复，就应该写信或打电话给招聘单位，询问面试结果。

（五）做好再冲刺的准备

应聘中不可能个个都是成功者，万一在竞争中失败了，千万不要气馁，这一次失败了，还有下一次，就业机会不止一个，关键是必须总结经验和教训，找出失败的原因，并针对这些不足重新做准备。

五、面试过程样例

以下几段模拟面试以及面试官们的点评，相信你可以从中得到一些有益的启发，更重要的是，你可以从面试者的角度把握面试的最佳策略。

（一）模拟面试一

应试者： 一位从事技术工作的女士

面试官：爱立信（中国）人力资源部副总裁

面试过程：

问：你以前在哪里工作？答：我在一家公司做技术支持。

问：进入公司的目的？答：喜欢技术支持，因为我具有这个能力。

问：你有什么成绩呢？答：做了上海的一个方案，且在各个部门有很好的协调能力。

问：周围的同事和朋友怎么评价你呢？答：待人诚恳。

反问：您问我这个问题的目的在于什么呢？答：看你在工作中的沟通能力……做技术支持的，当然应该有技术方面的能力，但合作是最重要的一点。

点评 这位女士思维很敏锐，但作为应试者，不应该反问面试官提出的问题的目的。如果为了显示主动性，可以在最后问问面试官自己在以后的面试中应注意什么。再有，讲故事特别重要，要自己最得意的成绩、做得最好的项目详细说出来，像这样一句话概之，不令人信服，印象也不会深刻。

（二）模拟面试二

应试者：应聘中华英才网销售人员的一位男士

面试官：中华英才网 CEO

面试过程：

问：请用三句话来介绍自己，评价自己。答：（1）干劲冲天；（2）一定给你挣钱；（3）善于和同事合作。

问：五年内，对个人制定的目标是什么？答：做一个职业经理人。

问：对我们公司了解吗？答：在上学的时候经常上这个网，我感觉是人力资源网站做得最好的。

点评 对于自己的评价，是在测试应聘者的表达能力和思维能力，是否在他的脑子里有一种思维方式；五年以后如何定位，是看他做事情的目的性；问对公司是否了解，在于了解他是否对我们公司真正了解、真正感兴趣。在国外，如果不了解这个公司，求职连去都不要去。我们很多人在面试过程中很紧张，就是不了解公司情况所赐。如果了解这个企业，完全可在面试中变被动为主动。不用了解很深，只要在面试时，表现出对这个企业的兴趣就可以了。要把握一个平衡，不要以辞藻来堆砌才能，而要通过故事来表达此意。最后一点，面试时不紧张是好的，但也不能自由得无拘无束。我见过一位从名校毕业的 MBA，技能和知识都足够，但他从进门的第一分钟到出门的最后一刻，都是双手抱肩，头后仰在椅子上，这样子叫我怎么选他呢？

（三）模拟面试三

应试者：一位清华研究生

面试官：思科系统（中国）网络技术有限公司亚太区经理

面试过程：

问：应聘什么职位？答：技术支持。

问：有一个10人的软件项目，但经济光景不好，预算要减掉一半，但上司还要求做得更好。你会怎么办？答：最重要的是企业的文化和人情味。朋友对我的评价是有困难的时候，总喜欢找我。作为一个项目负责人，我可以通过自己影响他们。我相信他们会支持我，在这种情况下做好项目。

点评 预算砍掉一半,应聘者没有说不能做,说明他有一定的能力,但他的回答很难看出技巧。我的印象是:人情味很重,关心下属,譬如他可能不会因为预算减半而裁员,但可能对生意并不是很敏感。其实,更好的答案应该是:"老板,我可以做得更好,但我是否可以帮助您解决那个使我的预算要减掉一半的危机?"至于如何具体去做,应该和老板去商量。

练习思考

1. 面试着装的注意事项有哪些?
2. 面试前应做好哪些心理准备?

拓展训练

模拟面试场景,尝试回答以下问题。假设你是一名应聘者,在求职面试的过程中,面试官向你提出如下问题,你该如何回答才能为你赢得工作机会?

问题1:你想从我们这里得到什么?请描述一番你心目中的理想工作。
问题2:你为何辞去现有工作?
问题3:你为何要换一种职业?
问题4:五年后你想干什么?
问题5:你做的最出色的事情是什么?
问题6:你有什么优点?
问题7:你的弱点是什么?
问题8:你是否有失败的时候?
问题9:你会和你未来的老板相处得好吗?
问题10:你多大?健康状况如何?结婚没有?是否已有了小孩?

参考答案

问题1:面对这类问题,很多人要么避而不答,要么答得保守或是落于俗套。事实上,你可以在应聘前准备一份"应聘广告",对你梦想得到的工作加以描述。其形式可以是一个"标题"外加上几句话,介绍一下你想应聘的公司、工作种类和你自身的基本情况。这样做使得你把注意力集中于你希望得到的具体工作以及为此应做出的努力。

问题2:招聘者心里完全清楚很多人离开原来工作岗位是由于他们跟老板合不来。然而,没有多少想听你讲述这方面的事。

很多招聘者建议把你加入一家新公司的理由说成是事业发展的需要。例如:"在原公司销售科两年后,我学到了许多有关营销方面的知识。现在,我想学点别的。"或者,"现在,我想学点新东西,而贵公司则是我最中意的。"

不过,要是你确实因与老板发生冲突而被解聘,那么你最好是主动把事情原委告诉他们,而不是要他们来先问你。话要说得既明确又有艺术性。例如:"在管理形式方面,我和原公司的一位新金融主管存在着分歧。不过,我们双方对此表示理解。"

问题3:问这样的问题,对方旨在你做谨慎的自我剖析。对此,最好不要说"我只是想尝试点新东西",因为那只能让人理解成"他原来连自己想干什么都不知道"。相反,你应当极力说明你的才能、个性、理想更为适合从事应聘的这种新职业，或是为了达到某一种长远目标你想多积累点经验。

问题 4：回答这类问题的最好办法不是回答或是给出一个与公司的发展目标不一致的答案。但是如果你给招聘者的印象是你应聘这份工作的目的"只是想把它当成一块跳板"，那肯定会坏事，因为他们认为，像你这样的人一旦聘用只会把心思花在如何用欺诈手段谋取利益，而不去实实在在地工作。

确定一个长远目标只是回答这类问题的一部分。除此之外，你一定还应当着重谈谈你的短期设想，例如："我现在三十岁，我喜欢我从事的这份工作，我的最终理想是成为一名总经理。但是，我知道我应当先学点别的东西。很自然，我的近期目标是成为某一部门的经理。"

问题 5：很多人在回答这类问题时摔了跤。他们的通病在于只知道标榜自己的责任心强，而不懂得用已有的事实说话。例如，在应聘广告部主任时，蹩脚的应聘者会天花乱坠地说："我不仅亲自写广告词，督促摄影工作，还亲自校对广告的设计"。老练的则会说："我们一般首先弄清公司的策略，然后在观众中做调查，最后估算我们将获取什么样的效益。"

问题 6：既然面试是招聘者有可能问你有什么优点，那么回答此类问题时你可至少举出三个显示你的特长的具体事例。要不，你也可以向对方展示几项技能，并解释一下为什么你在有的方面强一些，有的方面弱一些。比如，你可以这样说："在消减开支方面我有一套办法，但不这么擅长拓展新业务。"

问题 7：许多应聘者乐意说"我有点急躁"，由此希望招聘者把他们看成是生意场上难以对付的人。或者，"我用于工作的时间很长，连家庭生活都失去了平衡。"千万别这样说！招聘者对它们早就倒了胃口。

相反，诚实一些，强调说明为了克服弱点你已采取的行动。比方，你可以说："为了把事情做好点，有时候我不能按时完成工作。然后我已做出了很多努力，和以前相比好很多了。为此，在过去的一年中，我只出现过一次这种情况。"

应当心中有数的是，一些招聘者喜欢应聘者在回答该问题时保持沉默，好让那紧张的应聘者自愿倒出更多的弱点。例如，有一个应聘者就犯了这样一个错误，他先后八次回答了这个问题，而最终没有被聘用。一旦你已说了一两点不足之处，以及你所采取的解决办法，就不该再说个没完。

问题 8：回答这一问题的最好答案是"我从马上摔了下来。我知道问题出在哪。我爬起来又骑上去，比第一次好多了"这样的话，而最糟糕的回答便是"我想我很幸运，我还从未失败过"，要是应聘者这样说，这表明他要么在撒谎，要么他从没努力过。

问题 9：有的招聘者建议对这样的问题加以回避。但也有人建议这样说："我会一心一意地扑在工作上，注重工作成效。然后，我也灵活多变，能和任何老板相处。"

如果问的问题很明确，如"讲一讲你曾相处过的一位你认为是最糟的老板"，注意你的措辞，并把你们之间的分歧说成是工作中的或是管理方面的，而不要说是私人问题。

问题 10：虽然招聘者无权询问上述问题。但是，万一问及了其中的一个，不要出言不逊，除非你不想被聘用。

需要记住的是，绝大多数招聘者关心的是你怎么说的，而不是你说些什么。而且，在非面试场合所说的话也很重要。

准备四

求职笔试

学习要点

知识要点

1. 了解笔试的种类；
2. 明确笔试准备的内容。

技能要点

掌握笔试的技巧。

内容提要

笔试是用人单位对求职者专业知识及其文字表达能力和书写态度等综合能力的一次有据可查的测试，主要适用于应试人数较多、需要考核的知识面较广或需要重点考核文字能力的情况。大企业、大单位大批量用人，国家机关选聘公务员，往往采用这种考核方式。有针对性地做好笔试准备，掌握笔试的技巧，是笔试成功的关键。

一、了解笔试种类

（一）专业考试

这种考试主要是为了检验求职者文化知识水平和相关的实际能力。一个合格的毕业生经过大学几年的深造，各门功课都取得了一定的成绩，所以一般都可免于笔试，只要看看成绩单就可大致了解其知识能力基本情况。但也有一些特殊的用人单位，需要通过笔试的方式对求职者进行文化专业知识的再考核。值得注意的是这种考试方式已被愈来愈多的热门就业单位所采用。比如，外贸、外资企业招聘雇员要考外语，公检法机关录用干部要考法律常识等。

（二）职业心理测试

职业心理测试是用事先编制好的标准化量表或问卷要求被试者完成，根据完成的数量和质量来判定其心理水平或个性差异的方法。一些特殊的用人单位常常以此来测试求职者的态度、兴趣、动机、智力、个性等心理素质。然后根据对人才的要求，决定取舍。

（三）技能考核

在择业时，许多企业、公司对求职者的考核除了理论知识和专业知识外，很重要的一项就是技能考核，而且对技能考核的要求越来越高。如果求职者有一个或几个能证明他的技能的职业资格证书，那他的就业机会就会增加。

（四）综合能力测试

综合能力测试兼有智商测试的要求，但程度更高。比如，应试者要在规定的时间内对一组数据、一组资料进行分析，找出其合理的地方和存在的问题，并设计出解决问题的方案。这是对求职者的阅读理解能力、发现问题、分析和解决问题的能力，知识面等素质的全方位测试，甚至有时候问答都是用英语进行，相对来说难度更大一些。

（五）国家公务员录用考试

国家机关录用公务员，一律实行考试录用。近年来，国家公务员录用考试的笔试科目为：《行政职业能力测试》、《申论》。其中《行政职业能力测试》主要测试应试者的知觉速度与准确性、语言理解及运用、数量关系、判断推理、资料分析等方面的能力；《申论》则是测试者的综合分析及文字表达方面的能力。

二、做好笔试前的准备

笔试考查的主要内容是基础知识和专业技能，其次是专业知识及招聘单位有关的知识和技能。在参加笔试时必须要认真准备，主要应注意以下几点。

（一）保持良好的身心状态

要适当减轻思想负担，不可以给自己施加太大压力，否则适得其反。考试前要有良好的睡眠，以保证考试时有充沛的精力和良好的状态。

（二）笔试前应进行全面的复习

复习已经学过的知识是笔试准备的重要方式。一般来说笔试都有大体的范围，可围绕这个范围翻阅一些有关的图书资料，有些课程内容因时间已久，可能淡忘，经过简单复习，有助于恢复记忆。

（三）笔试前应做好各项考试准备

提前熟悉考场环境，有利于消除应试的紧张心理，还应看看考场注意事项，尽量按要求做好。除携带必备的证件外，一些考试必备的文具（钢笔、橡皮等）也要准备齐全。

三、掌握笔试过程的技巧

（一）增强信心

笔试怯场者，大多数是由于缺乏自信心所致。客观冷静地对自己进行正确评估，就能克服自卑心理，增强自信心。应聘笔试与高考不同，高考是一锤定音，而求职应聘考试则有很多机会。

（二）科学答卷

拿到试卷后，首先应通读一遍，了解题目的多少和难易程度。先攻克相对简单的题，后做难题。遇到较大的综合题或论述题，应先列出提纲，再进行论述。

（三）认真审题

在答题前必须搞清题的类型、要考查的知识点和考查的目的等。求职笔试试题涉及面广、随意性大、灵活性大,所以应试者必须冷静分析、搞清题意,寻找最佳答案。

(四) 认真检查

答完试卷后,一定要反复检查,不要跑题,纠正语义不通、词不达意等错误。对于心理和智力测试题目,如发现不妥,又难以确定对错时,最好的办法是保留答案,人的第一印象往往更可靠。

四、笔试的样例

(一) 数据统计分析题型样例介绍

请根据下面的文字资料回答问题:

某年,我国乡镇企业职工达到 9545.46 万人,分别占农村劳动力总数的 23.8%和全国劳动力总数的 17.6%;乡镇企业总产值达到 6495.66 亿元,分别占农村社会总产值的 53.8%和全国社会总产值的 24%。其中,乡镇工业产值达到 4592.38 亿元,占全国工业总产值的 7.6%;乡镇企业直接和间接出口创汇 80.2 亿美元,占全国出口创汇总额的 16.9%。该年乡镇企业税金为 310.29 亿元,仅占国家财政总收入的 12%。但是在国家财政新增长的部分中所占比重却明显地增大。从 10 年前至该年,10 年间乡镇企业税金增加 288.29 亿元,占国家财政收入增加额的 19.7%。同期乡镇企业税金平均每月增长 30.3%,相当于国家财政总收入平均每年增长 8.7%的 3.48 倍。

1. 该年我国乡镇企业职工占全国劳动力总数的比重比占农村劳动力总数的比重低多少?
   A. 23.8%   B. 17.6%   C. 6.2%   D. 6.3%
2. 该年我国乡镇企业总产值占农村社会总产值的多少?
   A. 1/2 弱   B. 1/2 强   C. 1/4 弱   D. 1/4 强
3. 10 年前我国乡镇企业税金为:
   A. 310.29 亿元   B. 288.29 亿元   C. 32 亿元   D. 22 亿元
4. 从 10 年前至该年,我国财政总收入平均每年增长:
   A. 12%   B. 19.7%   C. 30.3%   D. 8.7%
5. 该年,我国乡镇工业产值为:
   A. 9545.46 亿元   B. 6495.66 亿元   C. 4592.38 亿元   D. 310.29 亿元

点评 本题的正确答案为 1. C;2. B;3. D;4. D;5. C。

第 1 题,首先在题中找出我国乡镇企业职工占农村劳动力总数的比重为 23.8%,占全国劳动力的比重为 17.6%,根据题中要求,两个数字相减就可以了,这是比较容易的一种问题,考查的是考生获取有效数据的能力。

第 2 题,我们在题中很容易就可以找出,乡镇企业总产值占农村社会总产值的比重为 53.8%。然后我们对照问题,很容易就会得出答案为 B。

第 3 题,它要求的不是材料中的原始数据,而是对材料中几个相关数据的处理。首先,我们可以在材料中找出该年乡镇企业税金为 310.29 亿元,然后,继续往下读,我们就可以发现,下面有这样一段话"十年间乡镇企业税金增加 288.29 亿元",综合这两个数据,我们就可以得出,10 年前我国乡镇企业税金为 22 亿元,即选 D。

第 4 题,它的答案就在材料中,材料最后一句明确地给出"国家财政总收入平均每年增长 8.7%"。答案很明显,应该选 D。

第 5 题，需要一个提取数据的过程，只是有关乡镇企业产值的数据有两个，一个是乡镇企业总产值达到 6495.66 亿元，另一个是乡镇工业产值达到 4592.38 亿元，需要在看清题目的前提下做出正确选择。

（二）命题写作题型样例介绍

背景材料　200 年来地球上 CO_2（二氧化碳）浓度增加了 25%，导致全球平均气温升高了 2 度多，主要诱因是欧美等发达国家快速工业化的高碳排放。据测地表温度目前还在以每年 0.2 摄氏度的速度快速升高，全球气候变暖已对人类生存和发展带来了严峻挑战。"低碳"概念随之进入人们视野，各种"低碳"提法应运而生，尽快建设"低碳社会"成为了人们梦想。

题目：结合上述材料，请围绕"建设低碳社会"的话题，写一篇议论文。要求：观点明确，分析具体，条理清晰，语言流畅，字数 1000—1200 字。

参考范文

建设低碳社会，实现可持续发展

全球气候变暖已给人类生存和发展带来了严峻挑战，"低碳"的概念随之进入人们视野，各种"低碳"提法也应运而生，尽快建设"低碳社会"成为了人们的梦想。而我国作为需要长期保持经济高增长的发展中大国，短期内快速发展"低碳"十分困难。惟有主动出击、因地制宜、积极参与"低碳"建设，方可实现国家的可持续发展。

我国的国情和发展阶段的特征，决定了在应对气候变化领域比发达国家面临更为严峻的挑战。全球减缓气候变化的核心是减少温室气体排放，其中主要是与能源相关的二氧化碳排放。我国当前正处于工业化、城市化快速发展阶段，随着经济快速增长，能源消费和相应二氧化碳排放必然有合理增长。我国人口多，经济总量大，当前二氧化碳排放总量已与美国相当，均占全世界排放量的 20% 左右，成为世界最大的两个排放国之一。就人均排放而言，1990 年我国为世界平均水平的 50%，2000 年为 60%，当前已与世界平均水平相当。我国二氧化碳排放的增长趋势越来越受到国际社会的关注。为此，我们必须积极作为，大力构建低碳社会，以实现经济、社会的可持续发展。

强化节能减排、注重能效提高，全面促进全民的低碳消费和生活意识。要继续深化高能耗领域节能减排工作，加大力度实施"关闭五小企业、改造和淘汰落后产能、加快循环经济示范、治理污染排放"等综合性整治高能耗、高污染、高排放的行动。同时，要科学引导居民建筑和生活用能。建议对居民取暖采用分户计量收费、地热取暖、太阳能蓄热、补贴双层玻璃窗用户等措施；装修时使用纤维板等节能性材料；建房使用隔热空心保温砖等，努力推行民众低碳生活方式。

突出规划、加快产业结构调整，稳步推进低碳经济建设。要重视能源规划的制定与落实，要尽快制定和完善能源总体规划和不可再生、可再生及新能源等各类专项规划，把能源开发的区域和时限进行有序安排，适时微调和修正，严格按规划稳步推进，以综合提高我国能源的可持续供应能力；应充分发挥国家工业生态园示范作用，积极探索低碳发展之路。

开展科技创新、加大新能源开发，积极发展低碳技术。要依托现有实用技术，淘汰落后技术，推动产业升级，实现技术进步与效率改善。要大力推动技术创新，包括碳捕获和碳封存技术等，要在理论、原理、方法、评价指标等方面求得新突破，最大限度地提高资源生产率和能源利用率。加快发展新能源及清洁能源技术。不单指风能、太阳能、地热能、潮汐能、可燃冰、水电、核电等清洁和新能源本身，也包括能源传输方式如超高压、智能电网等。

走低碳道路，逐步减少对高碳能源的依赖，是科学发展观的客观要求。发展低碳经济、建设低碳社会，既有缓解能源短缺压力、履行减排义务的现实考虑，更有占领未来科技制高点、开拓经济发展空间的长远打算，当前，我们应在政府主导下，依靠技术创新、制度创新、观念更新以及对外合作，将我国的低碳社会计划稳步推进。

点评 由全球气候变暖，引出"低碳"概念，进而建设"低碳社会"成为人们的梦想，宗旨在于实现可持续发展。在建设低碳社会的锦囊妙计中，立足我国国情，从节能减排、低碳意识强化、加强产业规划与结构调整、开展科技创新、大力发展低碳技术等角度进行了全方位、立体式的论述，观点突出，分析深刻，见解独到。

文章就如何建设低碳社会理论，引用客观准确的数字等实据，分析了当前我国在节能减排上面临的严峻形势，并提出了相应的解决之策。全文分为四个部分：

第一段为第一部分，首先由全球变暖将低碳的问题引入，并强调出当前积极发展"低碳"的重要意义；

第二段为第二部分，对我国国情和发展阶段作以分析，剖析了现今我国在应对气候变化上面临的新挑战；

第三段至第五段为第三部分，分别从促进全民低碳消费和生活意识、突出规划加快产业挑战及开展科技创新三个方面，具体论述了应当采取的积极举措；

第四部分即文尾，将"低碳"贴合到科学发展观的根本理念上，使文章达到一个新的高度，并用积极的倡议作结。

文章结构完整，内容充实，各个层次段落的布局比例合理，主线清晰，语言流畅。

练习思考

假设你这周末即将参加一次求职笔试，那么你现在应该做哪些准备工作才能让你在笔试中取得满意的成绩？

准备五

调适求职心理

学习要点

知识要点

了解求职过程中常见的心理问题。

技能要点

掌握心理调适的方法。

内容提要

近年来，随着社会就业环境竞争日趋激烈，求职者的就业压力逐渐加大，在择业时，求职者常常会出现一些心理不适与心理障碍。及时克服不适与障碍，保持健康良好的求职心态，适时地自我调节和完善，才能适应新的工作环境，顺利完成就业。

一、了解求职过程中常见的心理问题

求职有压力，自然就有随之而来的各种心理问题，要解决这些问题，首先需要对这些不好的心理变化有一个认识，以做好应对的准备。

（一）自卑感强，缺乏自信心

很多求职者对自己的能力缺乏了解，缺乏自信心，不敢竞争，尤其在遇到挫折时，很容易就产生强烈的自卑心理，觉得自己事事不如人。

（二）自傲（期望值过高）

这种情绪正好与前一种相反，持这种心理的求职者往往自认为高人一等，傲气十足。在求职时，往往好高骛远，期望值很高，对用人单位横挑鼻子竖挑眼，很难找到自己满意的工作。

（三）焦虑

刚走出校门，没有社会经验的大学生对选择职业这一人生大课题产生焦虑心理是正常现象。他们过度担心求职中的困难和结果，整日忧心忡忡，不能释怀。

（四）急躁

求职者求职中常常出现烦躁不安、心理紧张、无所适从等现象。在工作没有最终确定之前，求职者普遍存在急躁心理。急躁心理还反映在选择单位上，在对用人单位了解较少的情况下，就匆匆签约，一旦发现未能如愿，又后悔莫及。

（五）怯懦

有的求职者在求职过程中谨小慎微，老是想我跟人谈的时候万一说错了怎么办啊？生怕一句话说错，一个问题回答不好影响自己给用人单位的印象，以致不敢放开说话，没有把自己的特点和优势表现出来。这些求职者渴望公平竞争，但在机遇到来的时候却手忙脚乱，无法充分发挥出自己的才能。

（六）抑郁

求职者求职过程中往往因为屡屡遭受挫折，不被用人单位认可、接受，导致情绪低落、愁眉不展，产生抑郁心理。

（七）冷漠

冷漠是遇到挫折后的一种消极心理反应，是逃避现实、缺乏斗志的表现。当一些求职者在求职过程中因受到挫折而感到无能为力、失去信心时，会出现不思进取、意志麻木等反应。他们自认为看破红尘，就听天由命。

（八）逃避、抵触

这种心理与"冷漠"有些类似，但产生的原因却不相同。持这种心理的求职者往往是因为过惯了校园生活，对父母和学校的依赖性很强，一旦独立面对社会，面对社会角色的客观要求，面对复杂的社会关系，常常产生逃避心理和抵触情绪。

（九）嫉妒

嫉妒心在求职者中是比较常见的一种心理，只不过是轻重有别。在求职问题上，嫉妒心理的表现如看到别人某些方面求职条件好，或找到比较理想的工作时，产生羡慕，转而痛苦又不甘心的心态。

（十）攀比

一些求职者在求职时不是从自身实际出发，而是与其他人攀比，特别是看到与自己成绩、能力差不多的人找到令人羡慕的工作、获得可观的收入时，觉得自己找不到理想职业就会很没面子。为了获得心理上的平衡，将自己择业的目标设计得过高，其结果是高不成、低不就，错失了一些就业单位，陷入被动之中。

这些心理上的变化或多或少会出现在你的求职过程中。如前所述，心理有一种微妙的平衡，自卑与过度自信、急躁与优柔寡断都是不好的心态。那么如何在面对求职压力的过程中调整好自己的心态，让自己的状态始终保持最佳状态呢？这就需要一种自我心态的调整能力。

二、调适求职心理问题

上述的各种心理问题可能是在反复的求职过程中逐渐产生的，也可能是在上学的时候就有所积压，到了最后的求职阶段，因挫折而引发了心理问题。但不论是如何产生的，大家都应该学会做好心理调适，走出阴霾，用健康的心态去面对求职这一人生的关卡。

（一）客观、准确的自我认识

在求职过程中，如果对自己的主观评价与社会对自己的客观评价趋于一致，就容易成功；如果主观评价偏高于社会的客观评价，往往会导致碰壁、失败；如果主观评价偏低于社会的客观评价，往往会导致信心不足、犹豫不决，很可能会错失良机。因此，认识自我是成功走向社会的必要条件。我们应先了解自己的气质、性格、能力等，以便确定切合实际的求职目标。

1. 可以通过自我剖析认识自己

要经常对自己的心理、行为进行剖析，使自我评价逐步接近客观实际。自负者要经常作自我批评；自卑者要看到自己的长处，增强自信心。

2. 可以通过比较来认识自己

有比较才有鉴别，事实上，人们往往是通过与别人的比较来认识自己的。一是与同学比较来认识自己，不仅比考试分数，更应注重实际能力的比较。通过比较，可以认识自己的长处和不足，认清自己在相比较的人群中所处的位置，以便扬长避短。二是通过别人的态度来认识自己，当然，别人的态度不一定能全面评价一个人，但大多数人的态度总能说明某些问题的。一个求职者如果不注意与共同竞争者相比较，就很难判断出自己的成功概率。

3. 可以通过咨询来了解自己

可向就业指导教师和辅导员咨询，也可征求同学、家长和熟悉自己的人的意见。长期学习、生活在一起的人对自己的言行看在眼里，印象很深，对自己的评价会更公正、更客观。

（二）培养自信心

自信应该是每个人必须具备的心理素质，它是前进的动力、成功的保障。古今中外，凡是有所成就的人，尽管各自的出身、经历、思想、性格、兴趣、处境等不同，但他们对自己的才能、事业和追求都充满必胜的信心，自信能积极适应环境，以艰苦的奋斗改变自己的命运，实现自己的人生价值。培养自信可以从两个方面着手。

1. 要相信自己的能力

每个人都有相当大的潜在能力。当一个人面临求职、忧心忡忡、担心失败的时候，多半不是真的不行。自己条件可能并不过硬，但别人也不见得比你强。每个人都有自己的优势，都有可能在求职竞争中占据主动地位。

2. 要积累自信的资本

自信要有扎实的基础、良好的素质做资本，以雄厚的实力做后盾。如果具备了真才实学，就自然会对自己的选择充满信心。

（三）在求职中提高受挫能力

挫折对于理性的求职者来说，往往是求职成功的先导，失败是成功之母讲的就是这个道理；对非理性的求职者来讲，挫折往往是灾难性的，可能从此一蹶不振。求职受挫折后产生的紧张状态、焦虑情绪等行为反应是正常的现象，你应该拿出自己的自信，冷静地看待暂时的失败，以积极、进取的心态继续努力，从挫折中吸取经验教训，调整自己的策略与定位，最终实现职业生涯目标。

1. 视挫折为鞭策

古今中外多少仁人志士，没有哪一个不是从坎坷与挫折中走过来的。一时受挫并不说明永远失败，挫折是一种鞭策，它对失败者并不是淘汰和鄙视，相反能促使失败者振作起来。面对挫折，正确的态度应该是具有面对失败的不屈性，勇对挫折、冷对挫折、智对挫折，成为战胜挫折的强者，把挫折看做是锻炼意志、提高能力的机会。

2. 调整期望值

期望值是指要获取的工作岗位在物质上、精神上的需要满足的程度，如工资收入、福利待遇如何，能力抱负、特长能否得以施展等。能否就业，个人的才能、机遇等因素固然重要，但求职期望值的高低也将起一定作用。求职期望值过高，其结果不是因超越现实而失败，就是侥幸就业后因自身能力不足，无法胜任工作需要而处于被动。在求职过程中遭受挫折，应放下包袱，从主观、客观两方面仔细寻找失败的原因，实事求是地剖析自己的长处和不足，通过别的途径来达到目标，或者降低就业起点，只要持之以恒，定会实现自己的理想。

3. 进行心理调节

求职遇到挫折后要运用控制、激励自己的方法和技巧，进行心理调节与控制，尽快摆脱不良情绪，重新树立起信心。建议参加一些有意义的娱乐活动，换换环境，放松一下自己；向亲人和朋友倾诉苦衷，合理宣泄，听取他们的劝告，这样可以得到较快的恢复；或进行积极的心理调节，使用心理暗示的方法，进行自我激励。

（四）针对具体的问题，采取相应措施

求职中还常常会出现下面这些心态变化，你应该注意自己的状态与认识是否客观、自信，及时发现自己的心态失衡而做出合理的调整。

1. 克服盲目从众心理

在现实生活中，事业有成者通常都有很强的独立思维能力，他们能发现一般人不能发现的问题，能捕捉到更多的成才机遇。在毕业生求职问题上，从众心理表现在愿意到大城市、事业单位去工作，不太愿意到基层、到乡镇去工作。其实，到大城市、事业单位工作并不一定是每个毕业生最佳的选择，应从社会需要、自身条件以及今后的发展等方面考虑自己的职业，果断地选择自己的求职道路。

2. 克服盲目攀比心理

在求职过程中，这山望着那山高，见异思迁，过多地把注意力集中在他人的就业取向上，自己的既定目标受到他人的干扰，这无异于逼着自己与他人共走独木桥，很难成功。求职者一旦选准职业后，就不要再与他人盲目攀比，坚定自己的就业意向。

3. 克服自卑与自负心理

有的求职者总觉得求职人群中强手如林，条件比自己优越的比比皆是，于是自甘落后，听天由命，形成了自卑心理。要摆脱这种心态要注意三点：首先，要善于发掘自己的长处，要相信别人能做的事，自己经过努力也能做到；其次，要大胆地表现自己，多做一些力所能及、把握较大的事，任何成功都会增强自信心；再次，要不断完善自己。勤能补拙，知道自己某方面不足，通过勤奋努力，才可填平这方面的缺陷。在市场经济条件下，只有鼓起勇气积极地参加求职竞争，才有出路。有的求职者对自己估计过高，自以为高人一等，非常傲慢，对单位横挑鼻子竖挑眼，最终一事无成，这类求职者应重新认识自己，降低求职的期望值。

4. 克服贪图虚荣心理

虚荣心强的人，求职时往往把注意力集中到大城市社会知名度高、经济效益好的单位。这类求职者在求职中的失败，往往是由于不从发挥自己的优势出发，不考虑自己的竞争力，不顾及自己的专业、特长、爱好，他们求职的目的是为了让别人羡慕，而不是为自己寻找用武之地。求职者应该根据自身条件的实际情况，分析和评估就业形势，正确地认识自己，寻求符合自身发展的就业机会。

5. 克服嫉妒心理

在求职过程中，如果发现平时与自己能力相当，甚至于不如自己的人略胜自己一筹时，应当注意采取积极的态度，变嫉妒为羡慕，奋起直追，你行我也行，我比你更行，通过不懈的努力，缩小差距。克服嫉妒心理，主要靠加强自我修养，提高道德水平。其中最重要的是做到两点：其一是真诚待人；其二是学会互助互爱。如果感觉到自己产生了嫉妒心，就要通过自我有意识的控制、调节，及时把这种不良意识排除。

6. 克服焦虑急躁心理

许多求职者在工作未完全敲定之前，普遍都表现出一定的急躁心理。这个时候求职者应适当调整自己的心态，耐心等待求职结果。另外，求职机会不止一个，在未得到最终录用信息时，也可以积极准备应聘其他符合自己求职意愿的用人单位，为自己争取更多的就业机会。

7. 克服逃避依赖心理

一些求职者在求职的过程中缺乏自信，不能独立自主地处理所面临的问题，遇到问题时选择了逃避，出现了抵制情绪。作为求职者应该意识到现实社会是一个激烈竞争的社会，是一个需要每个社会成员积极参与竞争的社会。充分认识到自己是求职的主体，要发挥自身的主观能动性，积极参与求职过程，在求职的过程中不断学习，积累经验，锻炼自己，适应社会，提高自身的综合素质。

练习思考

1. 求职过程中常见的心理问题有哪些？当你遇到这些问题时，你该如何面对？
2. 模拟训练：优点轰炸

要求：几个人为一小组，小组成员轮流被别人指出优点，每个人只对被谈论者指出一个确实存在的优点，被谈论者只允许静听，不必做出任何表示。注意体会被大家指出优点时的感受。

讨论提纲：

（1）被大家指出优点时有何感受？
（2）是否有一些优点是自己以前没有意识到的？是否加强了对自身优点、长处的认识？
（3）指出别人的优点时你有何感受？
（4）在今后的学习、工作中，你打算采取什么样的态度对待别人？

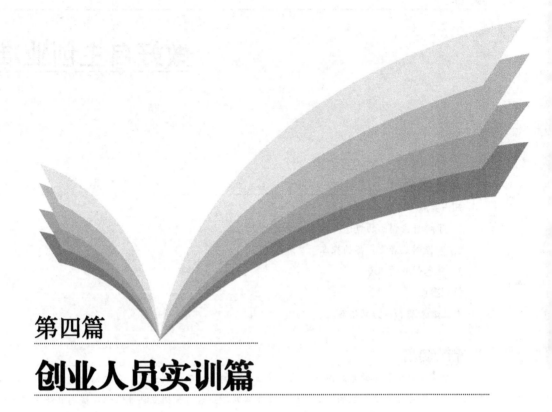

第四篇

创业人员实训篇

"今天很残酷,明天更残酷,后天很美好,但是绝大多数人都死在明天晚上,看不到后天的太阳。"马云常对青年创业者这样忠告。

创业伴随着人的一生,创业的触角遍及生活的每一个角落。追寻古今中外成功创业者的足迹,人们不难发现,卓越的创业素质是奠定其人生辉煌的基石。郑和以伟大创业者的胆魄毅然下西洋,将海上丝绸之路推向顶峰,不仅将其英名载入史册,而且将中华文明推向了世界。竺可桢以"排万难冒百死以求真知"的求是精神率领"文军长征",一度成就了浙江大学"东方剑桥"的美誉。马可·波罗以传奇般的阅历谱写了神奇的"天方夜谭",开辟了中西交通和文化交流的新时代。比尔·盖茨以卓越的胆识和创业能力把握机遇,创造了微软帝国,成为人类有史以来影响最广泛的创业者之一……无数成功者的经验表明,创业精神、知识与能力是成功创业的三大法宝。创业的硕果总是青睐那些敢于冒险、充满智慧、善于创新的人。

实训一

做好自主创业准备

学习要点

知识要点

1. 了解自主创业的概念，树立正确的创业观；
2. 掌握创业者应具备的基本素质和能力；
3. 熟悉创业的环境。

技能要点

创业者素质和能力的培养。

内容提要

主要阐述自主创业的基本内涵，明确提出如何树立正确的创业观，自主创业所必须具备的基本素质和基本能力，介绍了自主创业的政策环境。旨在帮助创业者自觉树立创业意识，提高创业素质和创业能力，为自主创业做好准备。

一、树立正确的创业观

（一）自主创业的概念

创业，顾名思义是创立事业。而事业指个人或团队为一定的目标而从事的经常性活动。对个人而言，只要从事着社会发展所需要的工作，为社会的发展作出贡献，都应该称为创业。创业包含以下两方面内容：一是指个人或团队设立公司、开办企业、开办各种咨询服务中心等这类个体性行为较强、有独立法人资格的创业活动，这是通常所说的"自主创业"；二是指个人在集体的某一岗位上，按照岗位要求并结合自己的发展目标而努力的创业活动，这是通常所说的"岗位创业"。

自主创业者就是利用自己的劳动、自己的社会资源获得财富的人。中国第一次自主创业高潮，是在改革开放初期（1978—1985年），以无业人员为主，通过前期积累，小商品贸易，成为改革开放的第一批领头人，现在中国的一些富人，尤其是南方省市较为集中，他们就是在这段时间创业而获得财富的。第二次自主创业高潮是在1990—1996年，以国家公务人员离职创业为主，以科技等高素质人才为主。即俗称"下海"。这一期间，公务人员工资相对较低，所以各行各业精英纷纷要求以自己的能力获取财富，成就了一大批轻工业和改制企业。中国第三次自主创业高潮是1999—2005年，以互联网行业的兴起为标志和受"下岗"潮的影响，互联网技术的兴起与普及，是互联网行业创业的基础，中国的阿里巴巴、百度、搜狐等著名的网站都在这一时间成功创业。还有一部分人是由于国企改制、减员分流，导致一部分人失去工作而被迫进行创业。这一时间创业主体人群有两类，一类是网络精英，一类是下岗人群。这一阶段的明显特征是行业细化，创业手段多样。现阶段，中国将迎来第四次自主创业潮，由于学生过多而导致就业岗位紧缺。这一阶段自主创业者的主体是高校毕业生。

（二）树立正确的创业观

1. 认识就业道路的可选择性，创业是就业的最高层次

一般来说，当学生完成学业后，很多人到现有的公司从事与所学的专业相符的工作，这是传统的就业。当前，打零工是就业，做自由职业者也是就业。特别是有人择业时放弃了已有的工作而走上了自主创业之路，他们在自己创办的企业里为自己而工作，做自己喜欢的事情，去实现自己的人生理想与抱负。这些人不仅解决了自身就业问题，而且还为他人创造了就业机会。

应该说，自主创业是高层次的就业，也是最快乐的就业。张朝阳说："重视自我，自我内心的感受重于一切，这是我创业的根本原因。在麻省理工学院就读博士毕业后，当时最热门的职业是到华尔街做分析员，待遇优厚。但我内心告诉我，我应该尽快地发挥自己的优势——来自中国，这样我有了自己的第一份工作——作为麻省理工学院的驻华代表。当我感觉到自己的事业在中国时，我回国了。当看到Internet的机遇时，我感觉到我应该创业啦。"张朝阳先生成功创业，快乐自己，幸福他人，为创业者树立了榜样。因此，我们要乐观对待就业，适时进行创业，从而为社会作出更大贡献。

2. 认识创业道路的多样性，找到适合自己发展的一条道路

创业难，但并不是高不可攀。在美国，从1990年以来，每年都有100多万个新公司成立，即平均每250个美国公民中就有一个创立新公司。不要认为有钱人才能创业，许多成功的创业者都是从零起步，创业思维比金钱更重要。19世纪末，美国加州发现了黄金，出现了淘金热。有一个17岁的少年来到加州，也想加入淘金者的队伍，可看到金子没那么好淘，淘金的人又很野蛮，他很害怕。这时，他看到了淘金人在火热的天气下干活口渴难熬，就挖了一条沟，将远处的河水引来，经过三次过滤变成清水，然后卖给淘金人喝。他很快就赚到6000美元，回到家乡办起了罐头厂。这个人就是后来被称为美国食品大王的亚尔默，他用独到的创业思维成就了自己的事业。因此，创业的道路很多，有投巨资创业的，也有技术入股创业的；有团队创业的，也有独立创业的；有自主创业的，也有岗位创业的。关键是思路要对头，从众多创业道路中找到最适合自己的那一条，就一定会收获累累硕果。

3. 认识创业本领的可塑性，提升自己的信心和能力

一些人认为创业本领是天生的，有的人是老板型，有的人是学者型，有的人是官员型，自己则属于"老实巴交"百姓型，不能创业，没有这份本领。那让我们看看比尔·盖茨属于什么型：他至今还是个不修边幅的百姓型，充其量是个学者型，但他却是全世界第一大创业家。可见，人不是生下来就适合做什么，而是经过后天发展决定了适合做什么。因此，创业本领对于每个人来说，不是有没有的问题，而是能否正确认识到自身需要这种本领并自觉地培养、开发这种本领。

4. 认识创业的风险性和艰难性，以平和心对待创业成就

雅虎创办人之一杨致远指出：创业者成功机会非常少，不管是在中国还是在美国，创

业能做到一个小成功，大概只是 1/10，中成功是 1%，大成功大概少之又少了。美国有统计表明，要成为企业家，失败率是 99%，只有 1%的企业家能在市场上生存 5 年或者更长时间。自主创业是一个非常艰辛的过程，欢乐与痛苦并存。我们一定要树立这样的理念：创业只是自己生命中的一件事，但并不是自己生命的全部。千万不要将创业看得高于一切，高于自己的身体、自己的家庭和自己的幸福，创业只是排在健康、家庭之后的一件重要的事而已。即使创业失败，也没有什么，还可以从头再来，因为我们还年轻。有句名言说得好："罗马不是一天建起来的。"

总之，广大创业者应主动地培养自己的创业素质，掌握一定的创业技能，进而择业、就业、创业。但一定要辨证地看待创业，在享受创业所带来的无穷乐趣的同时，也要清醒地看到创业的风险，做好接受挫折和失败的心理准备。

· 案例 ·

从海运部经理到民营企业家

于丰杰，辽宁某高校 1994 届毕业生。大学期间，在学好专业知识的同时，他将更多的精力投入到社会实践中。他利用业余时间阅读了大量书籍，广泛涉猎了各个学科的知识，有意识地加强了国际海运、金融等知识的积累，为日后的创业打下了坚实的基础。他对商业经营有着浓厚的兴趣，经常与志趣相投的同学探讨，产生许多商业构想，并积极地寻找机会进行实践。

毕业实习时，于丰杰没有选择到大型国有企业去，而是主动到一个小型轮船公司海运部去。因为公司人手少，人均工作量大，接触业务多，可以将所学的书本知识很好地运用到实际工作中。他每天早上六点多钟就起床，早早地来到公司，将办公室打扫得干干净净，给每位同事倒好一杯茶，然后开始熟悉业务。同事们业务忙时，他用心地学习接手的每一项业务；同事们空闲的时候，他主动地向他们请教，短短一个月的时间就熟悉了公司的全部业务。凭借他的努力和出色的业绩，虽然还没毕业，公司领导就大胆聘任他为公司海运部经理。

1995 年，毕业刚刚半年之久的于丰杰根据自己对货运代理知识的积累和对市场的分析和预测，果断决定自己创业。他和几个志同道合的朋友一起创建了自己的国际货运代理公司——大连凯姆莱国际海运有限公司，并于 1996 年、1998 年又分别创建了大连因泰泓明船务代理有限公司和大连中交科技开发实业有限公司，任董事长、法人代表。

点评 创业是一个振奋人心的字眼，创业是人生职业生涯规划的一个重要选择。于丰杰的人生经历，蕴含了创业的深刻含义。从一名实习生快速地成长为公司的部门经理，这时他已完成了一个创业过程：立足已有的工作岗位，从点滴小事做起，用出色的工作赢得公司领导的器重，成为独当一面的部门经理，这就是岗位创业。毕业半年之久，他又婉言谢绝了公司升职加薪的承诺和挽留，和朋友一起怀揣"感恩的心"，秉持"执著、向上"的原则，创办属于自己的集团公司。从海运部经理到民营企业家，于丰杰实现了一次质的飞跃，即由岗位创业发展为自主创业。

二、培养创业素质与创业能力

自主创业是一件很刺激的事,同时它也属于"三高"行业:挑战性高、技术含量高、淘汰率高。创业本身的过程是对创业者自身能力智慧、胆识气魄的一种全方位的考验,他对创业者的个人素质和能力有特定的要求。

(一)创业者必备的素质与能力

1. 创业者必备的素质

创业者本人的意志、品质、气质、个性、爱好、特长、商业意识以及性格等与创业有着紧密的关联。合格的创业者应具备以下素质。

(1)具有坚毅、自制、勇敢、果断等品质。具有风险意识,有充沛的精力和健康的体魄,具备百折不挠的意志品质和面临失败时的自我激励能力,具有献身精神,有达到目标的自信心、勇气和执著力,能解决创业时来自内部和外界的大量未知风险带来的各种突发问题,并能承担巨大压力,经受失败的考验。

(2)要正直、守信,有责任感,创业者对团队成员、投资者都必须有责任感,具有务实精神,能够踏实做事、诚恳待人。树立起一个领导者的亲和力与个人魅力。

(3)具有敏锐的商业意识,按照市场经济的运行规律办事,遵循公平交易原则,遵纪守法,诚实可靠,同时,具有科学的经济头脑,要思路清晰,能够分析判断经济运行趋势,权衡经济利益,核算投入、产出,能够寻找、捕捉和创造商机。

(4)具有自我实现欲望和创新精神,创业者的动力并非源于对金钱的贪婪,而是出于自我实现和成功的强烈欲望,以及强烈的创新意识。

(5)具有团队意识,创业不是一个人在战斗,要学会凝聚起整个团队的力量。一个能让创业者思想、能力、认识水平不断提高和善于学习借鉴的团队,是创业成功与否的关键所在。

美国的心理测验专家约翰·勃劳恩说:"创业的技巧虽然是学来的,但是具有某些素质的人占了先天的优势。"并不是所有的人都具有创业的素质,心理社会学家认为以下十类人不具备创业的素质:缺少职业意识的人;优越感过强的人;唯上是从,只会说"是"的人;偷懒的人;片面和骄傲的人;僵化和死板的人;感情用事的人;"多嘴多舌"与"固执己见"的人;胆小怕事、无主见的人;患得患失又容易自满的人。

2. 创业前必要的知识储备

面对茫茫商海,创业时仅具备基本的素质还远远不够,还要做好许多知识和能力的准备。

(1)具有扎实深厚的专业知识和广博的非专业知识。只有深厚的专业知识和宽广的非专业知识相结合,才能从战略的高度正确分析形势和事物的发展趋势,用远大目光和敏锐的洞察力,把握事态的发展,产生精辟独到的见解和谋略,才能认清事物的本质,把握其规律,树立并实现自己的创业目标。

(2)具有商业经济学领域知识,如商品交换、商品需求、商品流通、商品价值规律等知识。通过学习这些商业知识,创业者在经济活动过程中才能实现价值的增值,创造财富。

(3)具有一定的管理知识,如人事管理、财务管理、物资管理、生产管理和市场营销管理等知识。通过学习管理知识,改进管理方法,丰富管理经验,不断发掘新的管理资源,努力提高管理水平。

（4）具有相关的政策知识，如工商注册登记知识、经济合同知识、税务知识、知识产权保护等法律知识对创业者创业必不可少，它可以帮助创业者顺利走好创业之路。

3. 创业者应具备的综合能力

对创业者来说，具备各种能力是创业成功的前提条件。因此，创业者在开始创业前或在创业过程中必须不断培养和提高综合能力。

（1）学习能力，即获取知识的能力。包括对知识的接受、转化与应用。要能够把在创业过程遇到的实际问题转化成为自身的工作经验。

（2）实践能力、科研动手能力和开拓创新能力。能够将自己头脑中的思想、创意和灵感转化为现实的科技发明成果和现实产品。

（3）组织领导能力，即要有出色的领导水平，具备统帅和用人能力。创业者要有对自己员工的指挥、调动、协调以及对非人力资源的集中分配、调度、使用能力。还要有对公司组织机构的设计与再设计工作的能力，表现为对组织机构的设计、人员的配置，如对组织成员职位的任命安排、明确其职责范围等。

（4）管理能力，即要有经营决策能力、分析判断能力、指挥协调能力、抵御和化解风险的能力和信息处理能力。能够对创业项目进行计划、组织、领导、控制。

（5）协作能力。协作是创业者事业成功的重要支持力量。协作性是一种能设身处地为他人着想、善于理解对方、体谅对方、善于合作共事的心理品质，它与创业者独立思考、自主行动并不矛盾。培养协作能力是创业者获得他人支持的重要前提条件。

（6）沟通能力。无论对团队核心人员还是对公司员工、合作伙伴、投资方等，沟通是最关键的。创业者要能够随机应变和左右逢源，在人际交往中能做到热情、真诚待人，能研究和理解对方的心理，促使相互间心灵沟通、情感融洽，获得理想的人际关系。

4. 创业者必备的经营管理能力

经营管理能力是指对人员、资金的管理能力。它涉及人员的选择、使用、组合和优化，也涉及资金聚集、核算、分配、使用、流动。经营管理能力是一种较高层次的综合能力，是运筹性能力。经营管理能力的形成要从学会经营、学会管理、学会用人、学会理财几个方面去努力。

（1）学会经营。创业者一旦确定了创业目标，就要组织实施，为了在激烈的市场竞争中取得优势，必须学会经营。

（2）学会管理。要学会质量管理，要始终坚持质量第一的原则。质量不仅是生产物质产品的生命，也是从事服务业和其他工作的生命，创业者必须严格树立牢固的质量观。要学会效益管理，要始终坚持效益最佳原则，效益最佳是创业的终极目标。可以说，无效益的管理是失败的管理，无效益的创业是失败的创业。做到效益最佳，要求在创业活动中人、物、资金、场地、时间的使用，都要选择最佳方案运作。学会管理还要敢于负责，创业者要对本企业、员工、消费者、顾客以及对整个社会都抱有高度的责任感。

（3）学会用人。市场经济的竞争是人才的竞争，谁拥有人才，谁就拥有市场、拥有顾客、拥有发展。一个企业没有优秀的管理人才、技术人才，这个企业就不会有好的经济效益和社会效益。一个创业者不吸纳德才兼备、志同道合的人共创事业，创业就难以成功。因此，必须学会用人。要善于吸纳比自己强或有某种专长的人共同创业。

(4) 学会理财。学会理财，首先要学会开源节流。开源就是培植财源，在创业过程中除了抓好主要项目创收外，还要注意广辟资金来源。节流就是节省不必要的开支，树立节约每一滴水、每一度电的思想。大凡百万富翁、亿万富翁都是从几百元、几千元起家的，都经历了聚少成多、勤俭节约的历程。其次，要学会管理资金。一是要把握好资金的预决算，做到心中有数；二是要把握好资金的进出和周转，每笔资金的来源和支出都要记账，做到有账可查；三是把握好资金投入的论证，每投入一笔资金都要进行可行性论证，有利可图才投入，大利大投入，小利小投入，保证使用好每一笔资金。总之，创业者心中时刻要装有一把算盘，每做一件事、每用一笔钱，都要掂量一下是否有利于事业的发展，有没有效益，会不会使资金增值，这样，才能理好财。

(5) 要讲诚信。就创业者个人而言，诚信乃立身之本，"言而无信，不知其可也。"创业者在创业过程中，如不讲信誉，就无法开创出自己的事业；失去信誉，就会寸步难行。诚信，一是要言出即从；二是要讲质量；三是要以诚信待人。

5. 创业者应具备的风险投资常识

大多数创业者拥有技术但缺少资金。技术和创新只有与商业和资本相结合，完成研发和商品化，产生盈利，才能获得成功，也才能获得经济利益的回报。因而创业者在创业过程中很大可能会去寻找风险投资（Venture Capital，VC）。在国外创业者寻找 VC 是最普遍的做法，国外的创业成功率那么高就是依赖于高度发达的风险投资资本市场。创业启动资金和后续资金的充沛与否已经成为创业者成败的关键因素，创业者要想创业就必须具备一定的风险投资常识。为了筹集到创业所需要的足够资金，在公司创办之初，就要选择市场急需而且前景好、投资回报率高的项目，这样才能引起风险投资公司的兴趣。

6. 创业者应具备强有力的执行力

所谓执行力，指的是贯彻战略意图，完成预定目标的操作能力。是把企业战略、规划转化成为效益、成果的关键。执行力包含完成任务的意愿，完成任务的能力，完成任务的程度。执行力，就个人而言，就是把想做的事做成功的能力。

要做到具有强有力的执行力，须做到以下几点。

(1) 良好的沟通。有效地提高执行力，在一般情况下首先要进行充分地沟通，对完成目标任务取得较为一致的认同。否则，上面再好的决策经过中、下层执行的"七折八扣"，就会走样。曾经有一位策划经理说：如果执行的方向错了，后果只有一个：你不是在计划怎么成功而是计划怎么失败。如果说有什么可以让员工更清楚执行的方向，那就是良好的沟通。将决策传递给各个层级的员工，帮助他们理解需要完成的目标，取得他们的支持，这是成功的保证。

(2) 赏罚分明。奖罚分明是保证执行的重要条件，否则人们就没有动力为公司作出更大的贡献。每个人的工作绩效，也就是他的执行力度，将直接导致他个人利益的增减。实际上，奖罚措施就是一种激励行为。当然，奖罚措施的细致、分明并且公平、公正、合理是很重要的。

(3) 坚定的决心。有多大的决心，做多大的事。没有一定要完成这个项目的决心，就最好不要做这个项目，否则不但浪费了人力、物力，还会失去员工对你的信任，在你下一次做出决策时，就会得不到员工的支持。为了表明完成项目的决心，领导者可以制订一份跟进工作的计划：目标是什么，谁负责这项工作；什么时候完成什么工作，下一阶段的工作任务是什么。及时了解员工的工作情况，让员工真切感受到领导的决心。

联想集团在 1999 年进行 ERP 的改造时，业务部门执行不力，改造深入不下去。按这种态势发展，联想必将瘫痪。最后，柳传志在一次会议上表明了自己的决心：（ERP）必须做好，做不成，我会受很大影响，但我会把李勤（当时的联想集团副总裁）给干掉！李勤当即站起来：做不好，我下台，不过下台前我先要把杨元庆和郭为干掉！

（4）协调内部资源。对内部资源进行有效的整合，能充分调动员工的工作积极性。在挑选执行决策的人时，领导者不能只看这个人的能力如何，还要看他是否对执行有热情，是否喜欢具体的执行工作。要充分利用人力资源，也就是人尽其才，让每一个人都能有用武之地，人的工作做好了，会在一些事务的处理上产生良性的互动，使在不同岗位的人按照企业的意志发挥效益，使各自掌控的资源得以合理的支配。

（二）培养创业者创业素质和能力

知识需要积累，能力需要锤炼，所谓冰冻三尺，非一日之寒。创业往往需要通过长期艰苦的探索和磨练，非一朝一夕就能成功。因此，决不能急功近利，拔苗助长。而且有些东西是无法事先完全准备好的。即使事先准备好，真正面对实际问题时，可能发现和学习的东西完全不同。当今社会为创业者自主创业提供了有利的条件和大好机遇，有这方面优势和志向的创业者应该主动学习在积累知识和技能背后的、更深层次的价值观、心态调整、方法论方面的共性问题，在此基础上大胆艰苦地尝试，勇于在实践中磨练，成为新的创业者。

1. 创业者在创业前需要有意识地做好准备

创业者创业必须有投身创业的理想和志向，否则，往往被创业中的困难、挫折所吓倒。有创业志向的创业者在创业前就应树立崇高的理想和志向，有意识地培养创业的意志品质。在树立崇高理想的基础上，和实际学习目标结合起来，在学习过程中不怕困难和挫折，严于律己，出色地完成学业。同时，应积极参加各种实践活动，在确立目的、制订计划、选择方法、执行决定和开始行动的整个实践活动中，实现意志目的，锻炼意志品质。在此基础上，还应加强意志的自我锻炼，注意培养提高自我认识、自我检查、自我监督、自我评价、自我命令、自我鼓励的能力。此外，培养健康的体魄，积极参加体育活动，也是锻炼坚强意志品质的重要途径。

2. 创业者创业需要在创业进程中不断完善提高

创业者要想培养商业意识，就应用心去钻研有关商业知识。特别是在创业实践中善于观察分析，把握事物的本质，善于收集和利用信息，摸清市场运行的基本规律，积极主动地去寻找和创造商业机会。同时，创业者要想挖掘自己的智慧潜能，就必须认识智慧潜能是一个内涵十分丰富而又极其复杂的综合概念。因此，在锻炼和培养自己的创业才能时，不能局限于单纯从成才的方面去寻求提高的捷径，而必须在多方面打好扎实的基础知识，既要通过学习增长知识和智力，还要通过创业和实践来增长才能，也要通过创业过程中的竞争和自我否定增长才能，以使得创业才能得到综合性提高。

3. 掌握创业过程中创业者心理的变化

在整个创业过程中创业者创业一般都将经历如下历程：首先，不甘学习、生活和发展现状—建立创业发展规划目标—组织创业团队—为目标实现奋斗；接下来，不考虑任何物质利益的尝试—失败—再尝试—挫折—局部成功；最后，成功点逐步增多—成功量的累积到阶段性的飞跃——最终走向成功。伴随这样的进展过程，创业者心态也将发生变化：由起初的兴趣、特长和爱好——目标和热情——团队工作的乐趣——梦想和理想化的前景；接下来是挫折、怀疑和信心的反复摧残和重建；最后是重新评估团队目标和自身的再认识——责任——新的乐趣和兴奋点。

4. 在学习过程中不断提高创业者素质

与创业进程心态变化相对应的学习过程：起初，被动盲目学习和积累——专注目标直接相关内容——扩大目标外延——理解目标的社会背景和真实必要条件；接下来在尝试、失败、总结、调整的循环中发现缺陷（包括知识、能力甚至目标本身）并改进领悟隐藏在市场、技术、商业背后的秘密，即规律性——有的放矢地学习；最后，形成自己的观点和思维体系——有选择地补充和提升知识水平。因此，创业者创业知识、能力和素质一方面需要事先有意识地准备，另一方面需要在创业进程中不断完善提高。

· 案例 ·

失败的求新求异

大学生小刘毕业后一直想自己做老板，看到邻居在小区里开了一个食品杂货店，收益一直不错，颇为心动。于是，小刘租了小区内一个库房做店面，筹集了一万多元钱做启动资金，进了一些货品，开了一家食品杂货店。但是经营了两个月后，小刘的食品杂货店就撑不住了，不得已关张。为什么同样是食品杂货店，邻居可以干得红红火火，小刘的店就经营惨淡呢？原来，小刘为了突出自己食品杂货店的特色，没有像邻居一样进茶、米、油、盐等大众用品，而是将经营范围锁定在沙司、奶酪、芝士等一些西餐调味食品上。但是小区里的居民对她的货品需求少，加之她店面的位置在小区边缘，而且营业时间不固定，由着她的性子开，很多邻居都不愿意绕道过去，所以生意不红火。两个月杂货店就被迫关张。

点评 求新求异并非处处适用。有关专家指出小刘创业之初求新求异的心理，很多大学生都有，这是优点但也是致命的缺点。经营需要有自己的特色，但是经营要符合市场环境的需要。像小刘的食品店之所以会关张，是因为她没有搞好市场调研，这个食品店如果在一个涉外社区内也许会经营得很好，但是她选择的是一个普通居民区。普通社区里的食品杂货店对茶、米、油、盐的需求远远要大于对沙司、奶酪、芝士等西式调味品的需求，再加之铺面的选址不合适，营业时间不固定，也是小刘创业失败的原因。

三、熟悉自主创业的法律和政策环境

创业环境是决定创业能否成功的一个重要因素。这里重点列举了创办企业的法律规定和辽宁省沈阳市鼓励和支持自主创业的一些政策。

（一）创办企业的法律规定

1. 按照法律规定选择企业形式

一般创业者创业可选择独资企业、合伙企业和有限责任公司（企业法人）三种法律形式。独资企业是指由一个自然人投资，财产为投资个人所有，投资人以其个人财产对企业债务承担无限责任的经营实体。这种企业在法律上为自然人企业，是当今社会最简单的企

业形式。合伙企业是由各合伙人订立合伙协议，共同出资、合伙经营、共享收益、共担风险，并对合伙企业债务承担无限连带责任的营利性组织。有限责任公司，是指由两个以上股东共同出资，股东以其认缴的出资额对公司承担有限责任，公司以其全部资产对其债务承担有限责任。独资企业和合伙企业要发展成大的企业，必须采取有限责任公司的形式。

2. 遵守法律法规

创业者在开展业务时还必须了解《中华人民共和国合同法》、《中华人民共和国担保法》、《中华人民共和国票据法》等基本民商事法律以及行业管理的法律法规。

以上只是简单列举了创业者常用的法律，在企业实际运作中可能还会遇到大量法律问题。当然创业者可以对这些问题只有一些基本的了解，专业问题可以交由律师等专业人士去处理。

常用的法律如下。

（1）基本法律。《中华人民共和国民法通则》、《合同法》、《担保法》、《票据法》。

（2）公司企业法律。《公司法》、《合伙企业法》、《个人独资企业法》、《企业登记管理条例》等。

（3）劳动法律法规。《劳动法》、《就业促进法》、《劳动合同法》。

（4）知识产权法律。《中华人民共和国著作权法》、《中华人民共和国商标法》、《中华人民共和国专利法》。

（5）公司企业税法。《中华人民共和国企业所得税暂行条例》、《中华人民共和国增值税暂行条例》、《中华人民共和国营业税暂行条例》、《中华人民共和国税收征收管理法》。

（二）鼓励自主创业的政策

对于相对弱势的创业团体，国家出台相关的创业优惠政策是非常有必要的。就像小树苗要多一点儿关照成活率才会高。近几年随着国家对创业者创业支持力度不断加大，各地区也纷纷出台优惠政策扶持创业者。相对于欧美比较成熟的市场环境而言，中国创业的制度环境其实还不完善。由于整个社会处于转型期，使得创业者肩上的负荷更重，创业所需要的各种服务都还不完善，融资和金融环境都处在调整阶段。虽然国家出台了一系列鼓励创业的优惠政策，但是创业者的创业之路却异常艰难，与外国成熟又完备的创业环境相比，社会上还尚未形成有利于创业的氛围，政府出台的在创业培训、创业扶持、政策支持与优惠措施等现有政策有待落实，而且需要进一步健全、完善。

现把辽宁省沈阳市鼓励扶持自主创业的政策摘录如下。

（1）大力发展非正规就业劳动组织（以下简称劳动组织）。对扶持对象初始创业，从事省政府规定的家庭手工业、种植业、养殖业、修理修配（汽车修配除外）、图书借阅、旅店服务、餐饮服务、洗染缝补、复印打字、理发、小饭桌、小卖部、搬家服务、钟点服务、家政服务、社区卫生保洁服务、社区商业服务网点、初级卫生保健服务、婴儿看护和教育服务、残疾儿童教育训练和寄托服务、养老服务、中介服务、咨询服务、病人看护、幼儿和学生接送服务等25个微利项目，经户口所在地街道(乡镇)劳动保障机构审批，发给《非正规就业劳动组织证书》。各级劳动保障、工商、物价、税收等部门要做好对劳动组织的扶持、管理和服务，促进劳动组织的发展。

（2）鼓励扶持初始自主企业。对商贸企业、服务型企业（除广告业、房屋中介、典当、桑拿、按摩、氧吧外）、劳动就业服务企业中的加工型企业和街道社区具有加工性质的小型企业实体，在新增加的就业岗位中，当年新招用持《再就业优惠证》人员，与其签订 1 年以上期限劳动合同，并依法缴纳社会保险费的，按实际招用人数予以定额依次扣减营业税、城市维护建设税、教育费附加、地方教育费附加和企业所得税，定额标准为每人每年 4800 元。对持有《再就业优惠证》人员从事个体经营的（除建筑业、娱乐业以及销售不动产业、转让土地使用权、广告业、房屋中介、典当、桑拿、按摩、网吧、氧吧外），按每户每年 8000 元为限，依次扣减其当年实际应缴纳的营业税、城市维护建设税、教育费附加、地方教育费附加和个人所得税。零就业、低保户和残疾人家庭成员自主创业或被用人单位招用，凭有效证明可比照上述政策执行。不符合申领《再就业优惠证》条件的失业人员和退役士兵，以及高校毕业生、科技人员、复转军人（含随军家属）、新生劳动力、低保边缘户和农村劳动力，实现自主创业（国家限制的行业除外），初次取得工商执照，进行税务登记，并依法缴纳税费的，创业 1 年后（以工商注册时间为准），凭其缴纳的营业税、城市维护建设税、教育费附加、地方教育费附加和个人所得税收有效票据，由市、区两级财政按 1∶1 比例给予补贴，最高限额不超过每户每年 4800 元；对其缴纳的管理类、登记类和证照类费用，凭缴费有效票据，由市、区两级财政按 1∶1 比例给予补贴。税费补贴期限暂定 3 年。严格执行《企业所得税法》中关于小型微利企业减按 20% 的税率征收企业所得税税收优惠政策。

（3）加大创业投入力度。市政府设立 2 亿元创业发展专项资金，主要用于创业孵化基地建设、创业项目推介、咨询、开发、创业培训、扶持创业社会保险补贴等，所需资金从再就业、科技创新、大学生创业、残疾人就业保障、新增财力等相关专项资金中安排。

（4）设立小额贷款担保基金。设立 1 亿元小额贷款担保基金，用于小额贷款担保、贷款贴息和风险补偿。

（5）扩大自主创业微利项目小额担保贷款额度和贴息范围。对登记失业人员、残疾人、军队退役人员、军人家属、大中专毕业生和外出务工返乡创业人员从事个体经营自筹资金不足的，贷款额度一般为 2 万元，最高不超过 5 万元；对合伙经营合资起来创业的，可按照人均不超过 5 万元、总额一般为 20 万元、最高不超过 50 万元的标准给予小额担保贷款支持。贷款期限最长不超过 2 年，到期确需延长的，可以延期 2 年。省政府规定的 25 个微利项目和我市新增的物业维修、零售配送、文体服务、租赁服务、代办服务等 5 个微利项目，在贷款期限内，由市、区两级财政按 1∶1 比例给予全额贴息，延期不贴息。对符合贷款条件的劳动密集型小企业、集中使用残疾人或自谋职业的军队退役人员的企业，根据实际招用人数，合理确定贷款额度，一般为 100 万元，最高不超过 150 万元，并由小额担保基金提供担保服务。

（6）支持创业者典当融资。创业者可持有效证件，按照典当业务规则，将其有效资产作为当物抵押给典当行，以获得创业运营资金。典当行应对创业者免收典当综合费用，对免收的典当综合费用由财政按照 27‰ 的月综合费率给予一次性补贴，综合费用补贴的当金上限额度最高不超过 30 万元。当金利息由当户个人承担。

（7）实行创业补贴。对领取失业保险金人员、军队退役人员、零就业家庭成员、城乡低保户和低保边缘户首次自主创业，领取工商营业执照，正常纳税（或提供免税证明）经营 1 年以上的（以工商注册时间为准），给予一次性创业补贴。其中：零就业家庭成员、城镇低保户补贴 4000 元，城镇低保边缘户补贴 2400 元，领取失业保险金人员、军队退役人员、农村低保户补贴 2000 元，农村低保边缘户补贴 1200 元，所需资金由省、市、区三级财政各承担 1/3。

（8）允许知识产权作价出资和质押担保。各类知识产权经具有法定资格的评估机构评估后，均可作价为企业注册资本金和股份，但货币出资额不得低于公司注册资本的 30%。知识产权经专门机构认定后，可作为质押担保向银行申请贷款，银行应根据相关政策规定予以支持。

（9）创业成功后低保渐退制度。城乡低保户和低保边缘户申领工商营业执照，开展初始型自主创业后，家庭月人均收入高于低保标准和低保边缘户标准，但低于当地低保标准和低保边缘户标准 1.5 倍的，确定保留低保和低保边缘户待遇 12 个月不变，从第 13 个月起取消低保户和低保边缘户待遇；家庭月人均收入在低保标准和低保边缘户标准 1.5 倍以上的，确定保留低保户和低保边缘户待遇 6 个月不变，从第 7 个月起取消低保户和低保边缘户待遇。

（10）开展全民创业活动，激发全社会的创业热情和创造活力。各地区政府要建立创业服务专门机构、创业孵化基地和培训基地。市级创业孵化基地规模要达到一次性接受创业户数 30 户和从业人员 600 人以上，区、县(市)要达到 5 户和 100 人以上，各市级以上开发区要达到 10 户和 200 人以上。要进一步完善创业服务体系，加强创业指导，营造支持创业、鼓励创业、保护创业的良好环境，推动创业促进就业和创新型社会建设。对自主创业人员提供创业培训、开业指导、项目推介、小额贷款、经营咨询、创业社保补贴等创业服务。开展创业服务所需资金从创业发展专项资金中列支。

（11）对初始型自主创业人员在行政性收费、事业性收费、经营性收费及特种行业收费方面给予优惠。对初始型自主创业人员应缴纳的私营企业协会或个体劳动者协会会费、企业注册资本验资费、环评及监测服务费应按最低标准收费。创业人员从事经营活动，可根据实际需要自愿选择高、中、低档防伪印章，印章制作企业应严格按不同档次从低确定收费标准，不准强行搭售印台、印油。工会印章制作应按企业注册资金规模分别进入市和区两级行政审批大厅，实行阳光收费。

· 案例 ·

"郎为"业之路

解洪志是 2002 年辽宁经济职业技术学院的毕业生，2003 年创建了沈阳市"郎为"（longway）家教中心，并且在全省高职高专生的创业潮中，领取到"高职高专生自主创业第一号证书"，后被媒体报道为高职高专生自主创业第一人。

解洪志能够成为沈阳市自主创业第一人主要得益于以下几点：一是比较全面地学到了技能、专业知识，使自己感到有了一定的本领和自信，为日后创业奠定了良好的基础；二是通过担任院学生会主席锻炼了管理才能，随着组织活动次数的增多，使他的信心和能力有了很大提高；三是开放的知识结构。在学校期间，解洪志重视和参加学校举办的各种讲座，还到其他大学聆听名教授的讲座，通过学习，使他有了为社会贡献力量的冲动和使命感；四是把握住了这样一个机遇——辽宁省关于支持大学生自主创业的优惠政策，促使他开拓创新，勇于创业。

刚刚毕业的时候，他带着将来自主创业的愿望，应聘的第一份工作是市场部经理，负责管理区域市场开发，由于业绩很好，在公司一年内获得了两次旅游奖励。结合工作，他先后去了北京、长春、哈尔滨等地进行调查研究，寻求市场机会。

为使调查更深入、更全面，解洪志顶着来自家里的压力，于 2003 年 7 月份辞职，去深圳做市场调查。在深圳的两个月间，他不仅了解了当地很多行业的发展情况，更多的是学到了深圳人的思维方式和做事方式，为进一步自主创业打下了基础。

2003 年 9 月，他带着要开发家教市场的思考，回到沈阳开始研究立项。通过调查，他发现沈阳的家教市场潜力较大，所以他联合其他同学，于 2003 年 10 月成立了"郎为家教中心"，开始了家教服务创业历程。

目前"郎为"家教中心得到了有关部门领导及社会各界的广泛关注，在大家的帮助下，"郎为"家教中心由创业初的 3 人现已发展到 150 多人，经济效益不断提高。目前在家教市场中逐步得到了家长和学生的认可。辽宁广播电视台、沈阳广播电视台、中国青年报、辽宁日报、沈阳日报等媒体都相继报道了"郎为"家教的创业发展情况。

点评 解洪志在大学期间努力学好各门专业课程，同时又积极参与社会工作，锻炼了管理才干，增强了自信心，提高了能力，扩大了知识面，完善了知识结构，在潜意识中又引发了一种成就一番事业，成为社会有用人才的冲动。完善的大学生涯造就了他有准备的自我，让他在日后的创业中撑起理想的风帆在大风浪中远航。同时，他主动寻求创业商机，不畏艰苦，勇于开拓、创新，取得了事业的成功。

练习思考

1. 如何树立正确的创业观？
2. 如何培养创业素质和能力？
3. 请列出自己已具备的创业素质和能力，并分析存在的不足。

自我测试

创业素质自我测试题。创业，从大体上来说其实也是一种职业，当然也有适合和不适合的人群，因而，我们就不难理解为什么有些人可以轻松地成功创业，而有些人就不行。下面就来做做题，看看你是否有创业者应有的素质。

这是互联网上流行的一套测试题。本考卷为开卷考试，没有时间限制，还可以定期反复测验。

1. 你在哪种条件下，会决定创业？（　　）
   A. 等有了一定工作经验以后
   B. 等有了一定经济实力以后
   C. 等找到天使或 VC 投资以后
   D. 现在就创业，尽管自己口袋里没有几个钱
   E. 一边工作一边琢磨，等想法成熟了就创业
2. 你认为创业成功的关键是（　　）。
   A. 资金实力 B. 好想法
   C. 优秀团队 D. 政府资源和社会关系
   E. 专利技术

3. 以下哪项是创业公司生存的必要因素？（　　）
   A. 高度的灵活性　　　　　　B. 严格的成本控制
   C. 可复制性　　　　　　　　D. 可扩展性
   E. 健康的现金流
4. 开始创业后你立刻做的第一件事情是（　　）。
   A. 找钱、找VC　　B. 撰写商业计划书　　C. 物色创业伙伴
   D. 着手研发产品　　E. 选择办公地点
5. 创业公司应该（　　）。
   A. 低调埋头苦干　　　　　　B. 努力到处自我宣传
   C. 看情况顺其自然　　　　　D. 借别人的势进行联合推广
6. 招聘员工时最重要的是（　　）。
   A. 学历高低　　　　　　　　B. 朋友推荐
   C. 成本高低　　　　　　　　D. 工作经验
7. 产品进入市场的最佳策略是（　　）。
   A. 价格低廉　　　　　　　　B. 广告投入
   C. 口碑营销　　　　　　　　D. 品质过硬
8. 和投资人交流最有效的方式是（　　）。
   A. 出色的现场PPT演示　　　B. 详细的商业计划书和财务预测
   C. 样品当场测试　　　　　　D. 有朋友的介绍和引荐
   E. 通过财务顾问的代理
9. 选择投资人的关键因素是（　　）。
   A. 对方是一个知名投资机构　B. 投资方和团队不设对赌条款
   C. 谁估值高就拿谁的钱　　　D. 谁出钱快就拿谁的钱
   E. 只要能融到钱，谁都一样
10. 你认为以下哪项是VC投资决策中最重要的因素？（　　）
    A. 商业模式　　B. 定位　　C. 团队　　D. 现金流　　E. 销售合约
11. 从哪句话里可以知道VC其实对你的公司并没有实际兴趣（　　）。
    A. "我们有兴趣，但是最近太忙，做不了此项目"
    B. "你们的项目还偏早一些，我们还要观察一段时间"
    C. "你们如果找到领投的VC，我们可以考虑跟投一些"
    D. "我们对这个行业不熟悉，不敢投"
    E. 上面任何一句话
12. 创业团队拥有51%的股份就绝对控制了公司吗？（　　）
    A. 正确　　　　　　　　　　B. 错误
13. 创业公司的CEO，首要的工作责任是（　　）。
    A. 制定公司的远景规划　　　B. 销售、销售、销售
    C. 人性化的管理　　　　　　D. 领导研发团队
    E. 找到投资人

14. 凝聚创业团队的最好办法是（　　）。
A. 期权　　　　B. 公司文化　　　C. CEO 的魅力　　　D. 工资和福利
E. 团队的激情
15. 创业公司的财务预测中最重要的是（　　）。
A. 销售增长　　B. 毛利率　　　C. 成本分析　　　D. 资产负债表
16. 创业公司的日常运营中，以下哪项工作是最重要的（　　）。
A. 会议记录的及时存档　　　　　B. 业绩指标的合理安排和及时跟踪
C. 团队的经常性培训　　　　　　D. 奖惩制度
E. 管理流程的 ISO9000 认证
17. 创业公司的日常运营中，最棘手的问题是（　　）。
A. 人的管理　　B. 销售增长　　　C. 研发的速度　　　D. 资金到位情况
E. 扩张力度
18. 创业公司产品市场推广效果的衡量标准是（　　）。
A. 广告投入量和覆盖面　　　　　B. 营销推广的精准程度
C. 产品出色的品质保证　　　　　D. 广告投入和产出比例
E. 产品价格的打折力度　　　　　F. 品牌的市场渗透率
19. 防止竞争的最有效手段是（　　）。
A. 专利　　　　B. 产品包装　　　C. 质量检查　　　D. 不断研发新产品
E. 比竞争对手更快地占领市场
20. 创业公司的第一个大客户竟然是个土财主，你会（　　）。
A. 一视同仁地对他提供你公司的标准服务
B. 指导他如何积极配合你的工作
C. 修理他，给他些颜色看看是为了他的提高
D. 提供全面服务+免费成长辅导
21. 你认为创业公司的最大风险是（　　）。
A. 市场的变化　　　　　B. 融资的成败　　　C. 产品研发的速度
D. CEO 的个人能力和素质　　　E. 决策机制的合理性
22. 当创业公司账上的现金低于三个月的时候，应该采取哪项措施（　　）。
A. 立刻启动股权融资　　　　　　B. 通知现有公司股东追加投资
C. 立刻大幅削减运营成本，包括裁员　　D. 打电话给银行请求贷款
E. 把自己的存折和密码交给公司会计
23. 创始人之间发生矛盾时，你会（　　）。
A. 坚持原则，据理力争　　　　　B. 决定离开，另起炉灶
C. 委曲求全，弃异求同　　　　　D. 引入新人，控制局势
24. 投资创业公司的理想退出方式是（　　）。
A. 上市　　B. 被收购　　C. 团队回购　　D. 高额分红　　E. 以上都是

测试答案

答案为单选，答对一题得1分。1. D；2. C；3. E；4. D；5. B；6. D；7. D；8. C；9. E；10. C；11. E；12. B；13. B；14. B；15. A；16. B；17. A；18. D；19. E；20. D；

21. D； 22. C； 23. C； 24. E。

结果分析

如果你的得分是 1~8 分：还不具备创业的基本知识，不要冒然创业哦！

如果你的得分是 9~16 分：游走在创业的梦想和现实之间，继续打磨打磨吧！

如果你的得分是 17~24 分：已经做好了创业的基本准备，大胆往前走喽！

实训二

进行自主创业演练

学习要点

知识要点

掌握创业的一般过程。

技能要点

创业项目的选择、创业融资、申办企业的步骤及经营管理的实践。

内容提要

重点讲解创业实务问题，详细介绍了创业项目选择、创业融资、申办企业的条件和步骤等创业实践的基本程序和要求，有针对地阐述如何制定企业发展规划和打造优秀团队等内容，旨在帮助创业者提高创业能力，有机会成为成功的企业家和就业岗位的创造者，成功实现创业梦想。

一、选择好创业项目

创业项目选择失误，不良创业项目的侵害，是造成创业者创业失败的重要原因。不论是采取自主挑选项目进行创业，还是选择连锁加盟、转让合作的项目创业，深入了解项目相关市场、理性分析自身条件、制订切实可行的创业计划，这些都是必不可少的创业基本步骤，同时还要注意发现及规避市场中的很多虚假或带有欺骗性质的创业项目。

选择创业项目是创业者自主创业时首先需要解决的问题，是根据自己的特长与爱好选择创业项目，还是根据市场的冷热程度选择项目，困惑着很多希望自主创业的创业者。如果能够理性认识、分析自己具备的实际条件，并结合市场需求与地区经济特色，是可以找到适合创业的项目的。投身于IT风险领域创业，中国也不乏很多成为IT行业风云人物的佼佼者；利用中国是一个农业大国的传统优势搞种植养殖，也同样可以走出自己的创业成功之路。当初的孵小鸡、养鹌鹑和培育蔬菜种不是也造就了今日的希望集团。所以创业不在于项目的大小，关键是选择是否具有良好的前景。

专家说，创业如同婚姻：只有合适的项目，没有最好的项目。那么，当我们拥有创业冲动的时候，究竟该怎样去选择合适自己的项目呢？选择创业项目一定要遵循以下原则。

（1）适合自己。俗话说："隔行如隔山。"因此应尽量选择与自己的专业、经验、兴趣、特长能挂得上钩的项目。

（2）看准所选项目或产品市场前景。对于创业者来说要多考察当地市场。对所发展项目要有直观的利润。有些产品需求很大，但成本高、利润低，忙活一阵只赚个吆喝的大有人在。

（3）从实际出发，不贪大求全。瞄准某个项目时最好适量介入，以较少的投资来了解认识市场，等到自认为有把握时，再大量投入，放手一搏。

（4）尽量选择潜力较大的项目来发展。选择项目不要人云亦云，尽挑一些目前最流行最赚钱的行业，没有经过任何评估，就一头扎入。要知道，那些行业往往市场已饱和，就算还有一点空间，利润也不如早期大。

（5）周密考察和科学取舍。当今，各种信息充斥每个角落，许多人都是根据信息来选择项目的。所以，我们对信息一定要重考察、善分析，没有经实地考察和对现有的用户经营情况进行了解，千万不要轻易投资。重考察，一要看信息发布者的公司实力和信誉，当然少不了向当地工商管理部门了解情况；二要看项目成熟度，有无设备、服务情况如何，能不能马上生产上市等；三要看目前此项目的实际实施者在全国有多少，经营情况如何等。

· 案例 ·

女大学生创业记：失败于4000万的项目

2007年夏天，陈晞租下某大学城附近一商场二、三层，共计5600平方米的毛坯物业，准备打造中国第一个校园文化会所。按照她的设想，物业的三楼将成为大学生兼职和创业园区，二楼将成为一个各小众圈子聚集地，有茶馆、酒吧、清吧和咖啡厅。经营一段时间后，陈晞将其中2600平方米物业转给了别人做旅馆，又多租了一楼500平方米物业做超市。

项目运行开始以来，陈晞每天忙着招租和装修，仅半年时间她和进驻商家已总共投入了160多万元。她当时设想在她生日那天就能整体开张，但是现实根本没她想的那么简单。如果资金不是说上百万元、上千万元一下子砸下去，日夜搞装修，而是靠现在这样一点一点招商的话，肯定不可能。

陈晞陷入困境有一个重要的原因，就是她一直想着要打造一个理想中的青年公馆，所有承租她物业的商家必须符合她设计好的经营项目和装修布局，如果达不到这个要求她宁愿不租。她认为坚持自己的想法并不是浪漫主义，而是为了从市场角度考虑。现在同类商业项目的竞争太激烈了，一定要形成差异化竞争。也许她是对的，但现实是如果她等不到有人租的那一天，会死得很惨。

按照陈晞的想法，她要打造的青年公馆将形成一个整体概念。"如果只卖鸡的话，肯定没人愿意来，但是你卖的是一个整体概念的话，那他肯定来的。我们首先会把这里的许多细节、亮点都想到位。然后通过接送、会员服务等把客户巩固起来。"

三楼的招商已经按照她的设想招商完毕，并实现了收支平衡。但是二楼除了招到一个咖啡厅外，许多人都不愿在这里投资建茶馆和酒吧。"一些人都属于暴发户的观念，类似于进一个鸡蛋5角，然后卖出去一块，赚5角这种观念，只是一种做贸易的观念。你给他讲品牌增值，做好会员数据库，他都不感兴趣。"陈晞说。

学生的身份对陈晞的生意始终会有一些影响。"他们会说我年轻，你可以理解为他们是夸我年轻，还有我显得年轻。应该说年龄也有一点影响，关键是看年龄上有一些代沟，有时50多岁、40多岁的人过来，他根本不明白后现代的酒吧是什么样子，他也不明白为什么一个冷冰冰的酒吧会有生意。"

> 为了让二楼的空地能尽快转变为有收入回报的经营场所，陈晞最近想到了一个较为现实的办法，"我愿意以每平方米28元租出去，这是我的成本价。我也不只是出租，而是要参与经营项目的利润分成，帮助做项目的策划和市场推广。我可以给投资者设定一个经营目标，如果达到了这个目标就占利润的两成，如果达不到这个经营目标我就不分成。如果你的生意真能比以前好，为什么不同意分成给我呢？我相信一定会有认同我这个思路的投资人"。
>
> 但如果这样也不行的话，陈晞还想了最后一条路，把已进驻公司的租约转给房东，自己退出整个项目。大半年以后，陈晞的创业团队发生一些变化，一些兼职的创业人员离开了，现有的10名成员都是全职工作的。
>
> 但实际情况是，她累计亏损已经达到20万元，承租的地产依然没有整体开业，陷入了越来越尴尬的境地。

点评 创业项目千万不要太理想主义，联系实际才是最关键的。创业千万不可好高骛远，跑得太快容易绊倒，爬得太高还会有高原反应。创业就是一场战役，切记粮草充足，后备补给勿断。

二、撰写好创业计划书

创业必须有一个完整的、可执行的创业计划书，即可行性报告，在上面把你想干的事情、怎么去干、由谁去干、在哪里干、什么时间干等问题进行清晰地阐述；还要回答你所选的项目能否赚钱、赚多少钱、何时赚钱、如何赚钱以及所需条件等。回答这些问题必须建立在现实、有效的市场调查基础上，不能凭空想象、主观判断。根据计划书的分析，我们再制定出企业目标并将目标分解成各阶段的分目标，同时定出详细的工作步骤。对于创业者来说，写好一份创业计划书是一个必要步骤，让你的创业项目有一个清晰明了的轮廓，最简单的作用就是它会让你时刻知道自己在干什么。

创业计划书一般包括：摘要、创业组织概述、产品与服务、市场分析、经营策略、管理队伍、路线研究、财务分析、机会和风险、资本需求等方面。

创业计划书的常见格式如下所述。

1. 摘要

是创业计划的一到两页的概括。简洁提出创业计划的设计和总体计划，要求有一定的吸引力，语言简洁，使人能够最快地了解计划书的主要内容。

2. 创业组织概述

宗旨；

名称、结构；

目标；

经营策略；

产品的价值；

需要设施。

3. 产品与服务

（1）描述产品/服务的优势：产品/服务的功能、价值、应用领域、服务方式；

（2）技术描述：独有技术简介，技术发展环境；
（3）产品的研究与开发过程及完善计划；
（4）产品/服务的前景。

4. 市场分析

市场需求预测；

市场容纳能力；

竞争优势；

市场发展的走势及应对策略。

5. 经营策略

营销计划：前期广告计划，市场供求应对；

规划和开发计划：开发状态和目标；

制造和操作计划：后台完善操作，所用设备和改进。

6. 管理队伍

介绍管理队伍的构成；

管理队伍的能力和经验；

管理计划。

7. 路线研究

创业前期资金技术来源；

创业资金使用及技术完善过程及时间表；

资金流动及发展计划；

创业组织的发展步骤。

8. 财务分析

前期项目资金预算；

收入预测；

收入的分配及利用；

财务制度的完善计划。

9. 机会和风险

对于机会的预测和把握；

对于可预测风险的应对。

10. 资本需求

对于项目的预算；

对于项目的额外预测花销。

三、搞好创业融资

资金是困扰创业的主要原因之一。很多创业者在项目选择和经营管理方面都没有问题，并且经过努力市场也在逐步打开，但是由于资金的匮乏与严重不足，轻则造成创业项目运作周期拉长前景难料，重则迫使项目停滞不前、中途下马。做生意其实玩的就是"钱生钱"的游戏，只是区分项目投资回报率高与低的问题。空手套白狼的故事在这个民众智商普遍偏高的社会里很难上演，遵循市场法则、寻找价值规律才是生意之道。如何寻找创业资金就成为摆在创业者面前的一个现实问题。

（一）申请银行贷款

申请创业贷款其实也不是一件容易的事，商业银行提供贷款之前，除了要了解贷款人的资信情况外，还要对其为人、职业、贷款用途、抵押物情况等进行详查。

1. 银行对贷款申请者的要求

（1）年满18周岁，具有合法有效身份证明和贷款行所在地合法居住证明，有固定的住所或营业场所；

（2）持有工商行政管理机关核发的营业执照及相关行业的经营许可证，从事正当的生产经营活动，有稳定的收入和还本付息的能力；

（3）借款人投资项目已有一定的自有资金；

（4）贷款用途符合国家有关法律和本行信贷政策规定，不允许用于股本权益性投资；

（5）在本行开立结算账户，营业收入经过本行结算。

2. 贷款申请者需提供申请资料

（1）借款人及配偶身份证件（包括居民身份证、户口簿或其他有效居住证原件）和婚姻状况证明；

（2）个人或家庭收入及财产状况等还款能力证明文件；

（3）营业执照及相关行业的经营许可证，贷款用途中的相关协议、合同或其他资料；

（4）担保材料：抵押品或质押品的权属凭证和清单，有权处分人同意抵（质）押的证明，银行认可的评估部门出具的抵（质）押物估价报告。

（二）申请创业扶持基金

创业扶持基金区别于创业基金（及风险投资），创业扶持基金是一种带有公益性质的投资行为。一般它们具备两个特点；一是投入金额数量较小，一是不要求高回报率。创业扶持基金一般帮助有成长潜质的企业筹集启动资金，使之顺利通过创业初始期。

目前国内比较出名的创业扶持基金就是YBC

YBC组织即中国青年创业国际计划组织。中国青年创业国际计划（Youth Business China，YBC）是由团中央、全国青联发起的一个旨在帮助中国青年创业的国际合作项目。该项目参考总部在英国的青年创业国际计划（Youth Business International）扶助青年创业的模式，动员社会各界特别是工商界的力量为青年创业提供咨询以及资金、技术、网络支持，以帮助青年成功创业。

YBC项目的宗旨是：培养创业精神，提高创业能力，提倡企业社会责任，促进经济与社会协调发展。

YBC项目的业务主管单位是共青团中央，组织实施单位是中国青少年社会教育基金会。

YBC通过接受社会捐赠和资助，建立青年创业专项基金，为符合条件的青年创业者提供无息启动资金和"一对一"导师辅导等公益服务。

中国青年创业国际计划组织在全国很多地方都设有办事处，创业者可以到当地查询了解，符合条件的创业者可以向YBC当地办公室提出申请，并递交商业计划书，寻求创业支持。项目办公室将组织专家对创业者进行面试评估，并决定是否为其提供创业支持。对通过评估的青年创业者，YBC将为其提供3万—5万元无息、无担保、无抵押的创业启动资金,并为其指派一名创业导师。创业导师将在三年的时间内,为青年创业者提供陪伴式创业辅导,包括"一对一"创业指导和专业技术支持,帮助其走上成功创业之路。

YBC 创业扶持基金是一个相对较容易申请的基金,因为它本身带有公益性质,所以带有帮助扶持的意思。虽然数额不是太多,但是对创业者在起步阶段还是有重要作用的。

(三)寻找风险投资

风险投资在我国是一个约定俗成的具有特定内涵的概念,其实把它翻译成创业投资更为妥当。

风险投资者首选的投资项目评价因素不是项目本身的潜力,而是管理团队的构成、管理者的素质、创业者自身持续奋斗的禀赋等。风险投资家一般不相信没有任何经营经验的创业者。

那么如何获得风险投资者的认可呢?要做好以下几点。

(1) 采取资源外取策略。比如通过设法吸引到有经验的职业经理人助一臂之力,以弥补经营管理经验上的不足。这就为企业的持续发展打下了良好的平台,也会在一定程度上消除投资者的一部分顾虑。

(2) 设计好有吸引力的商业模式。对于创业团队而言要突破偏重技术创新,一定要注重市场经营方面的创新,设计好有效的商业模式,风险投资家关注的是如何赚钱,而不仅是项目本身是否有赚钱的可能。

(3) 创业者要能与风险投资者进行有效的沟通。任何风险投资公司都不会将资金投资于一个无法沟通的团队。如果一开始就不易沟通,以后投资者便会遇到难以克服的困难。现实中并不乏此类例子,风险投资公司投入了巨额资金,但双方不易沟通,风险投资公司只好撤资,创业者的起步项目也只能中途夭折。

(4) 准备好创业计划书。对于必不可少的创业计划书而言,至少要回答清楚一些常见的问题。比如,对市场是否有足够的认识,目前的市场是起步期、成长期,还是种子期、成熟期。因为从经验看,风险投资更多投向起步期与成长期,而对种子期和成熟期则相对较少。但对市场认识而言,由于信息的不对称,熟悉行业的创业者与不太熟悉本行业市场的风险投资者往往存在分歧,这就需要创业者对本行业有一种非常清醒的认识,说服风险投资者认识到市场已经到了成长期的前期。为了获得理想的回报,风险投资者必须弄清楚项目本身有没有重大的缺陷。所以,创业者往往以过于自信的心态来应对创业与成长,或许会掩饰一些重大的缺陷。但对风险投资者而言,他们更多的是以一种挑剔的苛刻心理来选择项目。因此,通过细致的调查、翔实的数据、周密的分析、科学的逻辑去应对风险投资者的理性选择,是聪明的应对之策。

四、申办企业的步骤及内容

(一)企业法人工商登记注册

企业申请法人工商登记注册应具备的条件包括:名称、组织机构、章程;固定的经营场所和必要的设施;符合国家规定并与其生产经营和服务规模相适应的资金额和从业人员;能够独立承担民事责任;有健全的财务制度,能够独立核算,自负盈亏,独立编制资金平衡表或资产负债表;符合国家法律、法规和政策规定的经营范围。企业办理法人登记,由该企业组建负责人申请。

企业法人工商登记注册的内容包括：企业法人名称、住所、法定代表人、企业类型、经营期限、注册资本等。注册资本为企业法人独立占有，脱离原所有者。当投资者按合同、协议投入认缴的资本金后，在企业法人存续期间，投资者除依法转让股权外，不得以任何形式抽回。

（二）工商登记

工商登记是国家对生产经营者所行使的管理职能之一，也是生产经营者确认自身合法地位的法律程序。创业者若想开办公司或企业从事生产经营活动，取得合法的经营资格，首先必须履行一定的注册登记手续，并按有关要求和内容进行工商登记。

营业登记的程序一般是申请、审查核准，最后发照。

（三）税务登记

1. 税务登记的范围

为保证生产经营活动顺利展开，从事生产经营的纳税人自领营业执照之日起 30 日内，应持有关证件向税务机关申报办理税务登记，由税务机关审核后发给税务登记证件。税务登记内容发生变化的，自工商行政管理机关办理变更登记之日起 30 日内，或在向工商行政管理机关申请办理注销登记之前，应持有关证件向税务机关申报办理变更或者注销税务登记。

2. 税务登记的内容

税务登记的内容主要包括：工商户的名称、地址、经济性质、主管部门、生产经营范围、经营方式、资金状况、工商行政管理部门的工商登记证照号码、开户银行及账号等。

3. 纳税申报

纳税申报是纳税人为了正确履行纳税义务，扣缴义务人为了正确履行代扣代缴纳税义务，将发生的纳税事项或者代扣代缴、代收代缴事项向税务机关提出书面申报的一项法定手续。领到营业执照开始生产经营活动之后，在一定期限内就应该向税务机关申报。常见税种主要有以下几种。

（1）增值税。增值税是以应税商品或劳务的增值额为计税依据而征收的一种商品税。它是商品税中的核心税种。我国增值税的基本税率为 17%，低税率为 13%，还有零税率。

（2）消费税。消费税是以特定的消费品的流转项目为计税依据而征收的一种商品税。消费税的征税主体是税务机关；纳税主体是在我国境内从事生产、委托加工和进口应税消费品的单位和个人。

（3）营业税。营业税是以应税商品或劳务的销售收入额为计税依据而征收的一种商品税。营业税的征税主体是税务机关；纳税主体是我国境内提供应税劳务、转让无形资产、销售不动产的单位和个人。

（4）企业所得税。企业所得税是以企业为纳税人，以企业一定期间的应税额为计税依据而征收的一类税。

（5）个人所得税。个人所得税是以个人所得为征税对象，并由获取所得的个人缴纳的一种税。征税主体是税务机关；纳税主体可分为两类，即居民纳税人和非居民纳税人。其中，凡在我国境内有住所，或者无住所而在境内居住满 1 年的个人，即为居民纳税人。在征税范围方面，我国实行分类所得税制，包括 11 个项目，即工资、薪金所得，个体工商户的生产、经营所得，对企事业单位的承包经营、承租经营所得，劳务报酬所得，稿酬所得，特许权使用费所得、利息、股息、红利所得、财产租赁所得、财产转让所得、偶然所得，以及经国务院财政部门确定征税的其他所得。

（四）社会保险

社会保险是指国家通过立法强制实行的，由劳动者、企业（业主）或社区以及国家三方共同筹资，建立保险基金，对劳动者因年老、工伤、疾病、生育、残废、失业、死亡等原因丧失劳动能力或暂时失去工作时，给予劳动者本人或供养直系亲属物质帮助的一种社会保障制度。社会保险可分为养老保险、失业保险、医疗保险、生育保险、工伤保险等。

五、申请创立新企业指南

各地申办新企业的程序大致相同，现以沈阳市大学生创业为例进行介绍。根据沈阳市规定，大学生创业需要按照以下程序并提供相应资料，来申办新企业。

（一）办理《自主创业证》

毕业生申请《自主创业证》需提供的材料有：《普通高校毕业生自主创业申请审批表》；毕业证原件及复印件；本人身份证原件及复印件；就业报到证；一寸照片两张；本人档案需移交到市人事局毕业办。毕业生应持上述材料到市人事局毕业办办理。

（二）办理营业执照

毕业生持《自主创业证》到创业所在区的政府行政审批大厅工商窗口办理营业执照。

（1）办理个人独资企业需要提交的证件：到工商窗口领取并填写《企业名称预先核准申请书》，《个人独资企业设立登记申请书》，《企业住所（经营场所）证明》（自有房产的提交房产证原件及复印件，租赁房屋的提供租赁协议），《房屋租赁合同》，本人身份证以及照片。

（2）办理合伙企业需提交的证件：到工商窗口领取并填写《企业名称预先核准申请书》，《合伙企业设立登记申请书》，《企业住所（经营场所）证明》（自有房产的提交房产证原件及复印件，租赁房屋的提供租赁协议），《房屋租赁合同》，《出资权属证明》，《合伙人履历表》，《执行合伙企业事务的合伙人的委托书》，《企业（公司）申请登记委托书》，全体合伙人的身份证及照片。

（三）办理税务手续

在工商窗口办完手续后，持《个人独资/合伙企业开业登记核准通知书》。到"公安"窗口办理公章认定手续，并领取财务章和法人代表章；到"质监"窗口办理企业组织机构代码证；凭以上材料到银行办理开户手续，同时，需银行出具账户证明的书面材料；之后到"地税"窗口办理税务登记手续。

办理税务登记所需的材料包括：《工商企业开业核准登记通知书》原件，工商营业执照副本，组织机构代码证副本复印件，会计人员会计证复印件，银行开户许可证或银行开户证明复印件，房屋租赁合同（租房）或房屋产权证（自有）复印件，法定代表人身份证。

办理完税务登记后，持《税务登记证》副本、《营业执照》副本、《毕业证》、《自主创业证》、身份证，并提交免税的申请书到指定的税务所或办税大厅领取《减免税申请审批表》办理手续，审批后即可享受减免税优惠政策。

六、企业经营管理

企业管理与企业技术进步被称为企业的两个轮子,对于企业的成长和可持续发展至关重要。因此,在新企业创办成功之后,应该将精力全部投入到企业管理之中。

(一)企业规划管理

一般来说,企业规划管理是通过制定一个企业的长期、中期或短期的发展规划来实现的,企业发展规划是企业发展的纲领性文件,对于企业的可持续发展具有重大意义。

1. 企业发展规划的内容

编制企业发展规划的目的是明确企业的市场定位、发展战略、经营目标、任务和措施。具体内容主要包括:编制规划的目的、意义;编制规划的指导思想和基本原则;企业发展状况;企业发展的机遇与挑战;企业市场定位、发展战略、发展目标预测(3年、5年或10年);实施发展规划的保障措施。

制定企业发展规划要从企业实际情况出发,要根据自己的财力、物力、技术、特长和管理能力等因素,综合考虑企业发展规划,范围不要铺得太宽,战线不要拉得太长。要把握市场行情,了解最新信息,掌握他人心理,做好投资分析。尽量考虑各种影响因素,保持头脑冷静,客观地分析各种影响因素,绝不能用投机的心理进行投资分析。

2. 制定企业发展规划的基本步骤

(1)准备阶段。制定企业发展规划之前,必须进行充分、周密的准备和安排。一是调查研究,了解企业所在行业的发展趋势、同类企业组织机构状况、企业财务报表等方面的资料;二是确定企业发展规划的目的和宗旨;三是确定企业发展规划的总体框架和编写的日程安排。

(2)形成阶段。开始草拟规划,全面编写规划的各部分内容。

(3)完善阶段。这一阶段应广泛征询各方面的意见,进一步补充、修改和完善草拟的企业发展规划。这一阶段要检查企业发展规划是否科学、先进、完善、务实和可操作,必要时可请专家论证。

(4)定稿阶段。在经过反复修改和论证后,企业发展规划定稿,并印刷成正式文本。

3. 企业发展规划的形式

现将上述企业发展规划书的一般格式归纳如表4-1所示。

表4-1 企业发展规划书的一般格式

封　　面	(1)企业规划书名称 (2)企业规划者的姓名 (3)企业规划书完成时间
正　　文	(4)企业规划书目录 (5)本企业规划书的主要内容
细化内容	(6)预算表与进度表 (7)企业规划需要的具体条件列表 (8)预测效果
附　　件	(9)参考文献资料 (10)其他注意事项

· 案例 ·

"桥家人"服装有限公司基于品牌和市场的发展规划

前言

本规划书是"桥家人"服装有限公司品牌和市场的发展规划。全面分析当前的服装市场现状,对厂家、商家、购买者以及市场销售渠道进行较为详细的阐述,为促进品牌建设和扩大服装商品的销售量,增强企业生命力具有较好的启示和推动作用。

本文主要分成四部分:前言、正文、结语及说明。

正文

第一部分 市场背景分析

本小节包括以下三个部分:服装的特征、市场信息和SWOT分析。

(一)服装的特征

服装具有以下特征:

(1)生活必需品。自人类产生以来就已经存在,其发展经历了漫长的历史,并且还将以其特有的绚丽多彩的方式继续前进,丰富人类的物质生活和精神生活。

(2)具有强烈的民族特色。标志一个民族与其他民族的最基本的两个特征是语言和服装。从文化方面来说,它是区分于别的民族的外部特征。

(3)服装的时代性。服装具有的时代性是指服装随着人类社会的发展变化而变化。

(4)服装的流行性。具体的服装的流行性是指服装的款式、花色和颜色以及风格可以在一个时期内迅速传播以及盛行起来,成为社会上人们服装的主导潮流,进而成为一种服装的景观。

(5)服装的融合性。服装也像其他的东西一样具有很强的灵活性与交流性,随着我国的入世与东西文化的进一步交融,以及各民族的交融进一步加深,服装的冲突与整合在悄然地进行中,从而形成各民族、各地区甚至各个国家服装的兼收并蓄,形成现在以及将来的服装文化。

(二)中国服装市场信息与现状分析

服装由于是生活必需品,自然厂家与商家很多,市面上国产品牌、洋品牌、大品牌、小品牌、童装、女装、男装、老人装等充斥着每一条大街小巷。厂家多,竞争自然激烈。根据观察与调查,归纳当前市场的特征是:

(1)服装市场的潜在利润可观;

(2)竞争激烈;

(3)服装品牌的更换速度非常快。

(三)"桥家人"牌服装市场背景的分析及SWOT分析

优势与机遇分析:"桥家人"企业位于福建省的莆田市,莆田市——妈祖的故乡,北接福州,南连泉州、晋江、石狮、厦门,地处福建东南经济发达的中心地带,交通便利,又接靠海洋,是天然的交通枢纽,对于出口与服装的运输有着得天独厚的交通条件,又与我国的宝岛台湾省隔海相望,出口衣服,对"桥家人"企业便是最好的发展契机。又得知莆田也是我国的鞋服之乡,在这里落户的鞋服企业至少有几十家,都是经营鞋服业务,可以进行企业交流与技术组合,互通有无,台商的投资以及政府的鼓励政策都是不可多得的机会。

劣势与竞争分析：略

以上的分析显示：机遇与竞争共存，成功的关键在人，事在人为，要有灵活的头脑，清晰的市场动向，要主动创造机遇，积极参与竞争。

第二部分　营销目标

把"桥家人"牌服装推向市场，增强市场影响力，打造一流的品牌标识，为企业的生存和发展制造源源不断的发展动力，确立企业的发展理念，弘扬自身的品牌意识，突出企业形象，为企业追求更多的利润，为扩大再生产提供基础和动力。

第三部分　传播策略分析

在这个部分主要讲述品牌建设及其他为增强企业影响力的传播策略分析，主要由四个小部分构成：品牌建设、销售渠道、业务增值、传播和广告影响。（略）

第四部分　可执行性及风险预测

经评估，上述规划可执行难度趋向于中等，较为贴近于实际，便于操作，适合当前市场的运营和市场操作，风险就在于市场的瞬息万变，导致某些策略失灵，影响某些决策和策略的执行程度，但只要把握住策略主题的正确性和企业自身的发展理念，就算是再大的风浪也能挺过去。

结语

通过认真地市场观察和市场调研制定了本规划。企业应当做好一系列的流程，特别是对品牌的策划要有足够的重视，而不能急功近利地追求利润，要坚持可持续发展，走品牌发展之路，提高竞争力，为企业的长远发展创造空间。

说明

本规划书在操作过程中应从实际出发，结合市场变化而进行相应的策略运用，灵活调整。

点评　通过"桥家人"牌服装策划书的拟定和分析，我们可以看出一个企业在走向市场之前，要做大量的市场分析和调研，结合自身发展的优势和劣势，有的放矢地进行规划，并在预算及风险上都要做出具体的分析和预测，各方面的事项都要做出考虑，才能使企业产品投放市场后有立足之地。

（二）创建优秀团队

优秀的团队是企业发展的保证，是保证企业可持续发展的基石。

从人力资源管理的角度来看，建立优势互补的创业团队是保持创业团队稳定的关键。在创建一个团队的时候，不仅仅要考虑相互之间的关系，最重要的是考虑成员之间的能力或技术上的互补性。太阳微系统公司就是一个非常值得借鉴的例子，创业期初，维诺德·科尔斯勒找来的三个人分别是软件专家、硬件专家和管理专家，创业团队非常稳定，稳定的团队为太阳微系统公司带来了稳定的发展。

创业团队是任何一个公司人力资源的核心，在建立创业团队的时候，"主内"与"主外"的不同人才，耐心的"总管"和具有战略眼光的"领袖"，技术与市场等方面的人才都应该尽可能的考虑进来，保证团队成员的异质性。创业团队的组织还要注意个人的性格与看问题的角度。如果一个团队里有总能提出建设性可行性建议的和一个能不断发现问题的批判性的成员，对于创业过程将大有裨益。作为创业企业核心成员的领导者还有一点需要特别注意，那就是一定要选择对团队项目有热情的人加入团队，并且要使所有人在企业初创做好每天长时间工作的准备。任何人才，不管他(她)的专业水平多么高，如果对创业事业的信心不足，将无法适应创业的需求。

要创建优秀的团队应该注意以下几点：

（1）创业团队一定要有碰撞后形成的一致的创业思路，成员要有共同的目标愿景，认同团队将要努力的目标和方向，同时还要有自己的行动纲领和行为准则。这些其实就涉及团队文化的建设问题了。

（2）以法律文本的形式确定一个清晰的利润分配方案。把最基本的责权利界定清楚，尤其是股权、期权和分红权，此外还包括增资、扩股、融资、撤资、人事安排、解散等与团队成员利益紧密相关的事宜。

（3）要保证团队成员间通畅的沟通渠道，进行持续不断地沟通。团队开始工作时要沟通，遇到问题时要沟通，解决问题时要沟通，有矛盾时更要沟通，沟通的时候要多考虑团队的愿景目标和未来的远大理想，多想有利团队发展的事情。

孙子曰："上下同欲者，胜。"只有真正目标一致、齐心协力的创业团队才会得到最终的胜利。

· 案例 ·

唐太宗的优秀团队

在一次宴会上，唐太宗对大臣王圭说：你善于鉴别人才，尤其善于评论，你不妨从房玄龄开始，都一一做些评论，点评一下他们的优缺点，同时和他们比较一下，你在哪些方面比他们更优秀？

王圭回答说："孜孜不倦地工作，一心为国操劳，凡所知道的事没有不尽心尽力地去做，这方面我比不上房玄龄。常常留心于向皇上直言建议，认为皇上德行比不上尧舜，很丢面子，这方面我比不上魏征。文武双全，即可以在外带兵打仗做将军，又可以进入朝廷搞管理担任宰相，这方面我比不上李靖。至于批评贪官污吏，表扬清正廉洁，嫉恶如仇，好善喜乐，这方面比起其他人来说，我还算是有一技之长。"王圭的一番话，得到唐太宗的赞赏，也得到了在场大臣的认可。

点评　通过王圭的评论，看得出唐太宗的团体中，每个人各有所长，但更重要的是，唐太宗将这些人的专长运用到最适当的职位，使其能够发挥自己所长，进而让整个国家繁荣昌盛。

（三）企业战略管理

从目前创业实践看，初创小企业属于企业中的弱势群体。选择正确的战略定位对初创企业的生存和发展是十分重要的。从一些小企业的发展情况看，以下战略值得借鉴。

1. 缝隙生存战略

为了获得超额利润，追求"规模经济"，大企业一般采用大批量、少品种生产方式。这就为小企业留下了很多大企业难于涉足的缝隙地带，该地带的产品或服务对大企业来说生产价值不大。例如，海尔曾一度进军餐饮业，但因餐饮业质量的非标准性有可能损害海尔在制造业的高品质形象，因而很快退出了该经营领域。这些被大企业遗漏而社会又需要的产品,正是小企业求得生存和发展的领域,在这些领域进行拾遗补缺的创业,恰是小企业力所能及的,因而构成了小企业的"缝隙生存空间"。

2. "空白"生存战略

当老一代产品开始衰退,新一代产品尚未投入之前,市场往往出现"空白"。小企业的灵活、敏感往往在填补空白方面具有优势,因而为小企业的生存和发展提供了空间。

创业者创新的目的是要把创新变为赚钱的生意,即顾客乐于为该创新买单。因此,填补空白的创新不是简单的市场"有"和"无"的问题,不是产品高科技含量"高"和"低"的问题,而是从顾客的"买"点出发,为顾客"买账"的利益点儿创新。因此,商业创新是一种需要接受市场检验的行为。填补"空白"会为小企业的生存和发展提供空间。

上海一家做衬衫的小企业,看到传统衬衫趋于饱和,销售量衰退,而人们冬天穿厚衣服感觉臃肿、不潇洒,并且没有替代的新产品的情况时,迅速生产出超薄型保暖系列内衣。由于补缺空白的新产品利益点明显,消费者接受快,迅速打开了市场,短短几年,就创造了几个亿的销售量。

创新是小企业的特点。有资料表明,小企业提供了55%的创新。无论是开创新产业性质的填补空白创新,还是在新产品、新服务方面的填补空白创新或是区域性填补空白创新,只要利益点明显,顾客认同,都会为企业带来可观的收益,使企业生存并迅速地发展和壮大。

3. 协作生存战略

企业的经济规模是生产各类零件经济规模的最小公倍数。例如,一个企业的产品是由三个零部件生产部门组成的,三个零部件生产部门的经济规模分别是 4、8、14,那么该企业的经济规模就是 56。显然,对于生产复杂产品的大企业来说,不可能使每道工序都达到经济规模要求。大企业欲谋求利润最大化或成本节约,摆脱"大而全"生产体制的桎梏,可采取建立外包式"供应链"系统来加以解决。一旦创业的小企业成为这一巨大供应链上的一个环节,就变为"企业系列",以专用资产与大企业长期合作,"背靠大树好乘凉",从而形成"协作小生位"。

4. 专利生存战略

"专利小生位"关键就是有自己的绝活,如饭店的老汤、中医的祖传秘方、刺绣的传统工艺、某个产品的关键部件等,许多手工作坊式的家庭小企业都能够成为百年老店。一旦企业创业者掌握了过硬的技术开发和工艺创新,取得具有新颖性、先进性和实用性的技术发明和专利,完成从技术开发着手的创业,形成了自己特有的"专利小生位",那他就具备了长期生存的能力。其本质是有别于他人、别人难以模仿的并且可以用来赚钱的技术诀窍。它既可以是秘方一类的绝对技术,也可以是品质性标准化的行为规范。

5. 实施蓝海战略

所谓"蓝海"代表当今还不存在的产业,也就是未知的市场空间。实施蓝海战略就是要避实就虚,避开已经达到竞争白热化状态的市场,而选择现有市场的空白处进行发明创造,开辟蓝海。据统计,新业务项目在蓝海中虽然只占市场份额的 14%,但其收入上的影响和利润上的影响分别占 38%和 61%。创业者如果寻求蓝海空间,将为自身赢得巨大的发展空间。

（四）市场营销管理

对于创业者来说，如何使企业在激烈的市场竞争中得到生存、发展和壮大是一项十分迫切的任务。市场营销在企业整体生产经营活动中起着举足轻重的作用。因为在企业整个价值链中，市场营销起着承上启下的作用。产品（或服务）生产出来后，只有通过营销被市场接受，企业才能够获得经济利益，实现资金回笼，从而进入下一阶段的生产循环。无论企业的售后服务多么完善、多么优良，也只有在产品实现销售后才能发挥作用。所以企业，特别是新创建的企业必须以市场为中心，比竞争对手更有效能和更有效率地满足消费者的需求，才能获得经济效益和社会效益。

1. 采取有效的营销渠道

新创建的企业一般实力不是很强大，所以应尽量采取比较节俭的营销渠道，以便降低成本，扩大盈利水平。

（1）借"船"出海。一是借大公司的品牌名气，使自己的产品或服务为其产品配套服务，达到销售产品的目的。这种方式需要的一个重要条件是新创建的企业需要有自己的技术诀窍，否则难以实现。二是借大公司的现有渠道，使自己的产品一夜之间就可以在城乡铺货。但这需要与大公司产品相近，同时需要一定的成本。

（2）借"网"售货。网络营销具有巨大的优势和潜力。如成本低廉、覆盖面广、信息传输快捷等。但需要网上交易的技术手段支撑和信誉体系的支撑。如果条件具备，营销策略得当，物美价廉，很快就会打开市场。

（3）造"船"出海。如果企业有了较好的知名度和美誉度，就可以实行连锁经营策略，建立本企业的连锁店，实现广泛的销售活动，使企业得到更快的发展。

（4）B to B 营销。在企业尚不具备条件和较强实力时，采取 B to B 营销也是一种积极有效的营销方式。其优点是成本较低，容易组织，成效直接；但缺点是起步较低，影响力和覆盖面较小，不易于企业创建名牌。但在国内外同样有成功的企业案例。

2. 建立完善的市场营销管理体系

营销对于一个企业的成功与否至关重要，营销人才是企业的重要资源，因此，新建企业更需要建立科学完善的市场营销管理体系：一是要建立强有力的市场营销队伍，培养精兵强将上一线，使之成为引领企业前进的方向机；二是建立良好的营销管理体系，建立"营销漏斗"等科学管理制度，保证企业的营销资源不会因人员的变更而流失；三是建立激励机制，实行科学的绩效考核制度和分配制度，充分调动广大职工的积极性，保证企业健康发展。

（五）公司财务管理

公司财务管理是企业管理的重要环节。对于初创企业来说，业务量大，应重点抓好以下环节的管理。

1. 搞好财务核算，管理好企业的利润

许多人在创业之初，感觉业务运转正常，认为该赚到一笔钱了。但经过财务核算之后，却会大吃一惊，赚到的一点钱全拖欠在客户手中，甚至严重地影响事业运转。因此应该准确核算，清楚自己的经营状况和收入。有了明确数据，才可以正确地安排和推进各项事物，才能做到心中有数，知道如何应对。通过核算，掌握了企业的利润情况，始终围绕利润这个中心来经营企业，才会时时切实体验到劳动的成就和压力。

会计核算也应该做出提醒,哪些支出太大,要节省;哪些投入还不够(比如广告、业务招待),应加大投资力度。有了财务的反应,决策才有科学依据。

2. 堵住跑冒滴漏

所谓跑冒滴漏是指经营管理中的损失浪费现象。如果是生产企业,应主要把握住采购环节、生产环节、物资管理环节、生产的进出库环节和保管运输以及市场营销环节等。掌握以上各个环节,就可以杜绝跑冒滴漏现象。

3. 做好投资预算

对于创业者来说,最首要的任务之一是投资预算。即大体需要多少固定资本和流动资本。根据你的经营规模和能力,先估算所需的固定资本额,然后再决定所需的流动资本。例如原材料、消耗、存货、租金、工资、税收、水电费、保险费、借款利息、广告费等经营费用都应进行预算。日本近年来提出"预算即结算"的经营口号,可见投资预算对整个经营过程的影响之大。经营前对每个经营环节应进行精心地资金预算,然后通盘考虑、精打细算,该购置的要不惜成本购置,可花、可不花的钱尽量节省。那种开张了几个月就关门大吉的商店、企业,是由于经营者不善于财务管理所造成的。

(六) 建立企业文化

企业文化是 20 世纪 80 年代从管理科学丛林时代分化出来的一门新的科学,传入我国的时间还不长。现阶段我国的大部分企业还处于品牌建立期。21 世纪企业的竞争,将在一定程度上取决于企业文化的较量,那些具有强劲企业文化支撑的企业能够获得所需的营养,公司的竞争力将得到很大的提高。企业文化的核心则是一种共有的价值观,也是企业员工的共同信仰,是指导企业和企业人行为的哲学。

1. 企业文化的构成因素

(1) 建立共同愿景。美国管理学家弗里茨这样描述愿景:"伟大的愿景一旦出现,大家就会舍弃琐碎的事情,为伟大的愿景而兴奋不已。"企业愿景是企业共同愿望的景象,也是企业中人们所共同持有的意向或景象,它是人们心中一股令人深受感召的力量。例如,微软公司的愿景是"让每张桌子上和每个家庭里都有一台电脑";花旗集团的愿景是"独具特色,卓越全球";雅芳公司的愿景是"成为一家比女人更了解女人的公司";通用汽车公司的愿景是"使 GM 成为全球领先的交通产品和服务供应商"。

(2) 企业原则。企业原则是指公司在经营、道德、财务等方面的指引方针,它们不仅仅是企业的座右铭或标语口号,更是所有文件中能清楚呈现公司的目标、理想、行为、文化及策略的精华语言。例如,耐克公司的"用我们的产品和服务丰富大众生活,并以此使股东价值最大化";福特汽车的"不断改进产品和服务,从而满足顾客的要求,只有这样我们才能够发展壮大,为股东提供合理的回报";通用电器的"无边界、快速、远大";美国《读者文摘》的"好文章当然有浓缩版"。

(3) 企业核心价值观。企业核心价值观表明企业应该具有什么样的做人做事的最高标准,如诺基亚的"科技以人为本";海尔的"真诚到永远";三星电子的"实业报国";IBM 三条闻名天下的价值观"尊重、服务、追求卓越"。

(4) 经营理念和管理理念。经营理念表明企业未来的经营战略、经营思路、业务模式、业务组合,是企业实际操作中的行为准则。管理理念则是企业在管理过程当中所秉持的关于人才、领导、制度、沟通、学习、创新、服务等方面的原则和理念。企业的经营理念和管理理念确立了组织的"运作规则",是企业经营的核心思想和终极之道。正如松下幸之助所说:"一个企业的成功,当然涉及很多因素和条件,而是否有正确的经营理念,则是最重要的因素,换句话,经营理念居于企业成功的主导地位。"如微软公司的"要做就做到最好";英特尔的"不懈创新"等。

(5)领导人的信念和魄力。杰克·韦尔奇是最权威的"魅力先生",他曾说过:"一个领导者必须有魅力,没有它,其他素质就毫无意义。""好多人有很好的思想、很好的价值观,甚至也能激励别人,可是由于某种原因,他们不能做出艰难的决策,对我来说,这是一个人能否领导一项业务的分水岭。"坚定不移的信念往往来源于企业领导人的观念和价值观,并通过领导人的"魅力"来体现。

2. 建立优秀企业文化的途径

美国著名的企业管理顾问劳伦斯提出了建立优秀企业文化的八大原则:

(1)树立明确而远大的目标。管理者的任务就是把这一崇高目标传达给员工,使他们觉得自己的工作很有意义并引以为傲,激发他们的主动性和创新性。

(2)树立永不满足的文化性格。管理者的职责之一是鼓励下属不满足于目前的工作业绩,"求高求新求变"成为企业的一种持续性努力和文化规范。

(3)共同参与管理。鼓励员工参与发现问题与解决问题,参与管理,参与决策。

(4)雇员持股。这使管理阶层与员工阶层融为一体,使员工形成"我也拥有企业的一份财产"的意识。

(5)鼓励员工的努力成果。"只要对成效加以奖励,就会得到更多成效。制定衡量工作成效的标准,使员工自己明确与标准的差距。"

(6)用数据说话。管理人员应具有清晰的思维能力,学会用统计的方法、图表化的方式,分析研究自己所负责的工作。

(7)亲密交往。组织与个人、管理层与员工之间应建立起亲密的伙伴关系,对彼此的利益给予真诚的尊重,可以毫无顾忌地自由交换对企业的看法。

(8)正直是一种力量。管理人员要用自己的人格力量,来鼓舞、引导和强化下属企业文化为行为标准。

· 案例 ·

女大学生网上开店

小艺是某职业学院营销专业2006届毕业生,她是众多选择网上开店的高职高专毕业生之一。

起初,小艺做的是水晶生意,她在校园周围和朋友中宣传推销自己的水晶,可因为进的水晶价格偏高,很长一段时间无人问津。经过调查分析,她降低了商品档次,并在同学中采用分期付款的办法推销商品。新颖的款式、低廉的价格加上分期付款,立刻吸引了很多人的目光。

为了更好地拓展实业,小艺在暑假期间把生意搬到了网上,成立了自己的网店。她把水晶的照片都传到网上,并配有文字说明,同时利用网络做宣传,在很多网站都发了自己的帖子。为了提高信誉度,她还特意到珠宝鉴定协会给水晶逐一作了鉴定。得当的宣传,公道的价格,得法的经营,使小艺的网店日渐红火,订单接连不断。对经营网店的人来说，与客户的良好沟通和按时保质保量地送货是极其重要的。有的客户很挑剔，作为店主就要尽可能满足客户的需求；有的送货地点很偏远，但是要有买家就一定设法送去。

经过一段时间，小艺的网店渐渐走上了正轨。面对毕业后巨大的就业压力，小艺决定自己创业当老板，全身心投入到网店的经营中。

点评 创业者要想成功，必须具有良好的品质，才能战胜创业路上的种种困难。成功的创业者虽然各有特性，但本质上都存在着共同点，即他们总是抱着坚定的信念，具有长远的眼光和勇于行动的精神。

练习思考

1. 如果让你组建一个团队，请你根据自身的优势，选择适当的人才加入你的团队，你该如何选择和组建一个优秀的团队？
2. 根据自身实际思考，你会选择何种行业进行创业？为什么？

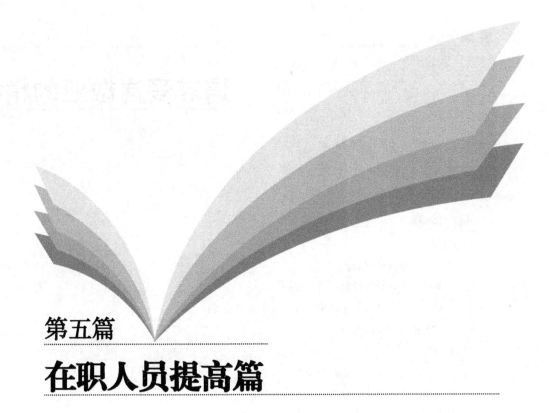

第五篇
在职人员提高篇

　　职业素养是指职业内在的规范和要求,是在职业过程中表现出来的综合品质,包含职业道德、职业技能、职业作风和职业意识等方面。具有良好的职业素养是衡量一个人职业发展成熟度的重要指标。从个人的角度来看,具有良好的职业素养,才能取得突出的工作业绩;从企业角度来看,唯有集中具备较高职业素养的人员,才能帮助企业节省成本,提高效率,提高企业市场竞争力;从国家的角度看,国民职业素养的高低直接影响着国家经济的发展和社会的进步。在职人员的职业素养是一个不断养成和提高的过程,在这一过程中,个人专业发展是第一位的,除了专业发展之外,很多业界人士认为,具有爱岗敬业的精神、善于与人合作共事和学会卓有成效的工作是在职提高的重要内容。本篇以此为依据,重点论述了在职人员如何培养爱岗敬业的精神,怎样促进团队合作和怎样卓有成效的工作,从而培养在职人员提高职业素养。

提高一

培养爱岗敬业的精神

学习要点

知识要点

1. 了解爱岗敬业的概念；
2. 了解心态、热忱和进取心的概念；
3. 了解岗位忠诚度以及主动忠诚与被动忠诚的含义；
4. 了解工作责任心的概念。

技能要点

1. 学会拿破仑·希尔培养积极心态的方法；
2. 学会拿破仑·希尔增强工作热忱的步骤；
3. 掌握认真对待工作中的每件小事的方法；
4. 列举在关键时刻勇于承担责任的事例。

内容提要

爱岗敬业，是对职业的尊重，是在工作中流露出的态度、品德与人格，是人类社会最为普遍的奉献精神和职业道德。这种精神看似平凡，实则伟大。无论在任何时候，如果我们每个人都能以积极向上的工作态度从事自己的工作，忠诚于自己的职业和岗位，形成勤勉尽责的工作作风，不以位卑而消沉，不以责小而松懈，不以薪少而放任，那么我们一定能够在工作中更好地体现自己的人生价值，收获成功的事业和完美的人生。

一、培养积极向上的工作态度

世界上没有完全适合个性特点的职业。在我们无法选择工作的时候，我们可以选择自己的态度。每个人都要学会热爱自己所做的工作，即使从事的是一份自己不太喜欢的工作，也要心甘情愿地去做，凭借对工作的热爱去发掘自己蕴藏的工作潜力，这是一种积极向上的工作态度，它是事业成功的基础条件。

（一）培养积极的心态

1. 心态与积极心态

曾经有过这样的一个故事：两个人从欧洲到非洲去推销皮鞋。由于气候原因，非洲人向来都是赤着脚的。第一个欧洲人看到非洲人都是赤着脚的，顿地失望起来："这里的人都是不穿鞋的，怎么会买我的鞋呢。"于是不由地选择了悲观，失败沮丧而回；第二个欧洲人看到非洲的人都是赤着脚的，惊喜万分："这些都是没皮鞋穿的，我这个皮鞋市场大得很呢。"于是想方设法，吸引非洲人买他的皮鞋，最后发大财而回。同样是非洲市场，同样面对打赤脚的非洲人，由于心态的不同，一个灰心失望，不战而败，另一个满怀信心，大获全胜。

成功学大师拿破仑·希尔经过数十年研究发现，造成人与人之间成功与失败的巨大反差，心态起了很大的作用。所谓心态，就是指人们对事物发展的反应和理解表现出不同的思想状态和观点。成功者遇到困难时，总是能保持积极的心态，用积极的意念鼓励自己，想尽一切办法不断向前进，直到取得最后的成功。而大部分失败者主要是不能摆正心态和观念，每当遇到困难时，愿意用悲观消极的态度看待问题，总是挑选容易实现的倒退之路，结果导致平庸、落伍和失败。

2. 积极心态的培养方法

拿破仑·希尔认为，积极的心态是能够培养的。如何才能培养积极的心态呢？我们可以尝试借鉴一下他提出的方法。

（1）言行举止像希望成为的人。许多人总是要等到自己有了一种积极的感受再去付诸运行，这些人在本末倒置。心态是紧跟行动的，如果一个人从一种消极的心态开始，等待着感觉把自己带向行动，那他就永远成不了他想做的积极心态者。

（2）要心怀必胜、积极的想法。谁想收获成功的人生，谁就要当个好农民。我们决不能播下几粒积极乐观的种子，然后指望不劳而获，我们必须不断给这些种子浇水，给幼苗培土施肥。要是疏忽这些，消极心态的野草就会丛生，夺去土壤的养分，甚至让庄稼枯死。

（3）用美好的感觉、信心和目标去影响别人。随着你的行动与心态日渐积极，你就会慢慢获得一种美满人生的感觉，信心日增，人生中的目标感也越来越强烈。紧接着，别人会被你吸引，因为人们总是喜欢跟积极乐观者在一起。

（4）使你遇到的每一个人都感到自己的重要、被需要。每一个人都有一种欲望，即感觉到自己的重要性，以及别人对他的需要与感激。这是我们普通人的自我意识的核心。如果你能满足别人心中的这一欲望，他们就会对自己，也对你抱有积极的态度，一种你好我好大家好的局面就形成。

（5）心存感激。如果你常流泪，你就看不到星光，对人生对大自然的一切美好的东西，我们要心存感激，而不是抱怨，则人生就会显得美好许多。

（6）学会称赞别人。在人与人的交往中，适当地赞美对方，会增加和谐、温暖和美好的感情。你存在的价值也就会被肯定，使你得到一种成就感。

（7）学会微笑。面对一个微笑的人，你会感到他的自信、友好，同时这种自信和友好也会感染你，使你油然而生地有了自信和友好，和对方也亲切起来。

（8）到处寻找最佳新观念。有些人认为，只有天才，才会有好主意。事实上，要找到好主意，靠的是态度，而不是能力。一个思想开放有创造性的人，哪里有好主意，就往哪里去。

（9）放弃鸡毛蒜皮的小事。有积极心态的人不把时间精力花在小事上，因为小事会使他们偏离主要目标和重要事项。

（10）培养一种奉献的精神。通用面粉公司的前任董事长哈里·布利斯曾这样忠告属下的推销员："谁尽力帮助其他人活得更愉快更潇洒，谁就达到了推销术的最高境界。"

（11）自信能做好想做的事。永远也不要消极地认定什么事情是不可能的，首先你要认为你能，再去尝试。几经尝试，最后你就发现你确实能。

（二）增强对工作的热忱

1. 热忱的含义

热忱是一种积极的心理状态，是对事物保持好奇心、热情，能坚持不懈去追求的状态。在拿破仑·希尔看来，热忱是出自内心的兴奋，一个热忱的人，会把自己的工作作为一项神圣的天职，对工作充满兴趣，长时间工作也不会疲倦。热忱能够释放出积极的力量，推动人们去积极行动、取得成功，并影响和感染着身边的朋友和同事。

2. 增强对工作热忱的步骤

拿破仑·希尔指出，热忱这种力量被消极悲观的氛围包围时会不断削减，需要通过积极乐观的方式去增强。增强热忱的方法如下。

（1）深入了解每个问题。对事物了解越多，越容易培养兴趣。发现自己不耐烦时，只要进一步了解事情的真相，就会挖掘出自己的兴趣。

（2）做事要充满热忱。你热心不热心或有没有兴趣，都会很自然地在你的行业上表现出来，做事时刻保持活泼有力，热忱才会得到增强。

（3）多传播好消息。好消息除了引人注意以外，还可以引起别人的好感，引起大家的热心与干劲，甚至帮助消化，使你胃口大开。千万要了解这一点，散布坏消息的人实际上得不到朋友的欢心。

（4）培养"你很重要"的态度。每一个人，无论他默默无闻或身世显赫，文明或野蛮，年轻或年老，都有成为重要人物的愿望。这种意愿是人类最强烈、最迫切的一种目标。只要满足别人的这项心愿，使他们觉得自己重要，你很快就会步上成功的坦途。

（5）强迫自己采取热忱的行动。深入发掘你热心的目标和事物，研究它、学习它，和它生活在一起，尽量搜集有关它的资料。这样做下去就会不知不觉地使你变得更为热忱。

（6）不可以把热忱和大声讲话或呼叫混在一起。热忱，是指一种热情的精神特质深入人的内心里。如果你内心里充满要帮助别人的热望，你就会兴奋。你的兴奋从你的眼睛、你的面孔、你的灵魂以及你整个为人方面辐射出来。热忱是精神振奋，在自身振奋时也会鼓舞别人。

（7）身体健康是产生热忱的基础。一个人如果行动充满了活力，他的精神和情感也会充满了活力。人们每天一早起来就做些体能活动，这不但可以增进他们的健康，而且可以提高他们一天活动的精力和热忱。

（8）说些鼓舞人心的话。要学会自己给自己来一段精神讲话。推销员去见一个人之前给自己来一段精神讲话，推销的时候就会讲得更好，也会更为成功。在做任何事前，来段精神讲话，以鼓舞自己，将会大有收益。

（9）你要反省自己。反省自己对人生、对事物、对别人、对自己所持的看法和态度，尝试着充满信心与热情去投入工作和生活，你就必然会走运。

（10）要知道你个是天生的优胜者。从遗传学讲，生命孕育的一刻你已经是与生俱来的冠军了。对于活着的人，胜利乃是内藏的。如果你有这样一个认识和信念，必将激发起无比坚定的热忱。

（11）要启发灵感的不满。这里所说的不满，是永远不要满足现状，不仅仅对你自己，而且对你周围的世界。启发灵感的不满能够激发你的成功或创富的动力。这样想才能去克服惰性，形成良好习惯决定自己的命运。

（12）成功的热忱，是有行动的热忱。感情是不受理智立即支配的，不过它们总是受行动的立即支配。要变得热忱、行动须热忱。

（13）要用魔法成分——希望来激励自己。一个人只要具有某种希望和欲望，而且确实相信它，就能激发起行动把它变成现实。一个充满希望、有强烈欲望并有坚定信心的人，他肯定就是一个极端热忱的人。

（14）要敢于向自我挑战。每一次你做一件事，尽你所能做得比你自己上一次的表现更好、更快，你就会傲视同侪。你要向怯懦挑战，变怯懦为无畏；你要向不幸挑战，变不幸为幸运；你要向失败挑战，变失败为成功；你要向贫穷的处境挑战，变贫穷为富有；你要向一切不满意的事物挑战，改变自己的命运，改变自己的世界。

（15）在极端困难的条件下，要有"破釜沉舟"的勇气。如果我们想在最恶劣、最不利的情况下仍然必胜，我们必须自动将船只烧掉，把所有可能退却的道路切断，只有这样我们才能保持"必胜"的热忱与心态。

（三）永葆工作进取心

1. 进取心

进取心是指不满足于现状、坚持不懈地向新的目标追求的蓬勃向上的心理状态。从个人角度看，往往表现为有好胜心和好奇心，主动性和自我发展意识强等个性特点。进取心具有一种激励我们前进的力量，这种永不停息的自我推动力，激励着人们向自己的目标前进。拥有进取心，我们的工作业绩才会更加突出，我们的人生才会更加崇高和完美。

2. 培养工作进取心

如何培养每个人工作中的进取心呢？我们的建议是：

（1）要有"永不满足感"。成功学大师罗伯逊说："如果一个人对自己的现状很满意，他就会停滞不前。人当然不应该对自己的命运感到失望和不满，但人永远不应该满足。"有"不满足感"，人们才产生改变现状的"进取心"，才会激励我们去追求完美。

（2）要有远大的目标。当人们满足于低标准，不再为更好的未来努力时，他就会在体力、精力和道德上走下坡路。只有当他心怀伟大目标的激励，才能通过不懈的努力来改善自己的处境，在世界上做出一番大的成就。

（3）先把眼前的工作做好。远大目标和眼前的工作存在着巨大的落差，先把眼前的工作做好，才是在向远大目标靠近。脚踏实地才不是空泛的梦想者，进取心只有化为进取的行动，理想的目标才能不断被实现。

（4）坚持好问的态度多听别人的意见。倾听别人的主张，不仅仅是对别人的尊重，也是在听取他人认识问题和解决问题的方法。在听别人说话时，不要听到一半就下结论，不要不恰当的插话。学会聆听和咨询是做好工作的一项技能，是取得好业绩的最简单而有效的方法。

（5）勤学习多自省工作中的不足。工作没有十全十美的。选择忽略和逃避，问题只能不断放大，成为成长路上的绊脚石。不断学习提高工作水平，不断自我反省工作中的不足，是不断完善自身工作的最佳途径。一个人只有不断反省自己的不足，多查找自身的缺点，才能进一步做好工作，不断进步。

（6）不计报酬主动工作。在工作中，不是一味地等、靠、要，而是要发挥自己的主观能动性，积极地工作，主动地解决问题，这是有工作进取心的突出表现。机会只青睐那些有准备的人，而积极主动工作的人永远能遇到机会。

（7）遇到困难迎难而上。成功的道路上总是摆放着诸多的困难，让你力量不足，能力有限，决心受挫。培养工作进取心就要培养坚忍不拔的意志品质，积极面对困难的挑战，不被逆境打倒。只要坚持到底，一切困难都会迎刃而解。

二、提升工作岗位的忠诚度

忠诚是每一位职工应有的品质，带有感恩之心的忠诚，是经得住考验的忠诚，是个人和组织通向成功的风向标。每个人对工作的感恩之心和对岗位的忠诚，不是简单能通过外界的力量获得的，它需要自己去体会和学习。加强对职工的感恩教育和忠诚度培养，是提高职工职业素养的重要内容。

（一）把感恩落实到工作中

1. 感恩

感恩是一种积极向上的思考和谦卑的态度。无论我们从事何种职业，只要你胸中常怀着一颗感恩的心，随之而来的，就必然会不断地涌动着诸如温暖、自信、坚定、善良等这些美好的处世品格。一个人在工作中培养心存感激的习惯，热爱自己的工作，不忘责任，肯于付出，是提升自我不断成长和进步的力量源泉。

2. 学会感恩工作

珍惜才会拥有，感恩才能长久。珍惜工作才能拥有工作岗位，感恩工作才能获得工作带来的广阔发展空间。在我们踏上工作岗位之际，我们首先要学会的就是做一个对工作感恩的人。具体的做法，我们建议如下：

（1）把工作当成自己的事业。把工作当做生活的来源，还是把工作当做自己一生的事业，其结果有天壤之别。一个人只有懂得感恩工作，热爱工作，把工作当成事业，才能倾注自己全部的热情，充分发挥自己的才能，实现自己的价值。

（2）把感恩意识内化成自己的一种行为。对单位、对领导要多一些感激，少一些牢骚；对同事多一些理解和包容，少一些计较。把成就归于大家，失误归于自己，当需要舍弃个人利益时坦然面对，在集体面临困难时甘愿作出自我牺牲，在他人遇到困难时甘愿不计利益提供帮助。

（3）处处维护工作单位的利益。作为一名职工，首先要有一个主人翁心态，把单位看成是自己的家，不管领导在不在，不管单位遇到什么样的挫折，都要全力以赴，积极主动去做任何事情，处处维护单位的利益，与单位同甘其苦。

（4）发自内心履行工作责任。工作就意味着责任，对工作心存感恩，就要发自内心担负起工作的责任，与单位一起承担起各种困难和挑战。那些漠视责任、推卸责任的人实则早已将感恩的情怀丢掉了，他们最终会被工作单位所抛弃。

（5）坦然对待工作中的得与失。人生不会总是在失去，也不会总是在得到，有得有失是必然规律，在工作中我们应该坦然地面对得与失，不能因为失去而郁郁寡欢，也不能因为得到而欣喜不已，这两种情况都是工作中的浮躁心态，应该坚决摒弃。

（6）不要让抱怨主导自己的情绪。抱怨者总是把责任推到别人身上，看不到自己的缺陷和不足。这样下去，会丧失许许多多的机会。经常思考那些被你抱怨的事情，情绪也会变得低迷，别说做一番事业出来，就是连最基本的生活都会让你感到厌倦。

（二）提高岗位忠诚度

1. 岗位忠诚度

所谓岗位忠诚度，是指职工对于工作岗位所表现出来的行为指向和心理归属，即职工对所服务的工作岗位尽心竭力的奉献程度。职工的岗位忠诚可分为主动忠诚和被动忠诚。前者是指职工主观上具有忠诚于工作岗位的愿望，这种愿望往往是由于组织与职工目标的高度一致，组织帮助职工自我发展和自我实现等因素造成的。被动忠诚是指职工本身不愿意长期留在组织里，只是由于一些约束因素，如高工资、高福利、交通条件等，而不得不留在组织里，一旦这些条件消失，职工就可能不再对组织忠诚了。

在一个单位或企业里，职工与单位的最佳关系应是彼此合作的伙伴关系，这种关系的具体表现在于单位对职工的尊重和职工对单位的忠诚。从单位对职工的尊重看，单位要把职工当做核心竞争力，把职工忠诚度作为增强单位核心竞争力的手段。在单位人力资源建设中，要坚持以人为本的理念，保证职工的工作福利，健全与职工的沟通渠道，为职工的晋升和发展提供机会。而从职工对单位的忠诚看，职工要把单位作为自身职业发展的平台，在工作中不断提高对单位的忠诚度，与单位同发展共命运。

2. 提高岗位忠诚度

提高对工作岗位的忠诚度是职工为单位做好工作所必备的一项职业素养。提升这种素养可通过对以下六个方面的理解和认识不断完善和提高。

（1）为自己的职业定好位。从事自己熟悉且适合自身特点的职业是做好工作的基础，这就是给自己的职业进行定位。为自己的职业定位，从事工作才能安心，自己的优势才会发挥出来。因为职业的热门和冷门等而不断去跳槽非常不可取，不断的跳槽是自身方向的迷失和机会的浪费，与职业发展没有益处。

（2）积极参与到单位的管理中。工作中积极思考，在做好现有工作的基础上，不断发现现有工作格局的缺陷，试着提出改善工作的流程与方法，并对单位的发展有着良好、甚至是独特的见解，这是对职业和单位忠诚的表现。

（3）努力改善单位的品质。自觉自发地做好单位的产品品质与服务品质，在本职工作上力争完美的同时去帮助其他同事。注重自身高尚素质的修养，努力用自己良好的形象来影响身边的同事，对企业形成向心力。

（4）对内维护单位制度并主动执行。对单位的各项制度自觉遵守并协助单位相关领导用心执行。遵守单位制度的同时并不是不分对与错，对不合理的制度提出自己的见解，主动找相关领导了解其制度的真正内涵，在真正了解后，对于少部分不遵守的同事，能用心与用行动去说服，让其遵守。

（5）对外树形象与品牌。对外树立良好的单位品牌形象，不盗用单位名义做不良的事情，并主动与有损单位形象的行为做斗争。对外不讲单位内部发生的事故，与同事、朋友聊天时，适时对单位良好的人文环境与制度做宣传。

（6）有主人翁的精神。能够从公司全局考虑问题，认同公司的发展，工作积极向上，很少抱怨，把单位的事当成自己的事，不占单位一点便宜，能够抵御各种诱惑，严守单位的秘密。

三、形成勤勉尽责的工作作风

勤勉尽责是工作中起码的道德品质、职业操守和工作作风。一个人的工作做得好不好，最关键的一点就是看他有没有责任感，是否认真履行了自己的职责。要培养勤勉尽责的工作作风，就要在工作中不断锻造自己，学会认真对待工作中的每件小事，学会不假任何借口，对所做工作敢于负责，勇于担当，学会在关键时刻敢于承担工作任务，与集体共同成长。

（一）认真对待工作中的小事

1. 学会做小事

我们每天的工作，都是在做一些小事和小细节，很多人不屑于做具体的事，不屑于小事和细节，殊不知，能把自己所在岗位的每一件小事都负责任地做成功是一件非常不简单的事情。抱着一种积极负责的态度对待每件小事，在工作中真正深入实际、脚踏实地、刻苦钻研，利用小事去多方面体会，把做小事作为锻炼自己、强化业务知识的机会，增强自己的判断能力和思考能力。

忽略了小事就难成大事，从学做小事开始，逐渐锻炼意志，增长智慧，培养自身肯于负责的工作素质。以负责任的态度做好每件小事，你才能赢得大家的信任，得到干大事的机会。工作之中无小事，认真对待工作中的每件小事，是事业成功的阶梯。

2. 养成善做小事的习惯

在工作中的一件件小事摆在我们面前时，我们的建议是认真对待它，努力做好它，养成善做小事的习惯，培养自身尽职尽责的工作作风。

（1）每一件事都值得去做。工作中的大事皆是由小事累积而成的，没有小事的累积也就成不了大事。做事情一般都是"大处着眼，小处着手"。只想做大事，往往连小事都做不了。能一步步地把小事都做好了，才会培养做事一丝不苟的美德，才会形成做事严谨、周到、扎实的工作作风，才会奠定做大事的基础。

（2）千万不能敷衍了事。抱着敷衍了事、马马虎虎的态度做事，是注重表面、做事不深入的表现。这种工作态度只能把工作做得不清不楚，拖泥带水，没有章法和效率。敷衍了事害人害己，习惯了敷衍了事的做事风格，不但会使工作的效能低下，而且还会使人丧失做事的才能，只会做别人分配给他们的简单工作，甚至即便这样也不能把事情做好。

（3）不要掩盖问题不改正。工作中出现的很多被动局面，一般说并不是严重的大错误引起的，而往往是因为一些小问题出现时没有及时解决，才变得不可收拾。如果在工作中一发现问题就立刻去解决，问题也就不是问题了。有毛病秘而不宣，掩盖问题，任其发展，受损害的就不止是一个人，甚至会扩大到整个集体。

（4）注重细节把事做到位。无论是极其平凡的职业，还是极其细微的工作，都往往蕴藏着极大的机会，而打开机会之门的钥匙，就是把工作做细，在细微之处发现工作的空白点和薄弱环节，以解决空白点和薄弱环节为重点，一步步把每个细节都做好，事情才能有一个圆满的结局。

（5）能完成100%就不完成99%。在工作中，只要可以做到更好，就没有必要总停留在原来的水平。不要认为一点一滴的失误和懈怠不足为奇，一个人在一件小事上少做一点点，积累起来有形成了一个企业、一个单位的较为严重的问题。竭尽全力是尽职尽责做好工作的基础素养。

（6）一次就把工作做好，不要期待下一次。在工作不能按时完成或期间出现失误时，下一次做好往往是这次没完成没做好的理由。殊不知这实际上是自己的惰性和懈怠在作怪。当接到一项任务时，首先在思想上要认真对待，并且要找到完成任务的方法，期待下一次的做法，只会带来更多的下一次。

（7）日复一日做好平凡简单的事。在职场里、在岗位上，我们每天面对的就是那些看似很平凡简单的事情，而且日复一日，月复一月，年复一年。大家切记：把别人认为简单的事情一次次地做下去就是不简单；把别人认为容易的事情一遍地做正确就是不容易；把别人认为平凡的事情反反复复地做极致就是不平凡。

（二）强化工作的责任心

1. 工作责任心

所谓工作责任心是指个人对自己工作所负责任的认识、情感和信念，以及与之相应的遵守规范、承担责任和履行义务的自觉态度。从本质上讲，工作责任心就是要对自己所在的集体负责，对自己从事的工作负责。具有工作责任心的员工，会认识到自己的工作在集体中的重要性，愿意为集体负责任尽义务，把实现集体的目标当成是自己的目标，与集体一起共同成长。

责任承载着能力，富于工作责任心，才能获得发挥个人能力的舞台。常常听到一些推托之词"这不是我的错"、"我不是故意的"之类的话，话语中折射出说话人对工作失误或失职的掩饰，这是没有勇气承担责任的表现。各行各业有才华的人很多，但是既有才华又有责任心的人却不多。只有责任和能力共有的人，才是集体和社会最需要的。

2. 具有工作责任心的主要表现

在集体中怎样做才是对工作负责任尽义务呢？下面我们试列出具有工作责任心的七种主要表现，供大家参考领会。

（1）做单位所赋予岗位的主人翁。岗位主人翁是企业主人翁的新的诠释。一个人在符合岗位任职资格的情况下，接受岗位聘任，按照该岗位的要求，履行和完成岗位所赋予的全部工作，实现个人的社会价值，这是岗位主人翁精神的体现。只有摆正个人和集体的关系，能自觉履行岗位的责任和义务，先做岗位的主人，才能因此成为集体的主人。

（2）为社会负责，为集体负责。现代管理学大师彼得·德鲁克认为，企业存在的目的是为客户提供产品和服务，而不是利润的最大化。这是说一个集体，它的第一任务是承担社会责任，推动社会进步，其次才是赢利。我们在对岗位负责的时候，一定要考虑同时能为社会发展和企业成长负起责任。

（3）把岗位职责、分内之事铭记于心。岗位的职责包括了自己的工作目标和工作范围，只有把工作岗位的分内之事铭记于心，我们的工作才能有方向，我们的工作时间和精力才能不被无谓地浪费。

（4）认真思考，勤奋工作。在行动前先认真思考，制订计划，然后再下气力去完成，这是一种聪明的工作方式，拼命工作不如聪明工作，认真思考基础上的勤奋工作，行动起来才能事半功倍，也才能获得更好的业绩。

（5）一心扑在工作目标上奋力拼搏。当工作目标确定和清晰后，把自己的精力放在工作目标上，心无旁骛，奋力拼搏，才能使自己的努力获得最大的回报，才能把自己的工作目标更好实现，专注是成功的基础。

（6）延长时间额外工作。为了做好工作，下班后为自己的工作加点小灶，在单位加班，在休息时间学习和思考，在业余时间与同事联络，这些都是对工作负责任，做工作尽职尽责的表现。延长工作的时间额外工作，将更加提高自身工作的责任感，促进各项工作的完成。

（7）做事不推卸责任找借口。遇到问题和失误时，为自己的过错和应负的责任开脱，可能为自己获得暂时的安全和安逸，但也会形成坏习惯，让你的工作拖沓，没有效率，消极和落后，事业难成。切记遇事少为自己辩护，多找方法去解决，这是负责任做事的基本要求。

（三）在关键时刻勇于承担

1. 关键时刻要有责任感

任何一个集体都可能遇到危机，在危机中只踏实肯干和闷头做事是不够的。在关键时刻要挺身而出，展露自己的才华，乐意做别人不愿做的"苦差事"，承担别人不愿承担的工作任务，为集体出谋划策，提出合理化建议，与集体共渡难关，共同成长，这体现了对集体高度负责的精神，是企事业单位优秀员工的共有特征。

2. 关键时刻负责任的主要表现

在关键时刻敢于负责勇于承担的主要表现，我们总结了以下六点，供学习中体会和参考。

（1）愿与集体共渡难关。每个企事业单位都会有力不从心、危机四伏的时候。在危机来临时，不要轻率选择逃避，而要努力把负面的现实变成正面的动力，与集体共渡难关，这是对集体尽职尽责的忠诚表现，更是磨炼自己成就事业的良好经历。

（2）结合突出问题提出合理化建议。针对本单位内部存在的薄弱环节和突出问题，提出合理化建议，这不仅能为企事业单位出了好主意、好办法，而且还会促进企事业单位的全员参考、民主管理。发现和质疑的工作方式，体现了一种高度负责的精神，是企事业单位优秀员工的共有特征。

（3）去做他人不愿做的"苦差事"。别人采取避之唯恐不及的讨厌事情，如果你遇到了，不要勉强，要心存感谢才对。这些工作表面上看，辛苦吃力不讨好，也不一定能做出成绩，但往往能激发你的斗志和潜能，获得领导和同事的尊敬和认同，付出就会有回报。

（4）优先处理领导交办的临时任务。工作有常规工作和临时工作之分。临时工作一般是一些紧急的事情，既然需要解燃眉之急，一定也是考验一个人工作能力和工作态度的机会。在这方面的付出要远比你平时勤奋努力更有价值，一定要优先考虑，尽快解决。

（5）在工作中独当一面。现代社会分工日益明显，现代管理方式讲究发挥团队优势，分权分责，目标管理。这要求每个工作人员要能够独立处理所承担工作，妥善解决各类问题。不能独立恰当处理自己所负责的工作的人，只能做别人的助手，难以有发展。

（6）自愿承担艰巨的任务。在单位和集体面临危难时，不逃避，不犹豫不决，不依赖他人，鼓足勇气，勇挑重担，为集体的发展负起责任，为单位和集体排忧解难。这样做，既能提高自身的责任感，更能使自己变得更强，更有力量。

练习思考

1. 结合本篇的内容思考，怎样培养爱岗敬业的精神？
2. 用拿破仑·希尔培养积极的心态的方法，分析目前的工作态度是否有需要改进的地方，试分析怎样做才能更好？

3. 你有过跳槽的念头吗？反思一下，那个岗位真的适合你吗？

4. 试着尽职尽责地完成工作中的一件小事，完成后，跟以前的工作作风比较一下，看结果有哪些不同？

自我测试

测试题目

看看你的敬业精神怎样？所谓敬业精神，指的是认清自我所扮演的角色，坚守自己职位本分，并秉持"一分耕耘，一分收获"的工作态度，去面对自己所从事行业的各项挑战。想知道你的敬业精神怎样吗？请根据实际情况，回答下列问题。

1. 不拿公司的一针一线。（　　）
A. 不同意　　　　B. 介于A、C之间　　　C. 同意

2. 在规定的休息时间之后，立即返回工作场所。（　　）
A. 不同意　　　　B. 介于A、C之间　　　C. 同意

3. 一看到别人违反规定，即向公司领导反映。（　　）
A. 不同意　　　　B. 介于A、C之间　　　C. 同意

4. 凡与职务相关的事情，注意保密。（　　）
A. 不同意　　　　B. 介于A、C之间　　　C. 同意

5. 不到下班时间，不离开工作岗位。（　　）
A. 不同意　　　　B. 介于A、C之间　　　C. 同意

6. 不采取有损于本公司名誉的行动，即使这种行动并不违反规定。（　　）
A. 不同意　　　　B. 介于A、C之间　　　C. 同意

7. 自己有对本公司有利的意见或方法，都提出来，不管自己是否得到相应的报酬。（　　）
A. 不同意　　　　B. 介于A、C之间　　　C. 同意

8. 不泄露对竞争者有利的信息。（　　）
A. 不同意　　　　B. 介于A、C之间　　　C. 同意

9. 注意自己和同事们的关系。（　　）
A. 不同意　　　　B. 介于A、C之间　　　C. 同意

10. 接受更繁重的任务和更大的责任。（　　）
A. 不同意　　　　B. 介于A、C之间　　　C. 同意

11. 只为本公司工作，不兼任其他任何公司。（　　）
A. 不同意　　　　B. 介于A、C之间　　　C. 同意

12. 对外界人士要说有利于本公司的话。（　　）
A. 不同意　　　　B. 介于A、C之间　　　C. 同意

13. 把本公司的目标放在与工作无关的个人目标之上。（　　）
A. 不同意　　　　B. 介于A、C之间　　　C. 同意

14. 为了完成工作，在工作时间以外，自行加班加点。（　　）
A. 不同意　　　　B. 介于A、C之间　　　C. 同意

15. 不论在工作上或在工作以外，避免采取任何削弱本公司竞争地位的行动。（　　）
    A. 不同意　　　　B. 介于A、C之间　　　　C. 同意
16. 用业余的时间研究与工作有关的信息。（　　）
    A. 不同意　　　　B. 介于A、C之间　　　　C. 同意
17. 购买本公司的产品或服务，不买竞争者的产品或服务。（　　）
    A. 不同意　　　　B. 介于A、C之间　　　　C. 同意
18. 凡是支持本行业或本公司的人，均投赞成票。（　　）
    A. 不同意　　　　B. 介于A、C之间　　　　C. 同意
19. 为了工作绩效，要做到劳逸结合。（　　）
    A. 不同意　　　　B. 介于A、C之间　　　　C. 同意
20. 在工作日的任何时间内及工作之前，绝对不喝烈性酒。（　　）
    A. 不同意　　　　B. 介于A、C之间　　　　C. 同意

评分标准

每一道题，选择A得0分，选择B得1分，选择C得2分，然后将各题所得的分数相加。

结果分析

0～13分：你的敬业精神不太好。对于工作，你总是敷衍了事，总是喜欢倚靠其他人。对工作的积极性不高，经常为自己的失职找借口。头脑里没有对敬业的理解，更不会认为职业是一种神圣的使命。你应该培养对自己所从事职业的兴趣，鞭策自己对工作品质严格要求，并珍惜现有的工作机会，时时自我勉励。同事间互相学习、扶持，养成守本分务实的观念。

14～19分：你的敬业精神为中等。对于工作你能够按时完成，效率虽然不是很高，但也不会拖大家的后腿。偶尔也会在工作中偷懒，不负责任，但总的来说你还是能够做好分内的事。你要以更积极地态度对待工作，胜任自己的工作，保持良好的精神状态，这样才能得到同行的认可。

20～24分：你的敬业精神为上等。对于工作，你除了能保证按时完成以外，经常是提前完成，效率很高。对待工作充满激情，尽职尽责，一丝不苟。因此你总是得到公司领导的赏识。

25～40分：你的敬业精神为优等。对于工作，你从不偷懒、拖延。不论自己分内的工作有多少，你都会尽心尽力地完成。你对于工作中遇到的问题不会徒劳地抱怨，而且对于艰难的工作，你还会主动请缨、排除万难。对待工作充满激情，一丝不苟。因此你总是公司领导的得力助手。

提高二

善于与人合作共事

> **学习要点**
>
> **知识要点**
> 1. 了解诚实守信是立人之本合作之基；
> 2. 掌握人际关系的概念和作用；
> 3. 掌握团队精神的概念和内容。
>
> **技能要点**
> 1. 培养日常生活中诚实守信的习惯；
> 2. 学会与人积极沟通的常用方法；
> 3. 学会倾听的基本技巧；
> 4. 培养自身的团队精神。

> **内容提要**
>
> 所谓合作就是指两个或两个以上的人或群体，为了实现共同的目标，在某项活动中联合协作的行为。阿拉伯有句谚语：一个可以走得快，一群人却可以走得远。这说的就是合作的力量。无数的实践证明，一个不会与他人合作的人一定无所作为。而要做到善于与他人合作共事，就必须首先培养和提升自身诚实守信的合作品质，与他人建立起良好的人际关系，不断提高自身的团队意识和团队精神，从而推动和保证事业的成功和共同目标的实现。

一、诚实守信是合作的基础

诚实守信，是我国公民道德基本规范之一，是立人之本、与人合作之基。树立诚实做人的良好品质，是关系到人一生的大事，它关系到自己的人格、品质和习惯。只有诚恳老实，有信无欺，才能形成完备的自我。具备高尚的人格力量，才能适应社会生活的要求，适应工作岗位的要求，发挥出自己的潜能，实现人生的价值。

（一）诚实守信是为人处事的美德

1. 诚实守信是立人之本

人无信不立，言必信，行必果。诚实守信是为人处事的一种美德。所谓诚实，就是忠诚老实，不讲假话。忠于事物的本来面目，不歪曲，不篡改事实，不隐瞒自己的真实思想，光明磊落，言语真切，处事实在。所谓守信，就是信守诺言，说话算数，讲信誉，重信用，履行自己应承担的义务。

在中国传统文化中,"诚信"二字具有极其重要的分量。"仁义礼智信"是人们提倡并力求遵守的行为准则。一个人要想在社会立足,干出一番事业,就必须具有诚实守信的品德;而一个人弄虚作假,欺上瞒下,糊弄国家与社会,骗取荣誉与报酬,则要遭人唾骂。商鞅立木树信,新法得到信任和推广;周幽王烽火戏诸侯,被杀骊山之下。

无论在哪个国家,诚实信用都是做人的基本条件。日本大企业家小池说过:"做人做生意都一样,第一要诀就是诚实。诚实就像树木的根,如果没有根,树木也就没有生命了。"法国文学巨匠大仲马曾说过:"当信用消失的时候,肉体就没有生命了。"美国的罗斯福总统也曾说过:"守信用胜过有名气。"

2. 诚实守信是合作之基

诚实,才能互信;守信,才能共同发展。诚实守信,履行诺言,是与他人交往与合作的前提。一个人如果丧失了信用,也就丧失了与别人交往的资格;如果总想占便宜,自私自利,就不可能有出息,不能大有作为。在人与人的交往中,使诈、耍小聪明是最不可取的,双方只有以诚相待,才能相互间取得信任并最终赢得合作。

具有渊博的学识和持续创新的精神固然是一个人事业成功的基础,但是,倘若要把一个概念变为财富,离开他人的合作,不论是伟人还是凡夫俗子,任何人都无法实现。在人的一生中,我们不可避免地要与许多人形成合作关系,与别人合作,最基本的一个前提就是讲信用,即言而有信。假如甲方有管理才能,而乙方拥有一大笔资金,这两个条件具备后,双方就有了合作的基础。但是两人未必就能成功地合作,因为他们之间还欠缺一个最重要的合作前提:即信任关系。也就是说,乙方作为出资方必须绝对相信甲方如果拿了钱不会挪作它用,更不会携款潜逃。有了这个前提,他们的合作才能取得成功。

(二)诚实守信是基本的职业道德

1. 在具体工作中培养诚实守信的职业道德

诚实守信是职业道德的最基本要求,不论我们从事任何职业,都要努力把诚实守信融入职业道德的具体要求之中,不断培养和提高自身的职业道德素养。下面我们从三个职业角度对诚实守信的职业道德素养进行分析,供大家在学习中领会和参考。

(1)作为一名国家的公务员,就要从贯彻"三个代表"重要思想的高度,一言一行,切实体现最广大人民的根本利益。对上级、对下级、对老百姓诚实守信,说老实话,办老实事。如果对上虚报成绩、弄虚作假、隐瞒缺点、掩盖错误;对下只说不做、言而无信,说的是为人民服务,而做的是为自己的升官发财着想,就必然走向腐败。

(2)作为一名企业的工作人员,如果能够树立起"诚信为本"、"童叟无欺"的形象,企业就能够不断发展壮大。一些企业之所以能兴旺发达,走出中国,在世界市场占有重要地位,诚信为本是其中的一个决定的因素;相反,如果为了追求最大利润而弄虚作假、以次充好、假冒伪劣和不讲信用,尽管也可能得益于一时,但最终必将身败名裂、自食其果。

(3)作为一个教育工作者,不但要"传道、授业、解惑",而且要"为人师表"、"言传身教"。不论在教学还是在科研工作中,都要忠于职守、热爱专业、认真负责、老老实实,不但要以自己的知识、智慧和才能来教育学生,而且要以自己的"人格力量"来启迪学生、感召学生。决不能敷衍塞责、虚华浮夸、弄虚作假、得过且过,决不能为了追逐"名利"而弄虚作假。

2. 日常生活中培养诚实守信的道德品质

在日常生活中，如何做到诚实守信呢？这里我们介绍的方法是约翰·丹弗的经验之谈，包括培养五个习惯，名人的习惯供大家参考。

（1）提前到达约定的地点。约会时必须遵守约定时间，这是一般的常识。如果约会是你主动提出的，最好提前到达约会场所，这一点相当重要。因为诚实和信赖感是从守时和不让对方等待中产生的。

（2）坦率回答问题。不想暴露自己的弱点，以免降低在对方心目中的形象是人之常情。因此有不少人在他人面前不肯承认自己对某个问题不知道，反而，装出一副很了解的样子。实际上，对于自己不知道的事情，坦率地说自己不知道，可以强烈地给对方以正直、诚实的印象。而且，勇敢说不知道，也就显示你对其他事情是必然知道的，这种自信在不知不觉中传达给了对方。

（3）失误后不辩解。有失误千万不要为自己辩解，而应诚恳地道歉，然后提出弥补过错的方法。即使无法挽救的事情，也要表示尽量减少损失的诚意。这样可以表示你强烈的责任感，令人刮目相看。

（4）小事严责，大事原谅。发现部下的小毛病、小错误一概严厉斥责，而出现了影响生产，甚至失火这样的大事，却能给予原谅。这样能巧妙地抓住人们的心理。人在犯小错时，本人往往认为没什么，很不在意，需要有人斥责提醒。相反，犯了大错误的人一定会自我反省，无须再予斥责了。这一种诚意，必然换来他人或部下的忠心。

（5）遵守诺言。不遵守诺言往往使人感到你不诚实。如果你许下了诺言，或者开玩笑似的做过承诺，对方并不抱有希望，而你一旦忠实地做到了，必然使对方感到意外，也可以使你的诚实更加突出、醒目。

二、良好人际关系促进合作

人际关系在广义上说是指人与人之间的关系，在狭义上说是指人与人之间的交往关系。如：亲属关系、朋友关系、同学关系、师生关系、雇佣关系、战友关系、同事关系等。良好人际关系对于赢得合作，实现自我，走向成功有非常大的作用。国外有一项统计，一个人的成功，20%靠专业知识，40%靠人际关系，另外40%需要观察力的帮助。因此，要想事业有成，我们必须学会多与人沟通交往，建立良好的人际关系。

（一）人际交往先从尊重他人开始

1. 学会尊重他人

中国有"投桃报李"、"礼尚往来"等这样的成语，也有"你敬我一尺，我敬你一丈"的谚语典故，意思都是说——要想别人尊重你，你首先便要尊重别人。一个不尊重别人的人，是绝不会得到别人的尊重的。在人们的交往中，自己待人的态度往往决定了别人对我们的态度，就像一个人站在镜子前，你笑时，镜子里的人也笑；你皱眉，镜子里的人也皱眉；你对着镜子大喊大叫，镜子里的人也冲你大喊大叫。所以，我们要获取他人的好感和尊重，首先必须学会尊重他人。

尊重他人是与人建立良好关系的基础，只有先尊重他人，才能赢得他人的尊重。尊重他人，就是尊重我们自己，使他人得益，就是使我们自身得益。尊重他人是合作的开端，没有尊重就不会有真正的合作，自然也不会出成果。尊重他人有一种神奇的力量，会使人与人的关系变得紧密、和谐而又不失默契。

2. 尊重他人的建议

在我们共同合作的各项事务中，我们尊重他人了吗？我们怎样尊重他人呢？我们的建议是尊重他人从小事做起，从自己的身边做起。

（1）尊重他人要认识到人与人之间的差别。每个人都有自己的想法和做法，别人的想法和做法不一定都会如你所愿，这不表示他的水平不如你，我们必须理解这一点，必须要尊重彼此间的差别和各自的想法，从差别中寻求一致，这是人际交往的基础。

（2）尊重他人就要相信他人。如果我们认为唯有自己才能做好某项工作任务时，那么合作是无法展开的，人际关系也难以建立。要进行深度合作，我们就必须相信他人。相信他人也有热诚投入的工作态度，相信他人也能尽一切力量把工作做到最好。彼此信任不仅使合作更加紧密，还能形成一种相互鼓励的气氛。

（3）尊重他人要在得到帮助时及时感谢。不要把别人做的一切都当做是理所应当。他人为我们所做的任何一次贡献，无论大小都要及时地表示感谢。感谢会使他人更加乐意与你协作，还会使他人在协作中更加认真投入。

（4）尊重他人要在有失误时及时道歉。你的失误给他人的工作增加了麻烦或是你在面对问题时表现出了较差的情绪，这些也许都不能完全避免，但我们可以及时向协作的人道歉，并表示以后会改进。及时道歉有利于维护团体的协作默契和凝聚力，减少冲突的发生。

（5）尊重他人就要时常微笑对人。同事之间，时间久了，相互熟悉了，也少了刚开始的客套。协作需要相互之间熟悉，但我们不能因为熟悉而懒于维护协作中的良好气氛。记得每天给他人一点微笑，你会发现在这样一个氛围中工作会让你由衷地感受到乐趣。

（6）尊重他人一定要有宽容之心。工作中的失误几乎是不能避免的，为什么我们对自己的失误总是怀有十分宽容的心态，对他人造成的错误却耿耿于怀？他的失误也许给你的工作带来了一定的麻烦，但是我们也会发生同样的状况，也会因为出错影响到他人的工作。如果不想他人苛责计较的话，就先以宽容的态度对待他人的错误。这样相互协作都会更加有效。

（二）关心别人学会倾听

1. 学会倾听

从人的本性来讲，每个人最关心的事情是与自己有关的事情。人们都喜欢讲述自己的事情，喜欢听到与自己有关的东西。如果你想要得到人们的喜爱，首先就要关心别人，做一个善于倾听别人心声的人。学会倾听，是建立良好人际关系的基础条件，是赢得合作的最重要也是最基本的技巧。

2. 倾听的技巧

如何学会倾听这种人际沟通的基本技巧呢？下面把一些基本的原则介绍给大家，供学习参考。

（1）倾听时要专注。就是要以对方为中心，专心致志、聚精会神，千万不可表现得心不在焉。为表示自己注意倾听，要多与对方交流目光，别人讲话时要适时点头，并发出"是"、"对"、"哦"等应答。轻易不要打断别人的谈话，也不要随便插话，若需要插话时，并先征得对方同意，如"对不起，我可以提个问题吗"或"请允许我打断一下"。要用体态语言和简单的言语回应对方，让对方知道你在倾听。

（2）不做价值判断，不作褒贬。倾听中的价值判断是最容易影响你对他人的体验和理解了，不仅如此，也容易激起他人对你的反感甚至敌意。

世界是多元化的，要学会尊重别人的选择，如果对方的观点和我们的价值观有很大冲突，而我们又需要说出来的话，那么，我们可以用礼貌而又尊重的态度表达自己的观点，可以参考的句式有："我理解你的意思，但在这个问题上我的看法和你不太一样"，"你谈的有道理，但在这点上我的看法是……"等。

（3）仔细捕捉对方表达时的语言和非言语信息。方法之一是通过提问确认问题，好的倾听离不开提问。提问不仅是为了确认我们是否真的理解了对方想要表达的内容，而且也是为了让对方知道我们是真心希望理解他的。参考句式是："你的意思是……"，"你想说的是……"，"你想表达的是……"或"你看我的理解对不对……"等。

（4）表达共同的感受。表达共同感受，就是以准确、恰当的方式表达对人情绪与意图的感受、理解与尊重。参考的句式有："你现在的感受是"，"你想说的是……"，"我理解你的感受，我知道这对你很重要"或"你需要我为你做些什么吗"等。

（5）交谈要注意控制自己的情绪。在遇到对方过长的发言或自己不感兴趣的话题时，不要感到厌烦，要耐心听他把话讲完。特别是对方有意见的时候，要耐心倾听，给对方提供宣泄自己不满的机会，有助于问题的解决。

（6）答复与回应时保持融洽的气氛。要会复述或摘述对方的话，用你自己的话来复述对方的话，保证和确认自己听到信息的准确程度，对不清楚的地方要询问。遇到冲突要适时承认自己的不足。如果对方论点正确，即使对方可能有尖锐的批评，你也要承认自己的过失，向对方做出保证。对于无法同意的批评，可以要求有点缓冲时间来想想对方的话，这样双方都有一个客观思考的过程。同时必须做到对事不对人。回答要针对事件，不要做人身攻击。

这些原则就是倾听的专注性原则、反应性原则和有效性原则。用这些积极的、有创造的、敏感准确的方式去倾听，会使对方渐渐从面具中走出来，与你确立一种开放而又真诚的互助关系，这样的关系是人际关系中合作的基础。

（三）真诚对人感兴趣学会欣赏

1. 学会欣赏

卡耐基在《人性的弱点》告诉我们，要想使别人喜欢你就要真诚地对别人感兴趣。你要真诚地对别人感兴趣，两个月内就能比一个光要别人对他感兴趣的人两年内所交的朋友还多。任何人屠夫、面包师、国王都喜欢那些欣赏和关心他的人。努力学会为别人效力，做那些不惜花时间、精力和诚心诚意为别人设想的事情，这样才能获得真正的朋友。

对别人真诚的感兴趣、赞美别人是建立良好人际关系、获得朋友的必要条件。犹太人有一句谚语应该牢记在心：唯有赞美别人的人，才是真正值得赞美的人。今天哪位女士穿了一件漂亮的裙子，哪位大夫做了一个时尚的发型，你不妨赞美她两句，她会很受用，尽管裙子不是很好看，发型也有点不适宜，但是起码你注意到了，对别人真诚的感兴趣，没有人会对你的赞美动气发怒，一定会心存感激而对你产生好感。你若对别人的改变无动于衷，甚至漠然一切，那你一定不是一个对生活充满热情之人。

2. 学会欣赏的注意事项

当然欣赏和赞美不是一味的说好话，拍马屁，而是说适宜的话，问候、商量、关心、敬重的口吻一样让人感到亲切。在日常生活中，在着手于他人建立友谊前，一定要想一想自己是否真正对他人感兴趣，他人能不能令你感到愉快。在这方面我们简单地给大家提出五个小建议，供大家思考。

（1）要持友善态度。

（2）接纳他人的性格和观点，不可强求改变他人。

（3）注重个人风格，不可一味为朋友作奉献，朋友相交要以互助为原则。

（4）向朋友叙说你的感觉和想法，但要注意彼此相交的深浅程度，以免出现尴尬局面。

（5）要明白真正的朋友有一些共同特点：不会贬低你来抬高自己；会保守你的秘密；不会恶言中伤你；不会介意你的衣着如何；不会断然断交。

（6）要有乐于变化的心态，时时准备变化、变革，要有伸缩、创造性，要有民主、平等的性格和守法、守诺的精神；要使个人技能不断提高和善于自处。

（四）与人积极沟通的其他常用方法

与人积极沟通建立良好人际关系是一门学问。前面提到的"人与人交往先从尊重他人开始"、"关心别人学会倾听"、"真诚对人感兴趣学会欣赏"都是提高人与人之间沟通能力的有效方法。当然，提升人际沟通能力的方法有很多，而且针对不同的人、不同的情况需要灵活使用。为了方便大家学习，我们再列举一些方法供参考借鉴。

1. 积极主动，乐于助人

一个人如果清高自傲、孤芳自赏，不知助人，只想自己，那么从领导到同事对他都不会有好看法。而如果在工作中能主动与同事和上下级之间进行沟通，主动关心和帮助别人，与大家打成一片，相信这样的人一定能得到同事的帮助，同事的赞许。

2. 学会幽默健谈

幽默是人类智慧的最高境界。一个说话幽默风趣的人，当然比木讷呆板的人受大家的欢迎。这种能力除了个别人靠天赋之外，更多的人可以通过平时多积累充电、广泛培养兴趣爱好来提高。具备了这种能力，在和各种类型的人进行交往时，就很容易寻找到共同感兴趣的话题，有利于拉近人与人之间的距离。

3. 善于控制情绪

在工作中难免碰到各种挫折和委屈、误解，这时要注意努力学会控制自己的情绪，不能因为一些细小的人际摩擦和矛盾而闹情绪、惹麻烦，影响团结，更不能因为情绪不好而影响了工作，否则就不能很好地与人打交道，难以在工作中进行人际间有效地沟通和协调。

4. 律己宽人，得理让人

所谓律己宽人，是指遵循一定的道德准则和行为规范严格要求自己、约束自己，用宽宏大量的胸怀对待他人。不论在工作还是生活中，应该多看看自己身上的缺陷，在自己身上找问题，而不能只知道责备别人，找别人的不是。尤其是在对方失理时，更要宽宏大度，让对方认识到自己的错误，这样才能真正把工作做好。

5. 做个热心人

在与他人相处的过程中，要做一个热心人，不要怕多管闲事，要关心别人的喜怒哀乐，尽自己最大努力去为他们排忧解难，这是你得到别人帮助的前提。如果你还不善于关心发生在你的同事、朋友以及与你交往的人身上的事，建议你从较为亲近的同事开始，去尝试关心和照顾。

6. 开放自我，敞开心扉

开放自我是与人和睦相处的前提，在你生活或者工作的地方，如果你总是过分掩饰自己或将自己封闭起来，是不可能成为受欢迎的人的。因为别人从你的言行中领略不到你的真诚与友好的品质。"假正经"在哪里都没有市场。

总之，我们在尝试以上提供的方法加强人际沟通时，一定记住提升人际沟通能力的方法是多种多样的，再如：不崇拜偶像、对自己充满信心、欣赏别人的优点、笑脸常在、言辞温和等，请大家多实践，多总结，建立起自己良好的人际关系。

三、团队精神使合作升华

如果说团队犹如大海上的一只与风浪搏击的船的话，那么团队精神的力量就是将团队这只大船送向幸福的彼岸。团队精神是团队的灵魂，它能把每一个人都凝聚到团队的周围，发挥出每一个人的个性特长，使每一个人因为团队而变得更加优秀和卓越。在工作中，团队精神是团队的灵魂，具有团队精神是每个人成功合作的必要保证。

（一）团队精神是团队的灵魂

1. 微软公司对团队精神的理解

团队精神是什么？对于不同的企事业单位和不同的人来说，团队精神的内容各有不同的理解。

微软公司的理解是：

（1）一群人同心协力，集合大家的脑力，共同创造一项智能财产，其产生的群体智慧将远远高于个人智慧；

（2）个人的创造力是一种神奇的东西，源自于潜在的人类心智潜能，它被情感丰富，而被技术束缚；

（3）一群人全心全意地贡献自己的创造力，将结合成巨大的力量。结合的创造力由于这一群的互动关系，彼此激荡，而更加复杂；

（4）这种复杂的情况之下，领导像是人际互动的交响乐指挥，辅助并疏导各种微妙的人际沟通；

（5）团体中的沟通和互动是正确而健康的时候，能够使这一群人的力量完全结合，会产生相加相乘的效果，抵消互斥。沟通顺畅能使思想在团队中充分交流传达，并形成最佳效果；

（6）倘若忽视了"团队精神"，则只会有平庸的成果。

2. 团队精神的含义

按照我国学者贾砚林、颜寒松等的说法，所谓团队精神，系指团队成员为了团队的利益与目标而相互协作、尽心尽力的意愿与作风。其主要内容包括三方面：在团队与其成员之间的关系方面，团队精神表现为团队成员对团队的强烈归属感于一体感，每个成员都强烈地感受到自己是团队的一员，并且由衷地把自己的前途、命运与团队系在一起；在团队成员之间的关系上，团队精神表现为成员之间协同合作及共为一体；在团队成员对团队事务的态度上，团队精神表现为团队成员对团队事务的尽心尽力以及全方位的投入。

我们看来，团队精神一般是指一个团队基于其成员的共同利益，在战略目标的导引下，通过一定的科学的运营机制和企业文化的规范与熏陶，所形成的一种积极向上、拼搏进取、互相帮助、真诚协作、顾全大局等文明健康的相对稳定的品质、意愿与作风。团队精神的基础是张扬个性，核心是协同合作、优势互补，动力是共同目标，由此可以说，团队精神是团队的灵魂。

（二）团队精神的培养

1. 组织中团队精神的培育

团队精神是一个组织、一个成功团队建设的血脉，它能使每个人的期望值保持高度一致，激发个人的能力，提高工作效率，而且能激励团队中的所有成员发挥潜力。

那么，作为一级组织如何培养团队精神呢？我们有八点建议。

（1）确立一个目标。共同的目标、共同的期望是形成一个团队的首要条件，也是达成职工对一个团队、一个组织忠诚的重要方式。一个有想像力的目标，是团队成功的基石，而目标也使得团队具有存在的价值。因此，要培养团队精神首先就要确立一个导向明确、科学合理的目标，使全体成员在目标的认同上凝聚在一起，形成坚强的团队，团结协作，为实现目标奋斗。

（2）树立我为人人，人人为我的思想。组织内部，部门之间、上下级之间、前道工序与后道工序之间的关系都是供应链之间的联结。一个好的企业、好的部门往往是通过自我调节把磨擦问题降到最低点的。对一些处于边界的问题避免采取"踢皮球"、"守球门"的态度，尽量在自己部门里加以解决，为其他部门、上下级、上下道工序创造好的工作条件。

（3）树立主动服务思想。团队的作用在于相互补台，日常工作中，许多事不能十全十美，而一些容易被人们忽视的地方往往是很关键的，这就要求我们发扬团队精神，主动为其他部门提供优质服务，尽心尽力帮助他人解决难题，使组织各方面都做到领先一步。

（4）增强领导者自身的影响力。领导是团队的核心。作为领导者，应了解和理解团队成员的心理，尊重他们的要求，通过自己的组织协调能力去影响和引导团队成员按既定的方向去完成组织目标。领导者要注意倾听不同声音，要注意接受不同的意见和观点，并加以重视和思考，求同存异，保留不同的思想，利用好团队的合力。领导者还要引导团队成员使其个人目标与组织目标保持一致，将个人的奋斗目标和职业生涯道路与团队的组织目标高度融合在一起。

（5）建立系统科学的管理制度，使管理工作和人的行为制度化、规范化、程序化，保证组织协调、有序、高效地运行。

（6）经常沟通和协调。沟通主要是通过信息和思想上的交流达到认识上的一致，而协调是取得行动的一致，两者都是形成集体的必要条件。管理沟通与团队精神养成之间存在着因果关系，而良好的沟通是建立在双方相互了解和理解的基础之上的，因此要多了解和理解沟通对象，积极地向别人推销自己的主张，认真地倾听别人所提出的与自己不同的意见和主张，用"双赢"的沟通方式去求同存异，达到良好的沟通目的。

（7）强化激励，形成利益共同体。激励可以激发人的动机，使其内心渴求成功，朝着期望目标不断努力。激励员工的方法有很多，比如为员工提供一份挑战性的工作，为员工提供学习新技能的机会，以及确保员工得到相应的工作条件等。此外认真听取员工意见也能激励员工。员工提拔、晋升的标准也是激励员工的最好方式之一。但是单凭资历提拔不能鼓励员工争创佳绩，只会使他们养成坐等观望的态度。要以工作业绩为主制定一整套内部提拔员工的标准，激励员工作出更多贡献。

（8）引导全体员工参与管理。要让员工了解组织的发展目标，吸引每一个员工都能直接参与各种管理活动，可以使全体员工不仅贡献劳动，而且贡献智慧，直接为组织发展服务。

2. 个人团队精神的培养

在知识经济时代，竞争已不再是单独的个体之间的斗争，而是团队与团队的竞争、组织与组织的竞争，任何困难的克服和挫折的平复，都不能仅凭一个人的勇敢和力量，而必须依靠整个团队。只有把自己融入团队之中，依靠集体的力量，才能取得个人难以实现的优秀业绩。

具有团队精神是一个人事业成功和发展的前提条件。而要提高自己的团队精神，就必须在工作实践中不断培养和锻炼。我们的建议有以下几点。

（1）团队目标至上。作为团队的一员，要看到团队的命运和利益包含着每一个成员的命运和利益。只有整个团队获得更多利益，个人才有希望得到更多。在团队中，不要因个人的一己私利，置团队和他人的利益于不顾；而要把团队目标至上作为工作信念，不断提高自己的对团队的责任感和使命感。

（2）找准位置。每个人在一个团队中都扮演不同的角色，我们有必要根据自己的性格、能力、教育背景等，不断发掘自身的优势，为自己在团队中找到合适的岗位。同时，在无法或很难改变自身条件的情况下，我们不妨首先考虑安心地从事合适的职位，为团队发展出力。

（3）积极乐观。积极乐观是事业成功的基础，即使遇上十分麻烦的事，也要保持乐观的态度，告诉我们身边的伙伴：我们是最优秀的团队，只要努力，我们一定能把问题解决好，等到我们解决了，我们一起去庆祝。

（4）平等友善。即使你各方面都很优秀，即使你以一个人的力量就能完成眼前的工作，你也一定不要显得太张狂。要知道你并不能完成团队中的所有工作。做工作要靠团队中的每一个人，平等地对待每一个人是做好工作的最好方法。

（5）创新合作空间。一个有不凡表现的人，除了积极主动与他人合作以外，还需要他人乐意与你合作。在工作中不要总是安于眼前的合作现状，而要尝试着不断发掘自己的潜力，取得更大更远的合作空间。

（6）善于交流。同在一个部门，同在一个办公室，你与同事之间会存在某些差别。知识、能力、经历造成每个人在处理工作时会产生不同的想法。交流是协调的开始，把自己的想法说出来，多听听别人的想法，自己的工作就会得到提升。

（7）接受批评。批评你的人是为你好的人，也是重视你的人，虚心接受别人的批评，正是你进步的开始。在工作团队中，请把你的同事当成你的朋友，坦然去接受他们的批评。相反，一个傲慢无理、不愿接受别人意见、一意孤行的人，每个人都会敬而远之。

总之，一个人要想在工作中快速成长，就必须依靠团队、依靠集体的力量来提升自己。善于合作、有优秀团队意识的人，整个团队也能带给他无穷的收益。

练习思考

1. 诚实守信是为人处事的美德，请结合约翰·丹弗的经验之谈，思考一下这些做法对你为人处事有什么帮助？

2. 善于倾听是人际沟通的基本技巧，请结合自身的情况，谈一下你在这方面的不足和你的改进打算。

3. 反思一下自己平时是怎样与他人沟通的，注意一下自己的意图和沟通方式，不能肯定的事就要主动向别人请教，自己错了就要向对方道歉。

4. 评价一下你身边团队的团队精神，想一下你能为团队精神的凝聚做点什么？

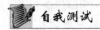 自我测试

测试题目

看看你的合作能力怎样？合作能力是适应社会、立足社会不可或缺的重要素质。只有能与他人合作，善于与他人合作，具有与他人合作的精神，才能在事业上有所建树，赢得发展。想知道你的合作能力吗？请根据实际情况，回答下列问题。

1. 如果某位中学校长请你为毕业生在晚间做关于你公司的情况报告，而今天又有你最爱看的电视剧大结局，你会：

   A. 立即接受邀请，同意去
   B. 同意去，但要求改期
   C. 以其他理由拒绝

2. 如果某位重要顾客打来电话，说他们设备出了故障，希望派人去修理，而这时主管人员及维修人员都不在，你会：

   A. 亲自送配件
   B. 打电话给维修师，让他马上去
   C. 告诉客户需延期解决

3. 如果一位与你竞争激烈的同事向你借一本经营管理的畅销书，你会：

   A. 立即借给他
   B. 同意借给他，但说此书无用
   C. 告诉他书丢了，或不知遗忘在什么地方

4. 如果某位同事为方便自己而想与你调换休息时间去休假，可这个时间段你也要休假，你会：

   A. 马上答应
   B. 告诉他你要同家人商量
   C. 拒绝调换，并说你已经加入旅游团了

5. 如果你驾车赴约途中，见到同事的车抛锚了，你会：

   A. 毫不犹豫去帮助他修车
   B. 告诉他你有事，先不能帮他，但会帮他找修理工
   C. 装作没看见

6. 如果某位同事在你下班时请你留下来听他倾吐苦水，你会：

   A. 立即同意
   B. 劝他第二天再说
   C. 以各种借口拒绝他

7. 如果你的同事想让你陪他去医院看他的夫人，你会：
A. 立即同意
B. 劝他找别人
C. 以汽车坏了等理由拒绝

8. 如果同事的儿子想选择与你同样的专业，希望你给予指导，你会：
A. 马上同意
B. 答应请求，同时声明你的建议供参考，可能已过时
C. 只答应谈几分钟

9. 如果你在会议上的演讲很精彩，别人向你索取原稿，你会：
A. 同意，立即复印
B. 同意，但并不太重视
C. 同意，但转眼即忘

10. 如果你参加了一个新技术培训班，学习到了一些对工作有益的知识，你会：
A. 返回后立即向大家介绍，并分发材料
B. 泛泛介绍一下
C. 把课程贬得一钱不值，或根本不介绍

评分标准

每一道题目，选择 A 得 3 分，选择 B 得 2 分，选择 C 得 1 分，然后将各题所得的分数相加。

结果分析

26 分及以上：是个很善于合作的人，也是个好心人，但容易被人利用，因很少说"不"而常常误事。

18～25 分：合作能力一般，合作与否视心情和情况而定，时好时坏，不太稳定。

17 分及以下：合作能力很差，让别人感到是一个不合群的人。

提高三

学会卓有成效地工作

学习要点

知识要点

1. 了解奥卡姆剃刀定律；
2. 了解工作时间管理的定义；
3. 了解功劳和苦劳的区别；
4. 掌握四小时复命制的出处、核心和结果倾向。

技能要点

1. 学会制定工作目标、工作计划和每日工作清单；
2. 学会区分事情轻重缓急的方法；
3. 学会合理安排工作时间；
4. 学会追求工作的结果。

内容提要

有成效的工作不是瞎忙，有成效的工作是有思想、有目标、有方法、有时间、有结果的工作。在工作中要学会带着目标去工作，讲究工作的方法，提高工作效率，以结果为导向，把各项工作落实到位。学会卓有成效的工作是每个工作人员的基本职业素养。

一、带着目标去工作

踏上工作岗位以后，快节奏的工作和生活，让人难有闲暇。日复一日、年复一年地忙于完成任务、会议传达、往返应酬、充电培训、柴米油盐等等，忙碌成为在职人群生活的常态。繁忙的工作和生活是成就事业的基础，但无意义的忙碌也是碌碌无为的根源。同样的同学，有的当上教授，有的跻身高管，为什么自己还在底层挣扎？同样是工作，有的人很快能完成工作任务，有的人总能得到上级的表扬，为什么自己总是不得不加班来完成任务，得不到赏识？要知道，很多时候，造成人与人之间命运悬殊的，往往不只是因为谁比谁努力或谁聪明，而在于你有没有目标、你的目标清晰不清晰以及你的一个个具体目标实现没实现。

（一）制定长远的工作目标

1. 有了工作目标才有方向

在工作中，最不可忽略的首要问题，就是确定工作目标。目标是走向成功的基石，有了目标，我们的力量才会找到方向。没有目标的工作，就像一场没有终点线的赛跑，即使有再多的激情也会被纷繁的事务消磨掉。而要制定工作目标，我们必须注意：目标是长期的，不只是一小段时间；目标是具体的，要能量化，不能泛泛而谈；目标要宏伟一些，伸伸手就摸得到，那不能算是目标。

2. 学会制定工作目标

那么如何来制定我们每个人的工作目标呢？拿破仑·希尔在《成功学》中告诉我们的方法是：静下心来，避开干扰，通过向自己提问题并进行回答的方式去挖掘自己的目标。在经过一段时间努力后，如每一年，对自己的目标进行一次重新审视，修正和补充，不断向自己的理想目标靠近。拿破仑·希尔介绍的确定目标实践方式，既包括了人生目标的审视，也包括了工作目标的审视。大家可以试着去思考和体会，来完善自己的工作目标。

首先是对人生目标的提问，包括七个问题。

（1）我有什么才干和天赋，什么东西我能做得最出色，或比我认识的人都做得好？

（2）我的激情在哪一方面？有什么东西特别使我内心激动，使我分外有冲劲去完成？如果有，是什么？

（3）我的经历有什么与众不同的地方，能给我特别的洞察力、经验和能力？我能作出什么不寻常的事情？

（4）我所处的时代和环境有什么特别之处？哪些独特的地理、政治、历史、经济、文化等背景能对我的机遇产生影响？

（5）我与什么杰出人物有来往？他们的才干、天赋与激情为我带来了哪些靠单独工作找不到的机会？

（6）我希望看到何种需要得到满足？

（7）在我的一生中，我能想象自己做出了最伟大的事情是什么？

其次是对目前的工作进行提问，包括五个问题。

（1）我有什么才干、天赋或财力目前还未派上用场？

（2）我所处的特殊环境和时代对我的工作能产生什么影响？

（3）对上一个问题，我的答案能产生什么机会？

（4）如果我有无限的财力，而且我的努力都能成功，那么我最大的工作目标是什么？

（5）我的熟人中有谁的目标与我的目标相似？我和他们可以怎样互相提携？

目标，正如射击场的靶子，它会告诉我们射击的方向，还会显示出我们的子弹离靶心有多远。有了明确的目标，我们就不会盲目地浪费时间和精力去做那些无谓的准备。在我们为工作而努力之时，切记花一些时间，先为自己的工作确定目标，目标越长远越好，越远大越好，越具体越好。

（二）制订合理的工作计划

1. 做事前要制订工作计划

每项工作启动前必须要制订出工作计划。工作计划是长远工作目标的具体化，每一个工作目标均需要完成诸多工作任务，而每一项工作任务均需要制订合理的工作计划去落实和完成。

制订计划去工作就如同建造一栋房子，首先得有一张详细的设计图纸，能够让人一眼就看清楚房子的结构、外观、房间的规格多少，窗户如何安置等。而为了将这栋房子建好，你就必须得反复思考，再三斟酌，认真制定行动的步骤。然后，依照设计图纸，从打地基开始，一步步地进行下去。这和我们每天的工作非常相似。如果从早上一上班就毫无头绪，抓起哪个做哪个，那结果不是完不成工作，就是有的工作忘了做。精心安排好的计划尚且有意外的出现，更何况本来就没有预先的设想呢？所以，每次开始工作前必须想好要做的每一步。

2. 制订工作计划的注意事项

所说的制订工作计划，其实就是把明确的工作任务、开展工作的条件、具体的工作内容和工作步骤、需要的工作时间等进行合理的安排，以确保工作任务的完成。制订工作计划时一定要考虑到这些因素，也就是拟订工作计划时要重点注意的事项，请学习制订计划时进行参考。

（1）列出明确的任务。明确的任务必须具有具体性、可衡量性、可实现性、相关性、时限性，它们是制订计划必须考虑的问题。

（2）考虑好实施工作计划的各种条件。要有相应的人力、财力、物力、时间、信息等基础性条件，制订计划时必须清楚，哪些条件已经具备，其他条件能否具备，何时具备等。

（3）详尽而实际地列出工作内容和步骤。制订工作计划时不要超过你的实际能力范围，工作内容和实施步骤一定要详尽，以保证任务的落实。

（4）设定起始和截止的日期。强制自己按时完成工作任务是让时间增值的有效方法。任何事都有期限，有时候往往是由于设定期限的观念不强，而坏了大事。

（5）讲求方法合理安排好自己工作时间。把自己的时间用在最有意义的工作项目上。遇到一些你以前从未遇到的问题，多向有经验的主管或同事请教和学习。同时不要忘了留出娱乐、家人相聚、朋友相会以及精神领域追求的时间。一定要给自己留出修补工作任务的时间，在这个时间不要安排任何活动，只用于去完成前面未完成的工作。

（6）在情况变化时要随时能够修正。有目标的计划是行动的指南，但不能修改的计划是无用的计划。在工作中，应根据具体情况的变化对计划做出相应调整，发现问题，立刻调整。

凡事预则立，不预则废。一个人只有知道如何安排工作，制定工作进度表，才能高效率地办事，也才能办好事办成事。请一定记住，在我们接到一项任务或解决一个问题时，先给自己制订一个合理的工作计划，然后再去完成，这是我们出色完成任务解决问题的基础。

（三）学会列工作任务清单

1. 为每天的工作列任务清单

在每天的工作中，我们的工作任务不会只有一项，有时会是一堆琐碎的小事，如果东一榔头，西一棒槌，不仅毫无章法，而且效率不高，甚至造成拖延。而采用每天列任务清单的方法将会有效地克服拖延的习惯，有助于每天各项工作任务的完成，更有助于形成认真严谨的工作作风，提高工作和办事的效率。

2. 列任务清单的注意事项

对每天的任务列出清单，是对自己应完成工作任务的一个提醒。它的作用就在于能抓住当天工作的重点，能给自己的工作自设一个时限。大家不妨在工作中试着做做，看看它对我们提高工作效率有何帮助。

（1）把任务要落到纸上。好记性不如烂笔头，再好的记性也不如落到纸上，做起事来也踏实，不用担心会漏掉什么工作。平时，我们总是在忙着一件事情的同时还惦记着下一件事，把工作都记下后，我们就可以专注于一件工作，心无旁骛，效率自然会提高。

（2）叙述简单明了。任务清单是为了把工作量化、细分，让我们的工作更有条理性，叙述时用一些自己理解的关键词就可以，并要把任务清单列在一个专门的本子上，而不是记在一些小纸片、及时贴上，可随身携带，不要随意乱放。

（3）要标注时间。做好任务清单，就是为了使工作有序进行，避免拖延，所以时间是必不可少的内容。我们每一项工作都要有一个估算的时间，并要在任务清单的旁边标明，在执行时严格按照规定的时间去完成，不拖延。

（4）定期检查。早上起床后，找个时间查看任务清单，这是一天工作的开始。如果每天固定检查任务清单，你就绝不会因为忘记而没有完成任务。每做完一项工作就可以删除一项，如果任务确实没有及时完成，一定要及时做出调整，择期落实。

（5）日事日清。任何事情如果没有时间限定，就如同开了一张空头支票。我们列出的任务清单，在记下事情定下期限后，一定要做到今日事今日毕，不能依赖明日。

二、注重方法让效率提高

人生在世，无论做什么都必须采用适当的方法。方法正确了，事情就容易办理；方法不正确，事情就会一塌糊涂。我国古代许多故事，如曹冲称象、司马光砸缸、刻舟求剑、拔苗助长等，脍炙人口，流传至今，说明了做事方法的重要。

在日常工作中，有不少人由于没有掌握高效的工作方法，或者被各种琐事、杂事所纠缠，或者被看似急迫的事所蒙蔽，或者在一个难题面前停滞不前，不懂变通，结果筋疲力尽，心烦意乱，白白浪费了大好时光。而做事研究方法，简化自身的工作，有效安排时间，按部就班去实施，将会把我们从复杂纷乱中解放出来，提高工作的效率。

（一）学会简化工作

1. 奥卡姆剃刀定律

奥卡姆剃刀定律即"简单有效原理"。公元 14 世纪，英国奥卡姆的威廉对当时无休无止的关于"共相"、"本质"之类的争吵感到厌倦，于是著书立说，宣传唯名论，只承认确实存在的东西，认为那些空洞无物的普遍性要领都是无用的累赘，应当被无情地"剃除"。他的主张概括起来就是，"如无必要，勿增实体"。其意是：如有两个以上的解决方案，选择其中最简单的。因为威廉是英国奥卡姆人，人们就把这句话称为"奥卡姆剃刀"。奥卡姆剃刀定律是在特定条件下的一种决策原则，它具有局限性，又具有广泛的应用性。

2. 简化工作的主要方式

开展工作可以采取许多方式，简化工作是其中最有效的方式，而要对工作进行简化则要在认识工作、完成工作和选择工具上动脑筋，这里介绍三种方式供大家参考。

（1）学会简化问题。美国威斯门豪电器公司董事长唐纳德·伯纳姆在《时间管理》一书中提出自己提高效率的一项重要原则：在做每一件事情时，应该问自己三个"能不能"：一是能不能取消它？二是能不能把它与别的事情合并起来做？三是能不能用更简便的方法来取代它？在这三个原则的指导下，能把复杂的事情简明化，提高办事效率，不至于被复杂纷繁的表象所迷惑，处于被动忙乱的局面。

（2）学会简单办事。冗繁是效率的大敌。世界500强企业之一的宝洁公司提出使用"一页备忘录"，来推行简单高效的工作方法。而目前我国许多行政工作均提出了"开短会、说短话、写短文"的办事方式，主张吃透精髓，简单明了。

（3）有效利用办公工具。巧妙利用办公工具是简化工作的好方法。比如合理利用记事本。在记事本里，登记出常用电话号码、待办杂务、待写文件、待办事项。事情办好后，用笔划掉。再比如有效利用名片。接到一张新名片后，马上在名片记下"小抄"充当备忘录，内容包括：会面的日期与地点、会谈的主题与要点、由何人介绍以及双方约定的后续事项等。这样做都有利于将复杂的事情简化下来，使工作不再是一团乱麻。

（二）把工作排定优先顺序

1. 办事有轻重缓急之分

古人云："事有先后，用有缓急。"工作也是如此，分清事情的轻重缓急，不但做起事来井井有条，完成后的效果也是不同凡响。次序处理好了，不但能够节约办公时间、提高办公效率，最重要的是能给自己减少许多麻烦。决定好做事情的轻重缓急，是为自己找到更多时间去完成最为紧要的工作的最为有效的方法。

2. 区分事情轻重缓急的方法

凡事都有轻重缓急，重要性最高的事情应该优先处理，不应将其和重要性最低的事情混为一谈。对于那些零零散散的事务，我们可以先把它们按照"急重轻缓"的顺序，整理好再着手处理。

（1）重要而且紧急——必须立刻开始或在近期内就要取得结果。在工作中，除非是很多件这种工作同时出现，否则你就应该马上行动处理它们。因为这种工作的紧急和重要性要比其他每一件事都优先，不允许有搁置、缓办和拖延。

（2）重要但不紧急——这类工作更容易体现出办事有没有效率意识。大多数情况下所谓重要的事情都不是紧急的，我们可以现在就做，或者稍后再做。对于这种事情，如：个人的职业发展、财富、健康和家庭等，大多数人都会表示会去做的；而在太多的情形下，我们一直在想着做，也一直是在拖延着。如果这些事情没有涉及人的具体工作，或没能在一定的时间内变成"紧急"的事情，一般来说，我们可能永远不会把它们列入到我们自己优先要办的工作内容中去。

（3）紧急但不重要——表面上看起来需要立刻采取行动的事情，但其实影响有限。比如说，你的朋友邀请你去参加一个朋友间的聚会，而你的爱人正好告诉你同一时间需要一起去参加另外朋友的婚礼。对于你来说，你或许会认为这两件事都不是非常重要，但是你的爱人就站在你的面前等你回答，你就很容易接受爱人的建议；而反之你的朋友站在你的面前等你回答，你就很容易接受朋友的建议。到时间一定要做，紧急但决定可以看情形确定。

（4）不紧急也不重要——此类事情，无论何时去做，都要明确地安排出一块时间。很多工作只有一点价值，既不紧急也不重要，有的人习惯在做更重要的事情之前先做它们，因为怕这些事情会分你的心。另外，快速地完成它们也有一种成就感。但需要注意的是，绝不能把这些工作的解决变成重要工作向后拖延的借口。

（5）浪费时间——做了就后悔，对工作目标毫无益处。有些工作，我们做完后就会后悔，觉得是做了无用功，是在"浪费时间"。但是否是真正的浪费时间，要求将此类工作和工作目标联系在一起，看是否有助于更快更好地完成目标。

处理事务分不清轻重缓急是对工作的不负责任。进一步说，它是工作的隐形杀手，常常把辛勤劳动的成果弄得乱七八糟，它如同包裹在美丽蝴蝶身上的那一层难看的蛹衣，会掩盖住你的一些出色的工作能力。所以，分清工作的轻重缓急，养成良好的工作习惯，就能帮助你轻松应对每一项工作，成为名副其实的有效率的工作者。

（三）善于合理安排工作时间

1. 工作时间管理

工作时间管理所指的是用技巧、技术和工具帮助人们优化时间完成工作，实现目标。工作时间管理的目的并不是要把所有事情都做完，而是要更有效地运用时间确定要做的事和不应该做的事情。工作时间管理最重要的功能是透过事先的计划合理安排好时间，作为工作中的一种提醒与指引。在进行工作时间管理时，人们不可能完全掌控时间，但可以有效地降低工作的变动性，保证目标的实现。

2. 学会合理安排工作时间

金钱可以被储蓄，知识可以被累积，时间却不能被保留。有的人工作做得井井有条，有的人成天忙忙碌碌，其中的差别与对时间的利用和管理有一定关系。要想摆脱忙而无效的工作状态，让自己的工作更加高效有序，就要善于掌控自己的时间，科学地利用时间。下面介绍12个管理时间的办法，供参考借鉴：

（1）睡觉前把明天要做的事在脑中想一遍。

（2）每天早晨比规定时间早15分钟或半个小时开始工作，在全天正式开始工作前做一下计划。

（3）开始做一项工作前，应先把所需的资料放在桌上，这样就能避免因为遗忘而浪费时间。

（4）把最困难的事放在工作效率最高的时间做，简单的小事，可在精力较差的时候处理。

（5）给所有罗列出来的事情定一个完成期限，一旦确定了哪些事情是重要的，要学会对那些不重要的事情说"不"。

（6）养成将资料存档的习惯，在会议、讨论或重要谈话之后，立即记录下要点，以便日后查看。

（7）不要让闲聊浪费你的时间，让那些上班时间找你东拉西扯的人知道，你愿意和他们聊天，但应在下班以后。

（8）合理利用空闲时间，处理例行工作。假如一位访问者失约了，也不要呆坐在那里等下一位，你可以顺手找些工作来做。

（9）善用电话处理问题，拿起电话前，先准备好要用的东西，如纸、笔、姓名、号码及预定话题、备用文件等。

（10）把看报的时间放在晚上，而将白天的宝贵时间用在工作上。

（11）开会时间最好选择在午餐或下班以前，这样每个人都会很快地作出决定。

（12）事后要反思，每天花片刻时间反思一下你的工作，可找到更多改进工作的方法。

以上的方法只是一个个案例，把它们活用起来，你会发现你的时间变充裕了，工作变高效了，心情变轻松了，生活变美好了！

（四）养成创新工作的习惯

1. 创新才有特色

有这么一幅画，在一条小溪流中，一群鱼都在争先恐后地向着一个方向游，只有一条鱼比较特别，它向相反的方向游，画的题目叫《换个方向你就是第一》。这幅画反映出了一种思维的智慧，既然在一个方向上不能显出特色，那么就换个方向，展示出自己与众不同的优势。许多人不懂得"换个方向"的道理，当然也不懂得逆向思维的好处，殊不知创新就在于思维方式的改变，出奇才能制胜。

我们每个人都有思考和创新的能力，只要愿意去发现，你就会看到身边有无数值得去发现的创意。创新的才能是可以通过培养来提高的，在看似平凡的工作中，多保持积极进取的态度，多了解工作的行业和岗位，多思考、多观察，你会发现工作中的不平凡，你会发现工作的创意就在你的身边。

2. 学学创意十二诀

培养创新工作的习惯，方法有多种多样，这里向大家介绍的是台湾学者张立信等创出的十二种改良物品的方法，叫做"创意十二诀"。大家可以结合自身工作对号入座，体会思考，尝试实践，看一看对于做好工作、提高工作水平和养成创新工作的习惯有何帮助，具体方法如下。

（1）加一加。在这件东西上添加些什么，会有什么结果？

（2）减一减。在这件东西上减去些什么，会怎么样呢？

（3）扩一扩。使这件东西放大、扩展，结果会如何呢？

（4）缩一缩。使这件东西压缩、缩小，会怎么样呢？

（5）变一变。改变一下形状、颜色、音响、味道、气味，会怎么样？改变一下次序会怎么样？

（6）改一改。这件东西还存在什么缺点？有改进这些缺点的办法吗？

（7）联一联。把某些东西或事情联系起来，能帮助我们达到什么目的吗？

（8）学一学。有什么事物可以让自己模仿、学习一下吗？

（9）代一代。有什么东西能代替另一样东西吗？

（10）搬一搬。把这件东西搬到别的地方，还能有别的用处吗？

（11）反一反。如果把一件东西、一个事物的正反、上下、左右、前后、横竖、里外，颠倒一下，会有什么结果？

（12）定一定。为了解决某一个问题或改进某一件东西，为提高学习、工作效率和防止可能发生的事故或疏漏，需要规定些什么吗？

三、以结果为导向重在落实

落实工作的能力对一个企业的生存发展至关重要，也是员工取得事业成功的关键点。以结果为导向重在落实是有高效行动力的表现，更是工作落实到位的重要体现。任何一项工作都是为了结果而开展的，一旦没有结果作为指引，执行和落实都显得苍白无力。

（一）学会以结果为导向去工作

1. 分清功劳和苦劳

有一句话叫做"没有功劳也有苦劳"，这句话常常被一些人用来作为抱怨的借口和安慰自己的理由。这在工作中是要不得的。功劳与苦劳两个概念同样是劳动但差别很大。功劳是针对企业目标或产出而定的。只有当员工的所作所为有助于达成企业目标时，我们才可以说这位员工立下了功劳。苦劳则是针对员工所出的力量而言的，与企业目标并不相关，很多时候是员工辛辛苦苦忙忙碌碌，只落得一个疲劳而已。任何对目标没有帮助的工作，做了还不如不做，无功就有过，做了一堆事不等于有了结果，没有结果的付出只是在做无用功。

2. 追求工作的结果

执行的本质就在于抓住结果，实现预期目标，没有结果一切过程都可以当做不存在。而要学会以结果为导向去工作，就要学会追求工作的结果。这方面我们的建议如下。

（1）要从公司或单位角度出发看问题。如果能从公司或单位的角度去思考工作，同样的工作结果，你一定比其他人更到位，表现出色是因为你不仅仅关注自身的绩效结果，而更重要的是你关注这项工作对整个公司的价值意义。

（2）要时刻清楚自己想要的结果。没有结果的工作等于没有做工作，只有时刻清楚自己必须要达到的结果，才会使自己目标明确，方法明确，一步一步去实现，少走弯路，少犯错误。

（3）尽量做自己应该做的事。一个人的精力是有限的，做事前首先要考虑自己的职责范围，该你做的事要努力去做，不该你做的事就不要多管，把自己专注于确定的具体目标上，专心去实现。

（4）工作方式要简单快捷。完成一项工作有多种方式，简单快捷的方式是最大程度的节省，是高效执行的表现。无论什么样的工作，都要学会在保证质量的前提下去找更加简单快捷的方式，比别人更加快捷迅速地完成工作。

（5）执行过程中检讨和修正。成功从来不是一蹴而就的，在分段实施过程中，要对原来目标是否如期实现，原来计划是否有偏差，下一步是否需要调整等进行自我检讨和修正。这是保证工作有结果的必要步骤。

（6）要懂得全力以赴冲刺。做事情全力以赴，任何困难都可以迎刃而解。善用时间者在任何时候都在向时间的终点全力冲刺。你若决定几点钟前做什么，就要在这个时间到来之前毫不松懈地干到最后。

（7）要学会对工作结果进行自我激励。为了达到工作目标，你可以事先给自己制定一个奖惩措施。每完成一项工作任务，放松一下自己；如果完不成，就要惩罚自己去完成一项提高自我的训练等。

（二）克服拖延把工作落实到位

1. 一项工作效率的简单测试

在工作中，我们必须学会，在有限的时间内，抓紧每一分每一秒的时间行动，决不拖延。在《个人效率圣经》一书中，作者凯利·葛理森曾提出一个检验工作是否有效率的简单问卷：

你是否觉得时间总是不够用？

你是否觉得工作总是做不完？

你是否常觉得淹没在办公室的琐事和文件中？

你是否觉得处理 E-mail 耗时费事？

你是否常超时工作，深夜不得休息，每到周末还得加班完成当周工作？

如果你的答案都是"是的"，显然，你的工作效率出了大问题。其实，工作效率出问题，主要原因在于人们总是不断累积待办事项，拖延愈久就愈难处理。拖延并不能使问题得到解决，这些问题在给你不断增加压力的同时，最终还需要你去解决。最好的办法是找到方法克服拖延，使自己成为真正高效的工作者。

2. 克服拖延的坏习惯

应该意识到，拖延问题并不能消灭问题，却会使麻烦越积越多，最好的办法是马上启动。随时提醒自己：不要被惰性所控制。如果工作太复杂，可以将其分解为许多小工作，一个一个攻破。要成为一个高效的工作者，第一要务就是减少手边的待办事项，时时刻刻谨记：不要拖延，立刻动手做。在此，我们提供的建议如下。

（1）建立短期目标。通过建立短期目标，促进自己马上行动。为自己建立一个10分钟的目标，再用10分钟为使自己更接近目标而行动。这样简单地去做，你会感受到有结果的行动所带来的动力。如果你认为10分钟的目标还难以见成效，你可以为自己建立5分钟的目标并且努力去实现，甚至可以建立1分钟见成效的目标。只要确定目标，并且马上行动，就会渐渐提高自身的行动力。

（2）设定固定的行动时间。在每一天或者每一个星期，确定一段固定的时间，集中精力完成已确定的目标。时间的长度应该予以选择确定，比如说一个小时。在这段时间里，不要让其他任何事情或任何人侵扰影响你。你将会发现，在这段特定的行动时间里，你正在一步一步接近你的目标。无论你的目标是什么，设定一段固定的行动时间，有助于你的事业发展。

（3）向你信得过的人寻求帮助。在遇到障碍时向朋友求助，不但能更有效地清除障碍，还能提高自己的士气，加快达到目标的速度。比如说，你请求与你关系密切的朋友每个星期都听取你计划进展情况的汇报，请他监督帮助，给予指点等。但是注意，如果你选择的朋友对你的工作或者目标完全不关心，那么你就无法得到预定的效果。

（4）用适当的词语激励自己。要学会为自己选择一些马上行动不拖拉的词句，提醒和鼓励自己。任何人都是需要鼓励的，鼓励中蕴涵着能量，激励着你把自己的想法意念转化为实际行动。

3. 坚决把工作落实到位

"落实"与"落实到位"在效果上是有着本质区别的。前者往往是假象，往往是对上级的一个应付，后者却意味着对组织的目标负责，对工作的品质负责。唯有对结果负责的落实才是有效的工作，是真正的落实。著名的管理学家刘光起先生，在其著作《A管理模式》中提到一个"四小时复命制"的理念。这一理念所体现的精髓就是落实到位。

四小时复命制的核心是有命必复，只要一件事布置下去，就必须复命。这并不是固定地要求一项工作一定要在四小时完成任务，而是一种理念和工作方式，上级布置一项工作时，员工若没有任何异议，就应该按时完成，并在明确的时间期限内给予上级答复；若在执行工作的过程中遇到突发、意外事件，应在四小时内汇报；若在完成工作的过程中遇到困难，也应在四小时内向上级汇报，使领导及时调动人力、物力、财力，帮助克服困难，使工作顺利完成。

四小时复命制是有结果倾向的，在我们接到一项任务后，执行一定时间（四个小时内）

得到一个结果,要向上级复命。得到的这个结果可以是工作目标的实现,也可以是过程中发现的问题和障碍,但无论结果如何、问题如何,在规定的时间内必须给上级一个回应(复命),以便上级第一时间做出下一步的判断和安排。

在实际工作中,除了四小时复命制,还有"八小时复命制"、"二十四小时复命制"等管理制度。这些制度有利于企事业单位责任到人,落实到位,避免拖拉。而对于员工个人而言,有益于员工培养一种高效工作的品质,有益于员工形成重执行重结果的工作作风。

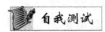

1. 结合自身的工作,思考如何制订合理的工作计划,并尝试制定一项工作的工作计划?
2. 针对某件自己常用的物品,运用"创意十二诀"进行思考,能获得新东西吗?

测试题目

看看你的工作效能怎样?这是欧洲流行的测试题,曾被世界 500 强企业作为员工工作效能自测的基本试题。共 33 题,测试时间为 25 分钟,最大分值为 174 分。如果你已经准备就绪,请开始计时。

第 1~12 题:下列测试由一系列陈述句组成,请选择一个与自己最切合的答案。

A. 总是　　 B. 大多数时间　　 C. 一半时间　　 D. 几乎不　　 E. 从不

1. 我能在规定的时间内完成工作。(　　)
2. 我认为自己有责任完成好工作。(　　)
3. 我把困境当成是一种挑战。(　　)
4. 我把错误看成是学习的机会,并从中吸取经验、教训。(　　)
5. 我勇于承担责任。(　　)
6. 我能言行一致。(　　)
7. 尽量找寻提高做事效率的方法。(　　)
8. 我能清楚地明白领导的意图,并努力执行。(　　)
9. 我的领导对我很满意。(　　)
10. 我乐意听取一切有利于完成工作的建议。(　　)
11. 以团队为重,个人服从团队决定。(　　)
12. 我认为自己精力充沛,并富有竞争性。(　　)

第 13~21 题:下列各题,每题有三个备选答案,请根据实际情况,选择适合自己的答案。

13. 你认为工作是(　　)。
    A. 使命　　　　 B. 生存的方法　　 C. 介于 A、B 之间
14. 你曾以"这不是我分内的工作"为由来逃避责任吗?(　　)
    A. 从不　　　　 B. 仅有 1 次　　　 C. 至少 3 次以上
15. 你有过"每天多做一点"的想法吗?(　　)
    A. 从不　　　　 B. 仅有 1 次　　　 C. 至少 3 次以上
16. 你曾认为同事的升迁(　　)。
    A. 那是幸运　　 B. 那很平常　　　 C. 那是勤奋

17. 你经常第一个到公司吗？（　　）
A. 经常　　　　　　B. 有时候　　　　　　C. 从不

18. 你曾主动推后下班的时间吗？（　　）
A. 从不　　　　　　B. 很少　　　　　　　C. 至少3次以上

19. 公司的地很脏，你会（　　）。
A. 视而不见　　　　B. 想打扫又碍于面子　C. 主动打扫一下

20. 你认为你的工作是怎样的？（　　）
A. 很伟大　　　　　B. 很平常　　　　　　C. 不值一提

21. 一件工作完成，你会（　　）。
A. 坐等下一工作　　B. 预测下一工作　　　C. 主动寻找一下工作

第22～33题：下列各题由一系列陈述句组成，请选择一个与自己最切合的答案。
A. 非常符合　B. 有点符合　C. 无法确定　D. 不太符合　E. 很不符合

22. 我试图每天摸索一个能帮我节省时间的窍门。（　　）

23. 我把每天要办的事按轻重缓急列出单子，并尽量把重要的事情早点办完。（　　）

24. 我做事讲究找窍门，而不是一味蛮干。（　　）

25. 我尽可能早地终止那些毫无收益的活动。（　　）

26. 我给自己腾出足够的时间，突击处理最紧迫的事情。（　　）

27. 我一次只集中力量干一件事。（　　）

28. 当我连续办完了几件事，我奖给自己休息时间和特别报酬。（　　）

29. 我不论做什么事，对自己和别人都提出时间要求。（　　）

30. 我保持桌面整洁，使我能随时入座办公，并把最急需处置的事情放在桌子正中。（　　）

31. 我把上班时间的闲聊减少到最低限度。（　　）

32. 我尽量减少一切等候时间。如果不得不等的话，我把它看做是"赠与时间"用来休息或干一点别的什么事情。（　　）

33. 我把所有的琐事积攒起来每月抽出几个小时一起处理。（　　）

评分标准

第1～12题，每回答一个"A"得5分，回答一个"B"得3分，回答"C"得2分，回答"D"得1分，回答"E"得0分。计（　　）分。

第13题：选"A"得6分，选"B"得0分，选"C"得3分。

第14题：选"A"得6分，选"B"得3分，选"C"得0分。

第15题：选"A"得0分，选"B"得3分，选"C"得6分。

第16题：选"A"得0分，选"B"得3分，选"C"得6分。

第17题：选"A"得6分，选"B"得3分，选"C"得0分。

第18题：选"A"得0分，选"B"得3分，选"C"得6分。

第19题：选"A"得0分，选"B"得3分，选"C"得6分。

第20题：选"A"得6分，选"B"得3分，选"C"得0分。

第21题：选"A"得0分，选"B"得3分，选"C"得6分。

第22～33题，每回答一个"A"得5分，回答一个"B"得3分，回答"C"得2分，回答"D"得1分，回答"E"得0分。计（　　）分。

总计（　　）分。

结果分析

145分以上：工作效能为优

有较强的执行力，敬业、工作积极主动，更懂得如何珍惜时间，对工作充满热忱，这些条件都是促成其成功的重要因素，只要保持这些良好的习惯，成功就会越来越近。

115~144分：工作效能为良

虽然知道工作效能的重要性，但做得还不够，虽然不至于拖工作的后腿，但也不会成为促成你成功的动力。要想在职场中成功，必须让自己拥有最大的工作效能，加强执行力，更敬业，更主动积极，更加珍惜时间，把更多的热情投入到工作中去。

115分以下：工作效能很差

随时有丢掉工作的危险，现在所追求的不是高尚的理想、远大的目标，而是应脚踏实地前行，让自己远离懒散，前面两者是你学习的榜样。

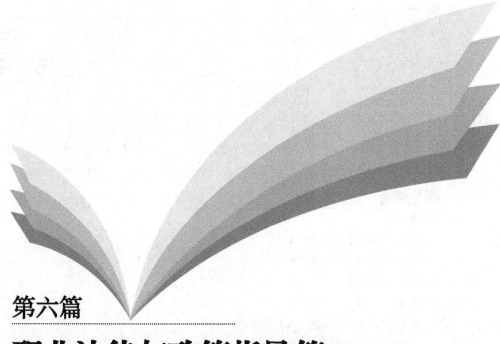

第六篇
职业法律与政策指导篇

　　本篇主要介绍与职业生活最密切相关的部分劳动法律知识，主要有：劳动基准法，包括劳动法的概念、调整对象、劳动关系的含义、工作时间制度、休息休假制度、延长工作时间制度、女职工和未成年工特殊保护规定；劳动合同法，包括劳动合同的概念、种类以及劳动合同的订立、履行、解除、终止以及违反劳动合同法的法律责任；劳动争议处理法，包括劳动争议处理的概念、种类、劳动争议处理的机构、途径、程序等等内容。学习本篇，对于在职人员了解职业法律规定，提高职业法律意识，学会利用职业法律规定指导职业活动，维护劳动者合法权益，具有重要意义。

指导一

劳 动 法

学习要点

知识要点

1. 了解劳动法概念和调整对象；
2. 掌握工作时间和休息休假制度；
3. 掌握工资法律制度。

技能要点

1. 能通过工作时间和休息休假制度维护自身权益；
2. 能通过工资法律制度维护自身权益。

内容提要

劳动法是有关劳动报酬和劳动条件等最低标准的法律规范的总称。劳动法与劳动合同法、工会法、安全生产法、社会保险法、劳动争议处理法等共同构成我国的劳动法体系。本部分主要介绍劳动法的概念、调整对象、劳动关系的含义、工作时间制度、休息休假制度、延长工作时间制度、女职工和未成年工特殊保护规定等内容。

一、劳动法概述

（一）劳动法的概念

劳动法是调整劳动关系以及与劳动关系密切联系的其他社会关系的法律规范的总和。制定劳动法的目的是保护劳动者的合法权益，维护和发展和谐稳定的劳动关系，维护社会安定，促进经济发展和社会进步。在我国，劳动法的概念有广义和狭义之分，狭义的劳动法是指1994年7月5日第八届全国人大常委会第八次会议通过，于1995年1月1日起正式生效的《中华人民共和国劳动法》；广义的劳动法还应包括：全国人民代表大会及其常委会制定的劳动法律，国务院制定的劳动行政法规，国务院所属各部委制定的劳动规章，地方性劳动法规和劳动规章，我国批准的国际劳工公约，其他规范性或准规范性文件等等。

（二）劳动法的调整对象

劳动法的主要调整对象是劳动关系，但并非所有社会劳动关系均由劳动法调整，劳动法调整的劳动关系是狭义的，即是劳动者与用人单位之间在实现劳动过程中发生的社会关系，其特征如下。

（1）劳动关系的当事人是特定的，一方是劳动者，另一方是用人单位。劳动者是劳动力的所有者，可以释放其脑力和体力的劳动能力以从事物质创造和完成其他工作任务；用人单位是生产资料的所有者、经营者、管理者，支配和使用其掌握的生产资料，有偿使用劳动力。

（2）劳动关系的内容是在实现劳动过程中发生的社会关系。所谓实现劳动过程，就是劳动者参加到某一用人单位中去劳动，使劳动者与用人单位提供的生产资料相结合，而不是劳动者同自有的生产资料结合。强调劳动过程，就是强调劳动力和生产资料相结合的生产过程，从而与物物交换的实现过程相区别。一般来说，物物交换的关系属于民法的范畴，与劳动过程没有直接联系，因而不受劳动法调整。

（3）劳动关系具有人身关系、财产关系的属性。劳动者向用人单位提供劳动力，就是将其人身在一定限度内交给用人单位支配，因而劳动关系具有人身属性。这一属性也决定了用人单位对劳动力的使用、管理，直接关系到劳动者的人身，关系到其健康和生命，因而劳动力使用者应负责提供劳动安全卫生条件；这种人身属性也决定了劳动者必须亲自履行劳动义务，并应遵守用人单位的内部劳动规则，按照劳动力使用者的要求进行劳动。劳动关系具有财产关系的属性，是指劳动者有偿提供劳动力，用人单位向劳动者支付劳动报酬，由此缔结的社会关系具有财产关系的性质。这种财产关系与民法调整的财产关系有一定区别。民法所调整的财产关系主要是主体之间因交换物化了的劳动(劳动成果)而发生的财产流转关系，而劳动法调整的是活劳动和物化劳动相交换的关系。

（4）劳动关系具有平等关系、隶属关系的属性。在市场经济条件下，劳动关系是通过双向选择确立的，双方当事人在建立、变更或终止劳动关系时，是依照平等、自愿、协商原则进行的，因而劳动关系具有平等关系的属性；但劳动关系一经确立，劳动者一方就从属于用人单位一方，成为用人单位的职工，须听从用人单位的指挥和调度，双方形成管理与被管理、支配与被支配的关系，因而具有隶属关系的性质。

另外，劳动法还调整与劳动关系密切联系的其他社会关系。包括：管理劳动力方面的社会关系；社会保险方面的社会关系；工会组织与用人单位之间发生的关系；处理劳动争议方面的关系；监督劳动法执行方面的关系。

（三）劳动法的适用范围

劳动法第二条明确规定：在中华人民共和国境内的企业、个体经济组织（以下统称用人单位）和与之形成劳动关系的劳动者，适用本法。国家机关、事业组织、社会团体和与之建立劳动合同关系的劳动者，依照本法执行。根据这一规定及有关劳动行政法规和劳动规章的规定，劳动法对人的适用范围如下：

（1）在中华人民共和国境内的企业、个体经济组织和与之形成劳动关系的劳动者适用劳动法。这里的"企业"包括各种类型的企业，包括国有企业、集体所有制企业、中外合资企业、中外合作企业、外商独资企业、股份制企业、混合型企业、私营企业、联营企业、乡镇企业等。个体经济组织是指雇工在 7 人以下的个体工商户。在中国境内的企业、个体经济组织与劳动者之间，只要形成劳动关系，即劳动者事实上已成为企业、个体经济组织的成员，并为其提供有偿劳动，不论他们之间是否订立劳动合同都适用劳动法。

（2）国家机关、事业组织、社会团体实行劳动合同制度的以及按规定应实行劳动合同制度的工勤人员，其他通过劳动合同与国家机关、事业组织、社会团体建立劳动关系的劳动者，适用劳动法。"工勤人员"即是我国传统人事体制中"工人"编制的人员。实行劳动合同制度的以及按规定应当实行劳动合同制度的国家机关、事业组织、社会团体与其工勤人员之间,无论是否存在劳动合同关系均适用劳动法。建立劳动合同关系的非工勤人员与国家机关、事业组织、社会团体之间,也适用劳动法。公务员以及比照实行公务员制度的事业组织和社会团体的工作人员,不适用劳动法。

(3) 实行企业化管理的事业组织的人员适用劳动法。实行企业化管理的事业组织是指国家不再核拨经费,实行独立核算、自负盈亏的事业组织。

农村劳动者(乡镇企业职工和进城务工、经商的农民除外)、现役军人和家庭保姆、在中华人民共和国境内享有外交特权和豁免权的外国人等不适用我国劳动法。

中国境内的企业、个体经济组织在劳动法中被称为用人单位。劳动法同时规定国家机关、事业组织、社会团体和与之建立劳动合同关系的劳动者依照劳动法执行。根据劳动法的这一规定,国家机关、事业组织、社会团体在劳动关系中应当视为用人单位。

(四) 劳动法律关系

1. 劳动法律关系的概念

劳动法律关系,是指劳动者与用人单位依据劳动法律规范,在实现社会劳动过程中形成的权利义务关系。劳动法律关系是劳动关系在法律上的表现,是劳动关系为劳动法律规范调整的结果。劳动法律关系具备三个法律特征:(1) 劳动法律关系主体双方具有平等性和隶属性;(2) 劳动法律关系具有国家意志为主导、当事人意志为主体的特征;(3) 劳动法律关系具有在社会劳动过程中形成和实现的特征。

劳动法律关系与劳动关系不同,这表现在:(1) 劳动关系是生产关系的组成部分,属于经济基础范畴;劳动法律关系则是意志关系,属于上层建筑范畴。(2) 劳动关系的形成是以劳动为前提,发生在实际社会劳动过程中;劳动法律关系的形成则是以劳动法律规范的存在为前提,发生在劳动法律规范调整劳动关系的范围内。(3) 劳动关系的内容是劳动,劳动者提供劳动力,用人单位使用劳动力,双方形成劳动力的支配与被支配关系;劳动法律关系的内容则是法定的权利义务,双方当事人必须依法享受权利并承担义务。

2. 劳动法律关系的要素

劳动法律关系的要素包括劳动法律关系主体、劳动法律关系内容、劳动法律关系客体三部分。

(1) 劳动法律关系主体。劳动法律关系主体,是指在劳动过程中依照劳动法律规范享有权利并承担义务的当事人。包括劳动者和企业、事业、机关、团体等单位及个体经营单位。简言之,劳动法律关系的主体是劳动者和用人单位。

① 劳动者。劳动者是具有劳动能力,以从事劳动获取合法劳动报酬的自然人。自然人要成为劳动者,须具备主体资格,即须具有劳动权利能力和劳动行为能力。所谓劳动权利能力是指自然人能够依法享有劳动权利和承担劳动义务的资格或能力;所谓劳动行为能力是指自然人能够以自己的行为依法行使劳动权利和履行劳动义务的能力。依我国劳动法规定凡年满 16 周岁、有劳动能力的公民是具有劳动权利能力和劳动行为能力的人。即劳动者的法定最低就业年龄为 16 周岁。除法律另有规定以外,任何单位不得与未满 16 周岁的未成年人(即童工)发生劳动法律关系。对有可能危害未成年人健康、安全或道德的职业或工作,最低就业年龄不应低于 18 周岁,用人单位不得招用已满 16 周岁未满 18 周岁的未成年人从事过重、有毒、有害的劳动或者危险作业。凡用人单位使用童工的,由劳动保障行政部门

按每使用一名童工每月给予 5000 元至 1 万元罚款的标准处罚;拐骗童工,强迫童工劳动,使用童工从事高空、井下、放射性、高毒、易燃易爆以及国家规定的第四级体力劳动强度的劳动,使用不满 16 周岁的童工,或造成童工死亡或严重伤残的,依法追究刑事责任。

② 用人单位。用人单位是指具有用人权利能力和用人行为能力,运用劳动力组织生产劳动,且向劳动者支付工资等劳动报酬的组织。用人单位的用人权利能力和用人行为能力,自其依法成立之时产生,自其依法撤销之时消灭。目前适用《劳动法》的用人单位包括:企业、个体经济组织、国家机关、事业组织、社会团体。其中,企业是指我国境内的所有企业,包括:法人企业和非法人企业,国有企业和非国有企业,内资企业和外资企业;个体经济组织是指经工商登记注册、并招用雇工的个体工商户;国家机关、事业组织和社会团体是指通过劳动合同或通过劳动合同与其他工作人员建立劳动关系的单位。

(2) 劳动法律关系的内容。劳动法律关系的内容是指劳动法律关系双方当事人所享有的权利和所承担的义务。它是劳动法律关系的基础,没有劳动法律关系的内容,劳动法律关系就失去了实际意义。

根据劳动法的规定,劳动者的劳动权利主要有:平等就业和选择职业的权利;取得劳动报酬的权利;休息休假的权利;获得劳动安全卫生保护的权利;接受职业技能培训的权利;享受社会保险和福利的权利;依法参加工会和职工民主管理的权利;提请劳动争议处理的权利;法律规定的其他劳动权利。

劳动者的劳动义务主要有:劳动者应按时完成劳动任务,提高职业技能,执行劳动安全卫生规程,遵守劳动纪律和职业道德,爱护和保卫公共财产,保守国家秘密和用人单位商业秘密等。

用人单位主要有以下权利:自主招录职工的权利,包括择优录取,何时录取,录用人数等;组织劳动的权利,包括编制单位机构、确定部门职责、制定任职资格条件、人事任免权、内部调配职工的权利、具体安排生产,工作任务的权利、对职工进行指挥、监督、管理的权利;工资分配的权利,包括:确定工资分配办法的权利、通过考核或考试,确定职工工资级别的权利、制定职工晋级增薪、降级减薪、调岗调薪办法的权利、决定对职工何时晋级增薪、降级减薪、调岗调薪的权利;制定和实施劳动纪律,根据劳动纪律的执行,决定奖惩职工的权利;决定劳动关系存续的权利以及法定和约定解除劳动合同的权利。

用人单位的义务主要有:与劳动者签订劳动合同的义务;制定劳动规章,与劳动者协商订立、修改,并公示的义务;对劳动规章建立后聘用的劳动者,告知劳动者单位劳动规章的义务;建立职工名册,建立职工档案,告知考勤办法的义务;维护工作环境,保障劳动安全,为职工缴纳相关保险的义务;付给劳动者薪酬的义务,统筹安排职工福利的义务;提供培训,指导劳动者的义务,告知职业风险的义务;保障职工休息休假,身体健康,参加工会活动的义务;按照规定支付职工各种费用的义务,如经济补偿金,安置费,补助费等。

(3) 劳动法律关系的客体。劳动法律关系的客体,是指劳动法律关系主体双方的权利义务共同指向的对象。主体双方的权利义务必须共同指向同一对象,才能形成劳动法律关系。在我国,劳动法律关系的客体是劳动者的劳动行为。劳动者在实现社会劳动过程中的劳动行为,可分为完成一定工作成果的行为和提供一定劳务活动的行为。完成一定工作成果的行为,又可分为产生物质形态工作成果的行为和产生非物质形态成果的行为。提供一定劳务活动的行为，是指不产生新的实物形态的活动。总之，劳动法律关系客体是劳动行为，具有单一性的特点，这与其他很多法律关系的客体具有多样性存在着明显的不同。

二、工作时间制度

（一）工作时间的概念

工作时间是指法律、法规、规章规定的劳动者从事生产、工作的时间，是劳动者消耗劳动力的时间。工作时间制度是《劳动法》的重要组成部分，也是主要的劳动标准。工作时间确定得合理、科学，是完成生产、工作任务的主要条件，是对劳动者实施劳动保护和享受休息权的一种保障。

（二）工作时间的种类

1. 标准工作时间

标准工作时间，又称标准工时，是指法律规定的在一般情况下普遍适用的，按照正常作息办法安排的工作日和工作周的工时制度。我国的标准工时为劳动者每日工作 8 小时，每周工作 40 小时，在 1 周(7 日)内工作 5 天。实行计件工作的劳动者，用人单位应当根据每日工作 8 小时、每周工作 40 小时的工时制度，合理确定其劳动定额和计件报酬标准。

2. 缩短工作时间

缩短工作时间，是指法律规定的在特殊情况下劳动者的工作时间长度少于标准工作时间的工时制度。即每日工作少于 8 小时。国务院《关于职工工作时间的规定》第 4 条规定："在特殊条件下从事劳动和有特殊情况，需要适当缩短工作时间的，按照国家有关规定执行。"我国目前实行缩短工作时间的有以下几种情况：从事矿山井下、高山、有毒有害、特别繁重或过度紧张等作业的劳动者；从事夜班工作的劳动者；未成年工、怀孕 7 个月以上的和哺乳期内的女职工。国务院《女职工劳动保护规定》第 7 条规定："女职工在怀孕期间，所在单位不得安排其从事国家规定的第三级体力劳动强度的劳动和孕期禁忌从事的劳动，不得在正常劳动日以外延长劳动时间；对不能胜任原劳动的，应当根据医务部门的证明，予以减轻劳动量或者安排其他劳动。怀孕七个月以上（含七个月）的女职工，一般不得安排其从事夜班劳动；在劳动时间内应当安排一定的休息时间。怀孕的女职工，在劳动时间内进行产前检查，应当算作劳动时间。"第 9 条规定："有不满一周岁婴儿的女职工，其所在单位应当在每班劳动时间内给予其两次哺乳（含人工喂养）时间，每次三十分钟。多胞胎生育的，每多哺乳一个婴儿，每次哺乳时间增加三十分钟。女职工每班劳动时间内的两次哺乳时间，可以合并使用。哺乳时间和在本单位内哺乳往返途中的时间，算作劳动时间。"

3. 不定时工作时间

不定时工作时间，又称不定时工作制，是指无固定工作时数限制的工时制度。适用于工作性质和职责范围不受固定工作时间限制的劳动者。1995 年 1 月 1 日劳动部颁布实施《关于企业实行不定时工作制和综合计算工时工作制的审批办法》第 4 条规定："企业对符合下列条件之一的职工，可以实行不定时工作制。（一）企业中的高级管理人员、外勤人员、推销人员、部分值班人员和其他因工作无法按标准工作时间衡量的职工；（二）企业中的长途运输人员、出租汽车司机和铁路、港口、仓库的部分装卸人员以及因工作性质特殊，需机动作业的职工；（三）其他因生产特点、工作特殊需要或职责范围的关系，适合实行不定时工作制的职工。"

实行不定时工作制的企业，应根据劳动法的有关规定，履行审批手续，在保障职工身体健康并充分听取职工意见的基础上，采用集中工作、集中休息、轮流调休、弹性工作时间等适当方式，确保职工的休息休假权利和生产、工作任务的完成。实行不定时工作制度的职工，其实际工作时间超过标准工作日的，不算作延长工作时间，不给发延长工作时间报酬。

4. 综合计算工作时间

综合计算工作时间，又称综合计算工时工作制，是指对因工作性质特殊，需连续作业或受季节及自然条件限制的企业的部分职工，以一定时间为周期，集中安排并综合计算工作时间和休息时间的工时制度。即分别以周、月、季、年为周期综合计算工作时间，但其平均日工作时间和平均周工作时间应与法定标准工作时间基本相同。原劳动部颁布实施的《关于企业实行不定时工作制和综合计算工时工作制的审批办法》第5条规定，企业对符合下列条件之一的职工，可以实行综合计算工作日：（1）交通、铁路、邮电、水运、航空、渔业等行业中因工作性质特殊，需连续作业的职工；（2）地质及资源勘探、建筑、制盐、制糖、旅游等受季节和自然条件限制的行业的部分职工；（3）其他适合实行综合计算工时工作制的职工。

实行不定时工作制的企业，应根据劳动法的有关规定，履行审批手续，在保障职工身体健康并充分听取职工意见的基础上，采用集中工作、集中休息、轮流调休、弹性工作时间等适当方式，确保职工的休息休假权利和生产、工作任务的完成。在综合计算周期内，如果劳动者的实际工作时间总数不超过该周期的法定标准工作时间的总数，只是该周期内的某一具体时间超过法定工资标准工作时间的，其超过部分不视为延长工作时间。如果劳动者的实际工作时间总数超过该周期的法定工作时间总数，超过部分应当视为延长工作时间，按《劳动法》的规定支付报酬。

5. 计件工作时间

计件工作时间是指职工以完成一定劳动定额为计酬标准的工作时间制度。《劳动法》第37条规定："对实行计件工作的劳动者，用人单位应当根据本法第36条规定的工时制度合理确定其劳动定额和计件报酬标准。"

6. 非全日制用工

近年来，以小时工为主要形式的非全日制用工发展较快。这一用工形式突破了传统的全日制用工模式，适应了用人单位灵活用工和劳动者自主择业的需要，已成为促进就业的重要途径。为规范用人单位非全日制用工行为，保障劳动者的合法权益，促进非全日制就业健康发展，劳动和社会保障部2003年发布了《关于非全日制用工若干问题的意见》，2008年实施的《劳动合同法》在第五章第三节对非全日制用工又进行了规定。

非全日制用工，是指以小时计酬为主，劳动者在同一用人单位一般平均每日工作时间不超过四小时，每周工作时间累计不超过二十四小时的用工形式。非全日制用工双方当事人可以订立口头协议。从事非全日制用工的劳动者可以与一个或者一个以上用人单位订立劳动合同，但是，后订立的劳动合同不得影响先订立的劳动合同的履行。非全日制用工双方当事人不得约定试用期。非全日制用工双方当事人任何一方都可以随时通知对方终止用工。终止用工，用人单位不向劳动者支付经济补偿。非全日制用工小时计酬标准不得低于用人单位所在地人民政府规定的最低小时工资标准。非全日制用工劳动报酬结算支付周期最长不得超过十五日。

三、休息休假制度

休息时间，是指劳动者按规定不必从事生产和工作而自行支配的时间。休假，是指劳动者在正常工作日内免于工作并享受工资保障的连续休息时间。根据我国《劳动法》及相关法律、法规的规定，劳动者的休息、休假主要包括以下几种：

（一）工作日内的休息时间

工作日内的休息时间，是指在工作日内给予劳动者休息和用膳的时间。一般为 1 至 2 小时，最少不得少于半小时。

（二）工作日之间的休息时间

工作日之间的休息时间是指两个邻近工作日之间的休息时间。一般不少于 16 小时，实行轮班制的企业，其班次必须平均轮换，并且不得使劳动者连续工作两个工作日。工作日之间的休息时间是为了确保劳动者休息权的全面实现，防止在短期内超强度和时间工作。

（三）公休假日

公休假日，又称周休息日，是劳动者在 1 周(7 日)内享有的休息日，公休假日一般为每周 2 日，一般安排在周六和周日休息。不能实行国家标准工时制度的企业和事业组织，可根据实际情况灵活安排周休息日，《劳动法》第 38 条规定："用人单位应当保证劳动者每周至少休息 1 日。"

（四）法定节假日

法定节假日是指法律规定用于开展纪念、庆祝活动的休息时间。根据国务院 2008 年 1 月 1 日起施行的《关于修改〈全国年节及纪念日放假办法〉的决定》，我国的节假日主要包括以下三种。

1. 全体公民放假的节日

全体公民放假的节日有：新年，放假 1 天（1 月 1 日）；春节，放假 3 天（农历除夕、正月初一、初二）；清明节，放假 1 天（农历清明当日）；劳动节，放假 1 天（5 月 1 日）；端午节，放假 1 天（农历端午当日）；中秋节，放假 1 天（农历中秋当日）；国庆节，放假 3 天（10 月 1 日、2、3 日）。全体公民放假的假日，如果适逢星期六、星期日，应当在工作日补假。

2. 部分公民放假的节日及纪念日

部分公民放假的节日及纪念日有：妇女节（3 月 8 日），妇女放假半天；青年节（5 月 4 日），14 周岁以上的青年放假半天；儿童节（6 月 1 日），不满 14 周岁的少年儿童放假 1 天；中国人民解放军建军纪念日（8 月 1 日），现役军人放假半天。部分公民放假的假日，如果适逢星期六、星期日，则不补假。

3. 少数民族习惯的节日

由各少数民族聚居地区的地方人民政府，按照各该民族习惯，规定放假日期。

《全国年节及纪念日放假办法》还规定了二七纪念日、五卅纪念日、七七抗战纪念日、九三抗战胜利纪念日、九一八纪念日、教师节、护士节、记者节、植树节等其他节日、纪念日,均不放假。

(五) 年休假

年休假,是指国家根据劳动者工作年限和劳动的繁重紧张程度,每年给予的一定期间的带薪连续休假。年休假是世界各国普遍实行的一种劳动者休息制度,是劳动者休息权的重要组成部分。我国《劳动法》第 45 条规定:"国家实行带薪年休假制度。劳动者连续工作一年以上的,享受带薪年休假。具体办法由国务院规定。"2007 年 12 月 14 日,国务院颁布《职工带薪年休假条例》,2008 年 1 月 1 日开始实施,2008 年 9 月 18 日,人力资源和社会保障部颁布实施《企业职工带薪年休假实施办法》,对带薪年休假制度作了具体规定。

《职工带薪年休假条例》规定,机关、团体、企业、事业单位、民办非企业单位、有雇工的个体工商户等单位的职工连续工作 1 年以上的,享受带薪年休假。单位应当保证职工享受年休假。职工在年休假期间享受与正常工作期间相同的工资收入。《企业职工带薪年休假实施办法》进一步规定,中华人民共和国境内的企业、民办非企业单位、有雇工的个体工商户等单位和与其建立劳动关系的职工,适用年休假制度,除法律、行政法规或者国务院另有规定外,机关、事业单位、社会团体和与其建立劳动关系的职工,适用年休假制度。船员的年休假按《中华人民共和国船员条例》执行。

年休假的天数根据职工累计工作时间确定。《职工带薪年休假条例》第 3 条规定:"职工累计工作已满 1 年不满 10 年的,年休假 5 天;已满 10 年不满 20 年的,年休假 10 天;已满 20 年的,年休假 15 天。国家法定休假日、休息日不计入年休假的假期。"职工依法享受的探亲假、婚丧假、产假等国家规定的假期以及因工伤停工留薪期间不计入年休假假期。

职工有下列情形之一的,不享受当年的年休假:(1)职工依法享受寒暑假,其休假天数多于年休假天数的;(2)职工请事假累计 20 天以上且单位按照规定不扣工资的;(3)累计工作满 1 年不满 10 年的职工,请病假累计 2 个月以上的;(4)累计工作满 10 年不满 20 年的职工,请病假累计 3 个月以上的;(5)累计工作满 20 年以上的职工,请病假累计 4 个月以上的。职工已享受当年的年休假,年度内又出现上述第 2、3、4、5 项规定情形之一的,不享受下一年度的年休假。

用人单位根据生产、工作的具体情况,并考虑职工本人意愿,统筹安排年休假。用人单位确因工作需要不能安排职工年休假或者跨 1 个年度安排年休假的,应征得职工本人同意。用人单位经职工同意不安排年休假或者安排职工休假天数少于应休年休假天数的,应当在本年度内对职工应休未休年休假天数,按照其日工资收入的 300%支付未休年休假工资报酬,其中包含用人单位支付职工正常工作期间的工资收入。用人单位安排职工休年休假,但是职工因本人原因且书面提出不休年休假的,用人单位可以只支付其正常工作期间的工资收入。计算未休年休假工资报酬的日工资收入按照职工本人的月工资除以月计薪天数(21.75 天)进行折算。月工资是指职工在用人单位支付其未休年休假工资报酬前 12 个月剔除加班工资后的月平均工资。在本用人单位工作时间不满 12 个月的,按实际月份计算月平均工资。用人单位与职工解除或者终止劳动合同时,当年度未安排职工休满应休年休假天数的,应当按照职工当年已工作时间折算应休未休年休假天数并支付未休年休假工资报酬,但折算后不足 1 整天的部分不支付未休年休假工资报酬,其折算方法为:(当年度在本单位已过日历天数÷365 天)×职工本人全年应当享受的年休假天数-当年度已安排年休假天数。用人单位当年已安排职工年休假的,多于折算应休年休假的天数不再扣回。劳务派遣单位的职工符合连续工作满 12 个月以上的,享受年休假。被派遣职工在劳动合同期限内无工作期间由劳务派遣单位依法支付劳动报酬的天数多于其全年应当享受的年休假天数的,不享受当年的年休假,少于其全年应当享受的年休假天数的,劳务派遣单位、用工单位应当协商安排补足被派遣职工年休假天数。

用人单位不安排职工休年休假又不依照条例及本办法规定支付未休年休假工资报酬的,由县级以上地方人民政府劳动行政部门依据职权责令限期改正;对逾期不改正的,除责令该用人单位支付未休年休假工资报酬外,用人单位还应当按照未休年休假工资报酬的数额向职工加付赔偿金;对拒不执行支付未休年休假工资报酬、赔偿金行政处理决定的,由劳动行政部门申请人民法院强制执行。

(六)探亲假

探亲假是指同父母或配偶长期远居两地的职工,在法定条件下享受的一定期限的带薪假期。

我国自 1958 年开始实行探亲假制度,1981 年国务院重新修订公布了《国务院关于职工探亲待遇的规定》,财政部同年公布了《财政部关于职工探亲路费的规定》。根据这两个规定,职工探亲假及其待遇主要包括以下具体内容。

(1)享受探亲假的条件。凡在国家机关、人民团体和全民所有制企业,事业单位工作满一年的固定职工,与配偶不住在一起,又不能在公休假日团聚的,可以享受探望配偶的待遇;与父亲、母亲都不住在一起,又不能在公休假日团聚的,可以享受探望父母待遇。但是,职工与父亲或与母亲一方能够在公休假日团聚的,不能享受探望父母的待遇。

(2)职工探亲假期。探亲假期是指职工与配偶、父、母团聚的时间,具体规定包括:职工探望配偶的,每年给予一方探亲假一次,假期为 30 天;未婚职工探望父母,原则上每年给假一次,假期为 20 天,如果因为工作需要,本单位当年不能给予假期,或者职工自愿两年探亲一次,可以两年给假一次,假期为 45 天;已婚职工探望父母的,每 4 年给假一次,假期为 20 天;凡实行休假制度的职工(例如学校的教职工)应该在休假期间探亲;如果休假期较短,可由本单位适当安排,补足其探亲假的天数。职工探亲假根据实际需要给予路程假。上述假期均包括公休假日和法定节日在内。

(3)探亲假期的待遇。职工在探亲假期间待遇主要包括:职工在规定的探亲假期和路程假期内,按照本人的标准工资发给工资;职工探望配偶和未婚职工探望父母的往返路费,由所在单位负担。已婚职工探望父母的往返路费,在本人月标准工资 30%以内的,由本人自理,超过部分由所在单位负担。职工探亲往返车船费,按下列标准开支:乘火车(包括直快、特快)的,不分职级,一律报硬席座位费,年满 50 周岁以上并连续乘火车 48 小时以上的可报硬席卧铺费;乘轮船的,报四等舱位(或比统舱高一级舱位)费;乘长途公共汽车及其他民用交通工具的,凭据按实支报销。其他民用交通工具的范围和乘坐条件,由各省、直辖市自行规定;探亲途中的市内交通费,可按起止站的直线公共电车、汽车、轮渡费凭据报销,但乘坐市内出租机动车辆的开支,应由职工自理,不予报销;职工探亲不得报销飞机票,因故乘坐飞机的,可按直线车、船票价报销,多支部分由职工自理。职工探亲往返途中,限于交通条件,必须中途转车、转船并在中转地点住宿的,每中转一次,可凭据报销一天的普通房间床位的住宿费。如中转住宿费超过规定天数的,其超过部分由职工自理。职工探亲途中连续乘长途汽车及其他民用交通工具,夜间停驶必须住宿的,其住宿费凭据报销。职工探亲途中，遇到意外交通事故（如坍方道路受阻，洪水冲毁桥梁）造成交通暂时停顿，其等待恢复期间的住宿费，可凭当地交通机关证明和住宿费单据报销。

（七）婚丧假

婚丧假是指劳动者本人结婚以及劳动者的直系亲属死亡时依法享受的假期。根据1980年公布的《国家劳动总局、财政部关于国营企业职工请婚丧假和路程假问题的通知》的规定，职工本人结婚或职工的直系亲属(父母、配偶和子女)死亡时，可以根据具体情况，由本单位行政领导批准，酌情给予1～3天的婚丧假。职工在外地的直系亲属死亡时需要职工本人去外地料理丧事的，都可以根据路程远近，另给予路程假。在批准的婚丧假和路程假期间，职工的工资照发，途中的车船费等，全部由职工自理。

四、延长工作时间法律制度

延长工作时间是指劳动者在法定节日和公休日进行工作或劳动者超过日标准工作时间进行工作。劳动者在法定节日和公休日进行工作称作加班；劳动者超过日标准工作时间进行工作称作加点。我国《劳动法》第4章和《国务院关于职工工作时间的规定》对延长工作时间作了较为全面的规定。

（一）一般情况下延长工作时间的规定

《劳动法》第41条规定：用人单位由于生产经营需要，经与工会和劳动者协商后可以延长工作时间，一般每日不得超过1小时；因特殊原因需要延长工作时间的，在保障劳动者身体健康的条件下延长工作时间每日不得超过3小时，但是每月不得超过36小时。生产经营需要是指来料加工以及商业企业在旺季完成收购、运输、加工农副产品紧急生产任务等情况。另根据《未成年人保护法》、《劳动法》的规定，禁止安排未成年劳动者、怀孕7个月以上或哺乳期未满12个月婴儿的女劳动者在正常工作日以外加班加点。

（二）特殊情况下，延长工作时间的规定

劳动法规定在下述特殊情况下，延长工作时间不受劳动法第41条的限制：

（1）发生自然灾害、事故或者因其他原因，威胁劳动者生命健康和财产安全，或使人民的安全健康和国家资财遭到严重威胁，需要紧急处理的；

（2）生产设备、交通运输线路、公共设施发生故障，影响生产和公共利益，必须及时抢修的；

（3）在法定节日和公休假日内工作不能间断，必须连续生产、运输或营业的；

（4）必须利用法定节日或公休假日的停产期间进行设备检修、保养的；

（5）为了完成国防紧急生产任务，或者完成上级在国家计划外安排的其他紧急生产任务，以及商业、供销企业在旺季完成收购、运输、加工农副产品紧急任务的；

（6）法律、行政法规规定的其他情形。

（三）加班加点的工资标准

《劳动法》第44条规定：安排劳动者延长工作时间的，支付不低于工资的150%的工资报酬；休息日安排劳动者工作又不能安排补休的，支付不低于工资的200%的工资报酬；法定休假日安排劳动者工作的，支付不低于工资的300%的工资报酬。

（四）违反延长工作时间限制规定的法律责任

工作时间和休息休假是劳动法的一个重要制度，用人单位违反延长工作时间的限制规定，应承担相应的法律责任。县级以上各级人民政府劳动保障行政部门对本行政区域内的用人单位组织劳动者加班加点的情况依法监督检查，分别不同情况，予以行政处罚：（1）用人单位未与工会或劳动者协商，强迫劳动者延长工作时间的，给予警告，责令改正，并可按每名劳动者延长工作时间每小时罚款 100 元以下的标准处罚；（2）用人单位每日延长劳动者工作时间超过 3 小时或每月延长工作时间超过 36 小时的，给予警告，责令改正，并可按每名劳动者每超过工作时间 1 小时罚款 100 元以下的标准处罚。

五、工资法律制度

（一）工资的概念和特征

工资是指用人单位依据国家有关规定和集体合同、劳动合同的约定的标准，根据劳动者提供劳动的数量和质量，以货币形式支付给劳动者的劳动报酬。

工资具有如下特征：（1）工资是基于劳动关系而对劳动者付出劳动的物质补偿；（2）工资标准必须是事先规定的，事先规定的形式可以是工资法规、工资政策，集体合同、劳动合同；（3）工资须以法定货币形式定期支付给劳动者本人；（4）工资的支付是以劳动者提供的劳动数量和质量为依据的。

（二）工资形式

1. 计时工资

计时工资是指按计时工资标准（包括地区生活费补贴）和工作时间支付给个人的劳动报酬，常见的有小时工资、日工资、月工资。包括：对已做工作按计时工资标准支付的工资；实行结构工资制的单位支付给职工的基础工资和职务（岗位）工资；新参加工作职工的见习工资（学徒的生活费）；运动员体育津贴。

2. 计件工资

计件工资是指对已做工作按计件单价支付的劳动报酬，是计时工资的转化形式。包括：实行超额累进计件、直接无限计件、限额计件、超定额计件等工资制，按劳动部门或主管部门批准的定额和计件单价支付给个人的工资；按工作任务包干方法支付给个人的工资；按营业额提成或利润提成办法支付给个人的工资。

3. 奖金

奖金是指支付给职工的超额劳动报酬和增收节支的劳动报酬。包括：生产奖；节约奖；劳动竞赛奖；机关、事业单位的奖励工资；其他奖金。

4. 津贴和补贴

津贴和补贴是指为了补偿职工特殊或额外的劳动消耗和因其他特殊原因支付给职工的津贴，以及为了保证职工工资水平不受物价影响支付给职工的物价补贴。津贴包括：补偿职工特殊或额外劳动消耗的津贴，保健性津贴，技术性津贴及其他津贴；物价补贴包括：为保证职工工资水平不受物价上涨或变动影响而支付的各种补贴。

5. 特殊情况下的工资

是对非正常工作情况下的劳动者依法支付工资的一种工资形式。主要有：加班加点工资，事假、病假、婚假、探亲假等工资以及履行国家和社会义务期间的工资等。

（三）最低工资制度

最低工资是指劳动者在法定工作时间内提供正常劳动的前提下，其所在用人单位应支付的最低劳动报酬。我国最低工资保障制度是国家通过立法，强制规定用人单位支付给劳动者的工资不得低于国家规定的最低工资标准，以保障劳动者能够满足其自身及其家庭成员基本生活需要的法律制度。最低工资制度是国家对劳动力市场的运行进行干预的一种重要手段。2004年，劳动和社会保障部颁布了《最低工资规定》，对最低工资作了具体规定。

1. 最低工资制度的适用范围

《最低工资规定》第2条规定："本规定适用于在中华人民共和国境内的企业、民办非企业单位、有雇工的个体工商户（以下统称用人单位）和与之形成劳动关系的劳动者。国家机关、事业单位、社会团体和与之建立劳动合同关系的劳动者，依照本规定执行。

2. 最低工资标准

最低工资标准是指单位时间的最低工资数额。《劳动法》第48条规定："最低工资的具体标准由省、自治区、直辖市人民政府规定，报国务院备案。"《最低工资规定》第7条规定："省、自治区、直辖市范围内的不同行政区域可以有不同的最低工资标准。"表明我国不实行全国统一最低工资标准，具体标准由各地根据具体情况确定。

根据《最低工资规定》的规定，最低工资标准一般采取月最低工资标准和小时最低工资标准的形式。月最低工资标准适用于全日制就业劳动者，小时最低工资标准适用于非全日制就业劳动者。

3. 制定最低工资标准的参考因素

根据《最低工资规定》的规定，确定和调整月最低工资标准，应参考当地就业者及其赡养人口的最低生活费用、城镇居民消费价格指数、职工个人缴纳的社会保险费和住房公积金、职工平均工资、经济发展水平、就业状况等因素。确定和调整小时最低工资标准，应在颁布的月最低工资标准的基础上，考虑单位应缴纳的基本养老保险费和基本医疗保险费因素，同时还应适当考虑非全日制劳动者在工作稳定性、劳动条件和劳动强度、福利等方面与全日制就业人员之间的差异。

4. 最低工资的效力

《劳动法》第48条规定："用人单位支付劳动者的工资不得低于当地最低工资标准。"结合《劳动部关于贯彻执行〈中华人民共和国劳动法〉若干问题的意见》的规定，具体表现如下：

（1）在劳动者提供正常劳动的情况下，用人单位应支付给劳动者的工资在剔除下列各项以后，不得低于当地最低工资标准：① 延长工作时间工资；② 中班、夜班、高温、低温、井下、有毒有害等特殊工作环境、条件下的津贴；③ 法律、法规和国家规定的劳动者福利待遇等。

（2）在劳动合同中，双方当事人约定的劳动者在未完成劳动定额或承包任务的情况下，用人单位可低于最低工资标准支付劳动者工资的条款不具有法律效力。

（3）劳动者与用人单位形成或建立劳动关系后，试用、见习期间，在法定工作时间内提供了正常劳动，其所在的用人单位应当支付其不低于最低工资标准的工资。

（4）企业下岗待工人员，由企业依据当地政府的有关规定支付其生活费，生活费可以低于最低工资标准，下岗待工人员中重新就业的，企业应停发其生活费。女职工因生育、哺乳请长假而下岗的,在其享受法定产假期间,依法领取生育津贴;没有参加生育保险的企业,由企业照发原工资。

(5) 职工患病或非因工负伤治疗期间,在规定的医疗期内由企业按有关规定支付其病假工资或疾病救济费,病假工资或疾病救济费可以低于当地最低工资标准支付,但不能低于最低工资标准的80%。

(6) 劳动者依法享受带薪年休假、探亲假、婚丧假、生育(产)假、节育手术假等国家规定的假期间,以及法定工作时间内依法参加社会活动期间,视为提供了正常劳动,用人单位不得向劳动者支付低于最低工资标准的工资。

(7) 实行计件工资或提成工资等工资形式的用人单位,在科学合理的劳动定额基础上,其支付劳动者的工资不得低于相应的最低工资标准。

用人单位违反最低工资规定,低于最低工资标准向劳动者支付工资的,由劳动保障行政部门责令其限期补发所欠劳动者工资,并可责令其按所欠工资的1至5倍支付劳动者赔偿金。

(四) 工资支付保障

工资支付保障是为保障劳动者劳动报酬权的实现,防止用人单位滥用工资分配权而制定的有关工资支付的一系列规则。《工资支付暂行规定》对工资支付作了如下规定。

(1) 工资应以法定货币支付,不得以实物及有价证券代替货币支付。

(2) 工资必须在用人单位与劳动者约定的日期支付。如遇节假日或休息日,则应提前在最近的工作日支付。工资至少每月支付一次,实行周、日、小时工资制的可按周、日、小时支付工资。

(3) 劳动者依法享受年休假、探亲假、婚假、丧假期间,以及依法参加社会活动期间,用人单位应按劳动合同规定的标准支付工资。

对完成一次性临时劳动或某项具体工作的劳动者,用人单位应按有关协议或合同规定在其完成劳动任务后即支付工资。

(4) 劳动关系双方依法解除或终止劳动合同时,用人单位应在解除或终止劳动合同时一次付清劳动者工资。

(5) 劳动者在法定工作时间内依法参加社会活动期间,用人单位应视同其提供了正常劳动而支付工资。社会活动包括:依法行使选举权或被选举权;当选代表出席乡(镇)、区以上政府、党派、工会、青年团、妇女联合会等组织召开的会议;出任人民法庭证明人;出席劳动模范、先进工作者大会;《工会法》规定的不脱产工会基层委员会委员因工作活动占用的生产或工作时间;其他依法参加的社会活动。

(6) 特殊人员的工资支付。① 劳动者受处分后的工资支付:劳动者受行政处分后仍在原单位工作(如留用察看、降级等)或受刑事处分后重新就业的,应主要由用人单位根据具体情况自主确定其工资报酬;劳动者受刑事处分期间,如收容审查、拘留(羁押)、缓刑、监外执行或劳动教养期间,其待遇按国家有关规定执行。② 学徒工、熟练工、大中专毕业生在学徒期、熟练期、见习期、试用期及转正定级后的工资待遇由用人单位自主确定。③ 新就业复员军人的工资待遇由用人单位自主确定;分配到企业的军队转业干部的工资待遇,按国家有关规定执行。

(7) 用人单位在劳动者完成劳动定额或规定的工作任务后,根据实际需要安排劳动者在法定标准工作时间以外工作的,应按以下标准支付工资:① 用人单位依法安排劳动者在日法定标准工作时间以外延长工作时间的,按照不低于劳动合同规定的劳动者本人小时工资标准的 150% 支付劳动者工资;② 用人单位依法安排劳动者在休息日工作,而又不能安排补休的,按照不低于劳动合同规定的劳动者本人日或小时工资标准的 200% 支付劳动者工资;③ 用人单位依法安排劳动者在法定休假节日工作的,按照不低于劳动合同规定的劳动者本人日或小时工资标准的 300% 支付劳动者工资。实行计件工资的劳动者,在完成计件定额任务后,由用人单位安排延长工作时间的,应根据上述规定的原则,分别按照不低于其本人法定工作时间计件单价的 150%、200%、300% 支付其工资。

(8) 工资应支付给劳动者本人,也可由劳动者家属或委托他人代领,用人单位可委托银行代发工资。

(9) 工资应依法足额支付,除法定或约定允许扣除工资的情况外,严禁非法克扣或无故拖欠劳动者工资。

(10) 对代扣工资的限制。用人单位不得非法克扣劳动者工资,有下列情况之一的,用人单位可以代扣劳动者工资:① 用人单位代扣代缴的个人所得税;② 用人单位代扣代缴的应由劳动者个人负担的社会保险费用;③ 用人单位依审判机关判决、裁定扣除劳动者工资。依照人民法院判决、裁定,用人单位可以从应负法律责任的劳动者工资中扣除其应负担的抚养费、赡养费、抚养费和损害赔偿等款项;④ 法律、法规规定可以从劳动者工资中扣除的其他费用。

(11) 对扣除工资金额的限制。① 因劳动者本人原因给用人单位造成经济损失的,用人单位可以按照劳动合同的约定要求劳动者赔偿其经济损失。经济损失的赔偿,可从劳动者本人的工资中扣除、但每月扣除金额不得超过劳动者月工资的 20%;若扣除后的余额低于当地月最低工资标准的,则应按最低工资标准支付。② 用人单位对劳动者违纪罚款,一般不得超过本人月工资标准的 20%。

(12) 用人单位依法破产时,劳动者有权获得其工资。在破产清偿顺序中用人单位应按企业破产法规定的清偿顺序,首先支付本单位劳动者的工资。

六、女职工和未成年工的特殊保护

(一) 女职工特殊劳动保护的内容

我国《劳动法》、《妇女权益保护法》、《女职工劳动保护规定》和《女职工禁忌劳动范围的规定》等法律法规都明确规定了女职工特殊劳动保护内容,主要包括以下方面。

1. 女职工禁忌劳动范围

《女职工禁忌劳动范围的规定》第 3 条规定,女职工禁忌从事的劳动范围包括:矿山井下作业;森林业伐木、归楞及流放作业;《体力劳动强度分级》标准中第Ⅳ级体力劳动强度的作业;建筑业脚手架的组装和拆除作业,以及电力、电信行业的高处架线作业;连续负重(指每小时负重次数在 6 次以上)每次负重超过 20 公斤,间断负重每次负重超过 25 公斤的作业;已婚待孕妇女禁忌从事铅、汞、苯、镉等作业场所属于《有毒作业分级》国家标准中第三、四级的作业。

2. 对妇女生理机能变化过程中的保护

(1) 月经期保护。女职工在月经期间禁忌从事以下劳动:① 食品冷冻库内及冷水等低温作业；②《体力劳动强度分级》标准中第Ⅲ级体力劳动强度的作业；③《高处作业分级》标准中第Ⅱ级（含Ⅱ级）以上的作业。

（2）怀孕期保护。怀孕女职工禁忌从事以下劳动：① 作业场所空气中铅及其化合物、汞及其化合物、苯、镉、铍、砷、氰化物、氮氧化物、一氧化碳、二硫化碳、氯、乙内酰胺、氯丁二烯、氯乙烯、环氧乙烷、苯胺、甲醛等有毒物质浓度超过国家卫生标准的作业；② 制药行业中从事抗癌药物及己烯雌酚生产的作业；③ 作业场所放射性物质超过《放射防护规定》中规定剂量的作业；④ 人力进行的土方和石方作业；⑤《体力劳动强度分级》标准中第Ⅲ级体力劳动强度的作业；⑥ 伴有全身强烈振动的作业，如风钻、捣固机、锻造等作业，以及拖拉机驾驶等；⑦ 工作中需要频繁弯腰、攀高、下蹲的作业，如焊接作业；⑧《高处作业分级》标准所规定的高处作业。此外，对于怀孕的妇女，所在单位不得在正常劳动日以外延长劳动时间；对不能胜任原劳动的，应当根据医务部门的证明，予以减轻劳动量或者安排其他劳动。怀孕七个月以上（含七个月）的女职工，一般不得安排其从事夜班劳动；在劳动时间内应当安排一定的休息时间。怀孕的女职工，在劳动时间内进行产前检查，应当算作劳动时间。

（3）产期保护。女职工产假为九十天，其中，产前休假十五天。难产的，增加产假十五天。多胞胎生育的，每多生育一个婴儿，增加产假十五天。女职工怀孕流产的，其所在单位应当根据医务部门的证明，给予一定时间的产假。

（4）哺乳期保护。女职工在哺乳期内，禁止从事以下劳动：① 作业场所空气中铅及其化合物、汞及其化合物、苯、镉、铍、砷、氰化物、氮氧化物、一氧化碳、二硫化碳、氯、乙内酰胺、氯丁二烯、氯乙烯、环氧乙烷、苯胺、甲醛等有毒物质浓度超过国家卫生标准的作业；②《体力劳动强度分级》标准中第Ⅲ级体力劳动强度的作业；③ 不得延长其劳动时间，一般不得安排其从事夜班劳动。

（二）未成年工特殊劳动保护

未成年工是指年满16周岁未满18周岁的劳动者。根据我国《劳动法》、《未成年人保护法》和《未成年工特殊保护规定》等的规定，未成年工特殊劳动保护的主要内容包括以下方面。

（1）未成年工禁忌劳动范围。用人单位不得安排未成年工从事以下范围的劳动：①《生产性粉尘作业危害程度分级》国家标准中第一级以上的接尘作业；②《有毒作业分级》国家标准中第一级以上的有毒作业；③《高处作业分级》国家标准中第二级以上的高处作业；④《冷水作业分级》国家标准中第二级以上的冷水作业；⑤《高温作业分级》国家标准中第三级以上的高温作业；⑥《低温作业分级》国家标准中第三级以上的低温作业；⑦《体力劳动强度分级》国家标准中第四级体力劳动强度的作业；⑧ 矿山井下及矿山地面采石作业；⑨ 森林业中的伐木、流放及守林作业；⑩ 工作场所接触放射性物质的作业；⑪ 有易燃易爆、化学性烧伤和热烧伤等危险性大的作业；⑫ 地质勘探和资源勘探的野外作业；⑬ 潜水、涵洞、涵道作业和海拔三千米以上的高原作业（不包括世居高原者）；⑭ 连续负重每小时在六次以上并每次超过20公斤，间断负重每次超过25公斤的作业；⑮ 使用凿岩机、捣固机、气镐、气铲、铆钉机、电锤的作业；⑯ 工作中需要长时间保持低头、弯腰、上举、下蹲等强迫体位和动作频率每分钟大于五十次的流水线作业；⑰ 锅炉司炉。此外，禁止安排未成年工延长工作时间和进行夜班作业。

（2）未成年工患有某种疾病或具有某些生理缺陷（非残疾型）时，用人单位不得安排其从事以下范围的劳动：①《高处作业分级》国家标准中第一级以上的高处作业；②《低温作业分级》国家标准中第二级以上的低温作业；③《高温作业分级》国家标准中第二级以上的高温作业；④《体力劳动强度分级》国家标准中第三级以上体力劳动强度的作业；⑤ 接触铅、苯、汞、甲醛、二硫化碳等易引起过敏反应的作业。

患有某种疾病或具有某些生理缺陷（非残疾型）的未成年工，是指有以下一种或一种以上情况者：① 心血管系统：先天性心脏病、克山病、收缩期或舒张期二级以上心脏杂音；② 呼吸系统：中度以上气管炎或支气管哮喘、呼吸音明显减弱、各类结核病、体弱儿、呼吸道反复感染者；③ 消化系统：各类肝炎、肝、脾肿大和胃、十二指肠溃疡、各种消化道疝；④ 泌尿系统：急、慢性肾炎和泌尿系感染；⑤ 内分泌系统：甲状腺机能亢进、中度以上糖尿病；⑥ 精神神经系统：智力明显低下、精神忧郁或狂暴；⑦ 肌肉、骨骼运动系统：身高和体重低于同龄人标准、一个及一个以上肢体存在明显功能障碍、躯干四分之一以上部位活动受限，包括强直或不能旋转；⑧ 其他：结核性胸膜炎、各类重度关节炎、血吸虫病、严重贫血。

（3）未成年工上岗前用人单位应对其进行有关的职业安全卫生教育、培训。

（4）用人单位应按下列要求对未成年工定期进行健康检查：① 安排工作岗位之前；② 工作满1年；③ 年满18周岁，距前一次的体检时间已超过半年。未成年工的健康检查，应按《未成年工健康检查表》列出的项目进行。用人单位应根据未成年工的健康检查结果安排其从事适合的劳动，对不能胜任原劳动岗位的，应根据医务部门的证明，予以减轻劳动量或安排其他劳动。

（5）对未成年工的使用和特殊保护实行登记制度。用人单位招收使用未成年工，除符合一般用工要求外，还须向所在地的县级以上劳动行政部门办理登记。劳动行政部门根据《未成年工健康检查表》、《未成年工登记表》，核发《未成年工登记证》。未成年工须持《未成年工登记证》上岗。

练习思考

1. 劳动法的概念和调整对象是什么？
2. 劳动法律关系的要素有哪些？
3. 工作时间的种类有哪些？
4. 法律关于加班加点的工资标准规定有哪些？
5. 法律关于最低工资制度规定有哪些？

案例分析

汪某系城建总公司基层分公司工程部司机，家中因妻子长期患病在家，生活困难。2005年8月5日基层公司财务部在未征求所属职工意见的情况下，根据总公司（05）006号和007号文件的规定，直接从该公司季度奖每人1400元中各自扣除1200元，200元作为扶贫捐款，1000元为总公司集资款（年利率25%）。汪某当即表示生活困难，不能捐款也不想出集资款，请财务部谅解。财务部表示这是总公司的统一规定，必须执行。

问题：公司的做法属于何种行为？是否合法？

参考答案

　　公司的做法属于克扣劳动者工资的行为,不合法。季度奖属于劳动报酬的组成部分,公司在事先未征得本人同意,事后本人又表示反对的情况下,从季度奖中强制扣除一定费用作为捐款及集资费,违反捐款自愿、集资自愿的原则,实质上是克扣工资的行为,因而不合法。

指导二

劳动合同法

学习要点

知识要点
1. 劳动合同的主要内容；
2. 劳动合同的效力；
3. 劳动合同履行原则。

技能要点
1. 能订立劳动合同和判断劳动合同的效力；
2. 能根据劳动合同履行和解除的法律规定维护自身权益。

内容提要

劳动合同是劳动者与用人单位之间确立劳动关系、明确双方权利义务关系的协议，是劳动关系建立、变更、终止的一种法律形式，是劳动关系协调法的核心，劳动合同对于确立劳动关系，保障劳动者择业权与用人单位用人自主权的实现以及维护劳动合同双方当事人的权益发挥着重要作用。本部分主要介绍劳动合同的概念、特征、种类以及劳动合同的订立、履行、解除、终止以及违反劳动合同法的法律责任等内容。

一、劳动合同的概念和特征

（一）劳动合同的概念

劳动合同也称劳动协议，是劳动者与用人单位之间确立劳动关系、明确双方权利义务关系的协议。我国《劳动法》第 16 条第 2 款规定："劳动合同是劳动者与用人单位确立劳动关系、明确双方权利和义务的协议。"因此，劳动合同是确定劳动者和用人单位之间存在劳动关系的法律形式，是确立劳动者与用人单位之间劳动法律关系的法律依据。在市场经济条件下，用人单位与劳动者建立劳动关系，均通过劳动合同进行，劳动合同成为劳动者与用人单位之间劳动关系维系的纽带，对促进劳动者和用人单位之间和谐稳定的劳动关系发挥着极为重要的作用。

（二）劳动合同的特征

劳动合同是劳动者与用人单位之间的双方法律行为，与其他类型的合同相比，有其自身的特点，一般来说，劳动合同的法律特征体现在以下几个方面：

（1）劳动合同主体具有特定性。即劳动合同的主体一方是劳动者，另一方是用人单位，是一种主体双方特定的双方法律行为。

（2）劳动合同是劳动者与用人单位确立劳动关系的法律形式，其内容是明确劳动权利和劳动义务。我国《劳动法》第 16 条规定："建立劳动关系应当订立劳动合同。"这表明劳动合同是确立劳动关系的普遍性法律形式。

（3）劳动合同内容具有较强的法定性。即劳动合同内容主要以劳动法律、法规为依据，虽然劳动合同是劳动者与用人单位双方自由进行协商的结果，体现了双方当事人自由的意志，但是劳动合同的诸多内容是由不得双方当事人自由约定的。如我国《劳动合同法》第 17 条规定劳动合同应当具备用人单位的名称、住所和法定代表人或者主要负责人、劳动者的姓名、住址和居民身份证或者其他有效身份证件号码、劳动合同期限、工作内容和工作地点、工作时间和休息休假、劳动报酬、社会保险、劳动保护、劳动条件、职业危害防护等条款，这些条款都为法定条款，是每一个劳动合同必备的条款。因此劳动合同内容具有较强的法定性。

二、劳动合同的种类和形式

（一）劳动合同的种类

按照有效期限的不同，劳动合同分为：有固定期限、无固定期限和以完成一定的工作为期限的劳动合同。

1. 有固定期限的劳动合同

有固定期限的劳动合同又称定期劳动合同，是指劳动合同双方当事人明确约定合同有效的起始日期和终止日期的劳动合同。期限届满，合同即告终止。劳动合同的期限一般为 1 年、3 年、5 年、8 年不等。双方当事人可根据生产、工作的需要确定期限。为保护劳动者的身体健康，劳动法规定从事矿山井下以及其他有害身体健康的工种、岗位工作的农民工，实行定期轮换制度，合同期限最长不得超过 8 年。有固定期限的劳动合同，合同到期后双方没有续签且劳动者仍在用人单位工作的情况下，《关于实行劳动合同制度若干问题的通知》（劳部发[1996]354 号）第 14 条规定："有固定期限的劳动合同期满后，因用人单位方面的原因未办理终止或续订手续而形成事实劳动关系的，视为续订劳动合同。用人单位应及时与劳动者协商合同期限，办理续订手续。由此给劳动者造成损失的，该用人单位应当依法承担赔偿责任。"有固定期限的劳动合同适用范围比较广泛，灵活性较强。

2. 无固定期限的劳动合同

无固定期限的劳动合同，又称不定期劳动合同。是指用人单位与劳动者约定无确定终止时间的劳动合同。《劳动合同法》第 14 条第 2、3 款规定："用人单位与劳动者协商一致，可以订立无固定期限劳动合同。有下列情形之一，劳动者提出或者同意续订、订立劳动合同的，除劳动者提出订立固定期限劳动合同外，应当订立无固定期限劳动合同：（1）劳动者在该用人单位连续工作满十年的；（2）用人单位初次实行劳动合同制度或者国有企业改制重新订立劳动合同时，劳动者在该用人单位连续工作满十年且距法定退休年龄不足十年的；（3）连续订立二次固定期限劳动合同，且劳动者没有本法第三十九条和第四十条第一项、第二项规定的情形，续订劳动合同的。用人单位自用工之日起满一年不与劳动者订立书面劳动合同的，视为用人单位与劳动者已订立无固定期限劳动合同。"对于无固定期限的劳动合同只要不出现法律、法规或合同约定的可以变更、解除、终止劳动合同的情况，双方当事人就不得擅自变更、解除、终止劳动关系。按照平等自愿、协商一致的原则，用人单位和劳动者只要达成一致，都可以签订无固定期限的劳动合同。无固定期限的劳动合同不得将法定解除条件约定为终止条件，以规避解除劳动合同时用人单位依法应承担支付给劳动者经济补偿的义务。

3. 完成一定工作任务为期限的劳动合同

完成一定工作任务为期限的劳动合同，是指用人单位与劳动者约定以某项工作的完成为合同期限的劳动合同。合同中不明确约定合同的起止日期，以某项工作或工程完工之日为合同终止之时。它一般适用于建筑业、临时性、季节性的工作或由于其工作性质可以采取此种合同期限的工作岗位。

（二）劳动合同的形式

我国《劳动法》规定劳动合同应当以书面形式订立，即应采用书面协议。《劳动合同法》第10条规定："建立劳动关系，应当订立书面劳动合同。已建立劳动关系，未同时订立书面劳动合同的，应当自用工之日起一个月内订立书面劳动合同。用人单位与劳动者在用工前订立劳动合同的，劳动关系自用工之日起建立。"第82条第1款规定："用人单位自用工之日起超过一个月不满一年未与劳动者订立书面劳动合同的，应当向劳动者每月支付二倍的工资。"第14条第3款规定："用人单位自用工之日起满一年不与劳动者订立书面劳动合同的，视为用人单位与劳动者已订立无固定期限劳动合同。"从《劳动法》和《劳动合同法》的规定可知，书面形式是劳动合同的法定形式。订立劳动合同是建立劳动关系的用人单位与劳动者的义务，也是证明劳动关系的重要证据之一，但引起劳动关系产生的基本法律事实是用工，而不是订立劳动合同，因此，即使用人单位没有与劳动者订立劳动合同，只要存在用工行为，该用人单位与劳动者之间的劳动关系建立，与用人单位存在事实劳动关系的劳动者即享受劳动法律规定的权利。对于非全日制用工，《劳动合同法》第69条第1款规定："非全日制用工双方当事人可以订立口头协议。"

三、劳动合同的订立

劳动合同的订立，是指用人单位和劳动者双方之间经过相互选择、洽谈协商，就劳动合同的各项条款达成一致，并以书面形式明确规定双方权利、义务的法律行为。

（一）劳动合同订立的原则

我国《劳动法》第17条规定，订立和变更劳动合同，应当遵循平等自愿、协商一致的原则，不得违反法律、行政法规的规定。《劳动合同法》第3条第1款规定，订立劳动合同，应当遵循合法、公平、平等自愿、协商一致、诚实信用的原则。可见，订立劳动合同应当遵循以下基本原则。

1. 合法原则

即劳动合同必须依法订立，不得违反法律、行政法规的规定。合法原则的具体要求如下。

（1）劳动合同的主体合法。即劳动合同的当事人必须具备合法资格，劳动者应是年满16周岁，身体健康，具有劳动权利能力和劳动行为能力的公民，可以是中国人、外国人、无国籍人。用人单位应是依法成立或核准登记的企业、个体经济组织、国家机关、事业组织、社会团体，具有用人的权利能力和行为能力。

（2）劳动合同的内容合法。劳动合同的内容是对劳动合同双方当事人劳动权利义务的具体规定，其内容必须符合国家法律、行政法规的规定，包括国家的劳动法律、法规，也包括国家的其他法律、行政法规。

（3）劳动合同订立的程序和形式合法。劳动合同订立的程序必须符合法律规定，未经双方协商一致、强迫订立的劳动合同无效。劳动合同的形式依规定应当采用书面形式订立。

2. 公平原则

所谓公平，是指订立合同时，双方当事人是依据社会公认的公平观念确定双方的权利与义务，以维持当事人的利益之均衡。公平原则是社会进步和正义的道德观念在法律上的体现，它对于确定当事人权利义务、平衡双方之间的利益、解决劳动合同纠纷起着指导作用。

3. 平等自愿、协商一致的原则

平等是指在订立劳动合同过程中，双方当事人的法律地位平等，不存在命令与服从的关系；自愿是指劳动合同的订立及其合同内容的达成，完全出于当事人自己的意志，是其真实意思的表示，任何一方不得将自己的意志强加于对方，也不允许第三者非法干预；协商一致是指经过双方当事人充分协商，达成一致意见，签订劳动合同。《劳动合同法》第9条规定的用人单位招用劳动者，不得扣押劳动者的居民身份证和其他证件，不得要求劳动者提供担保或者以其他名义向劳动者收取财物，就是平等自愿原则的体现。

4. 诚实信用原则

诚实信用，是指在订立合同时，当事人双方要依诚实信用的道德标准，讲究信用，恪守诺言，诚实无欺，在不损害他人利益和社会利益的前提下追求自己的利益。该原则体现在劳动关系的建立上，主要表现为当事人应如实告知对方与缔约有关的实际情况。如《劳动合同法》第8条规定："用人单位招用劳动者时，应当如实告知劳动者工作内容、工作条件、工作地点、职业危害、安全生产状况、劳动报酬，以及劳动者要求了解的其他情况；用人单位有权了解劳动者与劳动合同直接相关的基本情况，劳动者应当如实说明。"

（二）劳动合同订立的当事人

劳动合同作为双方法律行为，合同当事人包括用人单位和劳动者。

1. 用人单位

我国《劳动法》第2条规定："在中华人民共和国境内的企业、个体经济组织（以下统称用人单位）和与之形成劳动关系的劳动者，适用本法。国家机关、事业组织、社会团体和与之建立劳动合同关系的劳动者，依照本法执行。"《劳动合同法》第2条规定："中华人民共和国境内的企业、个体经济组织、民办非企业单位等组织（以下称用人单位）与劳动者建立劳动关系，订立、履行、变更、解除或者终止劳动合同，适用本法。国家机关、事业单位、社会团体和与其建立劳动关系的劳动者，订立、履行、变更、解除或者终止劳动合同，依照本法执行。"第96条规定："事业单位与实行聘用制的工作人员订立、履行、变更、解除或者终止劳动合同，法律、行政法规或者国务院另有规定的，依照其规定；未作规定的，依照本法有关规定执行。"根据以上法律规定，用人单位的范围包括：（1）中华人民共和国境内的企业、个体经济组织、民办非企业单位等组织；（2）实行聘用制的事业单位；（3）国家机关、事业单位、社会团体。国家机关、事业单位、社会团体和与其建立劳动关系的劳动者，订立、履行、变更、解除或者终止劳动合同，依照劳动合同法执行。

2. 劳动者

劳动者，是指具有劳动权利能力和劳动行为能力的为用人单位提供劳动力的自然人。智力正常的年满16周岁的自然人具有劳动权利能力和劳动行为能力，具备《劳动法》意义上的劳动者资格，才能充当劳动法律关系的主体，成为某一用人单位的职工。

（三）劳动合同的内容

劳动合同的内容，是指劳动合同双方当事人经过协商达成的关于劳动权利和义务的具体规定，具体表现为合同条款。根据劳动合同条款是否为劳动合同所必需，劳动合同的内容可以分为必备条款和可备条款两部分。

1. 劳动合同的必备条款

根据我国《劳动法》第19条和《劳动合同法》第17条的规定，劳动合同应当具备的条款包括以下方面。

（1）用人单位的名称、住所和法定代表人或者主要负责人。用人单位名称，即用人单位在注册登记时所使用的名称。用人单位的住所，即用人单位的主要办事机构所在地。用人单位具有法人资格，则需要标明其法定代表人，如果不具备法人资格，则需要标明其主要负责人。

（2）劳动者的姓名、住址和居民身份证或者其他有效身份证件号码。劳动者的住址，即劳动者的户籍所在的居住地，当经常居住地与住所不一致的，以经常居住地为住所。

（3）劳动合同期限。劳动合同期限是指劳动有效期间，即用人单位和劳动者通过劳动合同享有权利和履行义务的期间。它一般包括劳动合同开始和终止时间。是劳动必备条款之一。我国《劳动合同法》第12条将劳动合同分为固定期限劳动合同、无固定期限劳动合同和以完成一定工作任务为期限的劳动合同。

（4）工作内容和工作地点。工作内容是指劳动者为用人单位提供的劳动，主要表现为劳动者从事何种工作、被安排在何种岗位或担任何种职务、应达到什么样的工作要求。实践中，劳动者从事工作的地点可能与用人单位的住所不一致，所以劳动合同中应明确工作地点。

（5）工作时间和休息休假。工作时间和休息休假的内容与标准，法律均有明确的规定，是最低劳动标准的主要内容之一。在劳动合同中应具体明确劳动者与用人单位执行的工时制度和工时形式。

（6）劳动报酬。依法或按约定向劳动者支付报酬，是用人单位的一项基本义务。劳动报酬主要涉及劳动报酬的数量、形式、发放的时间、计算方法和标准等内容。法律允许用人单位和劳动者在遵守法律的一般规定前提下对劳动报酬进行约定，但是需要在劳动合同中明确记载。在实践中，劳动者的劳动报酬因具体情况不同还需要依照以下法律规定处理。① 按月支付的工资不能低于当地政府规定的最低工资标准，执行集体合同制度的单位的工资标准不能低于集体合同规定的工资标准。② 劳动合同对劳动报酬和劳动条件等标准约定不明确，引发争议的，用人单位与劳动者可以重新协商；协商不成的，适用集体合同规定；没有集体合同或者集体合同未规定劳动报酬的，实行同工同酬；没有集体合同或者集体合同未规定劳动条件等标准的，适用国家有关规定。③ 劳动合同履行地与用人单位注册地不一致的，有关劳动者的最低工资标准、劳动保护、劳动条件、职业危害防护和本地区上年度职工月平均工资标准等事项，按照劳动合同履行地的有关规定执行；用人单位注册地的有关标准高于劳动合同履行地的有关标准，且用人单位与劳动者约定按照用人单位注册地的有关规定执行的，从其约定。

（7）社会保险。社会保险即用人单位依法必须为劳动者缴纳的保险项目，一般包括养老保险、失业保险、医疗保险、工伤保险、生育保险等。按照我国相关法律的规定，缴纳社会保险是用人单位和劳动者均负的法定义务，双方均必须履行。

（8）劳动保护、劳动条件和职业危害防护。劳动者在劳动过程中的劳动风险来自职业环境与劳动过程，用人单位应当保障劳动者在劳动过程中的身体健康与生命安全，提供劳动安全卫生条件和生产资料条件，防止发生职业危害与安全事故。用人单位与劳动者订立劳动合同时，应当将工作过程中可能产生的职业病危害及其后果、职业病防护措施和待遇等如实告知劳动者，并在劳动合同中明确规定。

（9）法律、法规规定应当纳入劳动合同的其他事项。除了《劳动合同法》明确规定的以上内容外，法律、法规规定的应纳入劳动合同的其他事项也是劳动合同的必备条款。

2. 劳动合同的可备条款

我国《劳动法》第 19 条规定："劳动合同除前款规定的必备条款外，当事人可以协商约定其他内容。"《劳动合同法》第 17 条的规定："劳动合同除前款规定的必备条款外，用人单位与劳动者可以约定试用期、培训、保守秘密、补充保险和福利待遇等其他事项。"可见，除了必备条款之外，劳动合同当事人双方还可以约定其他内容作为可备条款，但当事人的约定不得违反法律的强制性规定方为有效。常见的劳动合同可备条款包括以下方面。

（1）试用期。试用期是指用人单位和初次录用的劳动者在劳动合同中约定的相互了解考察的期限。用人单位在此期限内对劳动者是否符合录用条件，劳动者对用人单位是否适合自己的要求进行了解，据此决定合同是否履行或解除。我国《劳动法》第 21 条规定："劳动合同可以约定试用期。试用期最长不得超过六个月。"《劳动合同法》第 19 条规定："劳动合同期限三个月以上不满一年的，试用期不得超过一个月；劳动合同期限一年以上不满三年的，试用期不得超过二个月；三年以上固定期限和无固定期限的劳动合同，试用期不得超过六个月。同一用人单位与同一劳动者只能约定一次试用期。以完成一定工作任务为期限的劳动合同或者劳动合同期限不满三个月的，不得约定试用期。试用期包含在劳动合同期限内。劳动合同仅约定试用期的，试用期不成立，该期限为劳动合同期限。"第 20 条规定："劳动者在试用期的工资不得低于本单位相同岗位最低档工资或者劳动合同约定工资的百分之八十，并不得低于用人单位所在地的最低工资标准。"第 21 条规定，在试用期中，用人单位只有证明劳动者有下列情形之一的，才可以解除劳动合同：① 在试用期间被证明不符合录用条件的；② 严重违反用人单位的规章制度的；③ 严重失职，营私舞弊，给用人单位造成重大损害的；④ 劳动者同时与其他用人单位建立劳动关系，对完成本单位的工作任务造成严重影响，或者经用人单位提出，拒不改正的；⑤ 因劳动者以欺诈、胁迫的手段或者乘人之危，使对方在违背真实意思的情况下订立或者变更劳动合同致使劳动合同无效的；⑥ 被依法追究刑事责任的；⑦ 劳动者不能胜任工作，经过培训或者调整工作岗位，仍不能胜任工作的；⑧ 劳动者患病或者非因工负伤，在规定的医疗期满后不能从事原工作，也不能从事由用人单位另行安排的工作的。其中，用人单位根据第⑦⑧项解除劳动合同必须提前三十日以书面形式通知劳动者本人或者额外支付劳动者一个月工资后方可。用人单位在试用期内解除与劳动者的劳动合同必须说明理由。不符合法律规定条件的，用人单位无权解除劳动合同。

（2）服务期。用人单位为劳动者提供专项培训费用，对其进行专业技术培训的，可以与该劳动者订立协议，约定服务期。劳动者违反服务期约定的，应当按照约定向用人单位支付违约金。违约金的数额不得超过用人单位提供的培训费用。用人单位要求劳动者支付的违约金不得超过服务期尚未履行部分所应分摊的培训费用。用人单位与劳动者约定服务期的，不影响按照正常的工资调整机制提高劳动者在服务期期间的劳动报酬。

（3）保密义务和竞业限制。用人单位与劳动者可以在劳动合同中约定保守用人单位的商业秘密和与知识产权相关的保密事项。对负有保密义务的劳动者，用人单位可以在劳动合同或者保密协议中与劳动者约定竞业限制条款，并约定在解除或者终止劳动合同后，在竞业限制期限内按月给予劳动者经济补偿。劳动者违反竞业限制约定的，应当按照约定向用人单位支付违约金。竞业限制的人员限于用人单位的高级管理人员、高级技术人员和其他负有保密义务的人员。竞业限制的范围、地域、期限由用人单位与劳动者约定，竞业限制的约定不得违反法律、法规的规定。在解除或者终止劳动合同后，受竞业限制约定的人员到与本单位生产或者经营同类产品、从事同类业务的有竞争关系的其他用人单位，或者自己开业生产或者经营同类产品、从事同类业务的竞业限制期限，不得超过二年。

（4）违约金条款。《劳动合同法》第 25 条规定："除本法第二十二条和第二十三条规定的情形外，用人单位不得与劳动者约定由劳动者承担违约金。"也就是说，在劳动合同中约定违约金只限于针对服务期、保密义务和竞业限制三项内容设定违约金，其他情况下都不得设定让劳动者承担责任的违约金。

四、劳动合同的无效

劳动合同依法成立，即具有法律效力，对双方当事人都有约束力。双方必须履行劳动合同中规定的义务。一般情况下，劳动合同依法成立，即双方当事人意思表示一致，签订劳动合同之日，就产生法律效力；双方当事人约定须鉴证或公证方可生效的劳动合同，其生效时间始于鉴证或公证之日。

劳动合同的无效是指当事人违反法律、法规订立的不具有法律效力的劳动合同。劳动合同的无效或者部分无效有下列情形：（1）以欺诈、胁迫的手段或者乘人之危，使对方在违背真实意思的情况下订立或者变更劳动合同的；（2）用人单位免除自己的法定责任、排除劳动者权利的；（3）违反法律、行政法规强制性规定的。

对劳动合同的无效或者部分无效有争议的，由劳动争议仲裁机构或者人民法院确认。劳动合同部分无效，不影响其他部分效力的，其他部分仍然有效。劳动合同被确认无效，劳动者已付出劳动的，用人单位应当向劳动者支付劳动报酬。劳动报酬的数额，参照本单位相同或者相近岗位劳动者的劳动报酬确定。

无效劳动合同不仅没有法律效力，造成劳动合同无效的当事人还应承担相应的法律责任。如因订立、履行无效劳动合同给当事人造成经济损失的，由有过错的一方负责赔偿。我国劳动法明确规定，由于用人单位的原因订立的无效劳动合同，对劳动者造成损害的，应当承担赔偿责任。

五、劳动合同的履行和变更

劳动合同的履行是指劳动合同的双方当事人按照合同规定，全面履行各自应承担义务的行为。劳动合同依法订立即具有法律约束力，当事人必须按照劳动法律、法规规定的亲自、全面履行的原则履行合同。用人单位变更名称、法定代表人、主要负责人或者投资人等事项，不影响劳动合同的履行。用人单位发生合并或者分立等情况，原劳动合同继续有效，劳动合同由承继其权利和义务的用人单位继续履行。用人单位与劳动者协商一致，可以变更劳动合同约定的内容。变更劳动合同，应当采用书面形式。变更后的劳动合同文本由用人单位和劳动者各执一份。

六、劳动合同的解除和终止

（一）解除劳动合同的条件和程序

1. 双方协商解除劳动合同

《劳动法》第24条规定：经劳动合同当事人协商一致，劳动合同可以解除，《劳动合同法》第36条规定：用人单位与劳动者协商一致，可以解除劳动合同。双方协商解除劳动合同的条件：一是双方自愿；二是平等协商；三是不得损害另一方利益；四是双方达成解除劳动合同的书面协议，没有其他条件、程序的限制。

2. 用人单位单方解除劳动合同

即具备法律规定的条件时，用人单位享有劳动合同的单方解除权，无需双方协商达成一致意见。根据《劳动法》和《劳动合同法》等相关法律法规的规定，用人单位单方解除劳动合同有三种情况。

（1）随时解除，即用人单位无需以任何形式提前告知劳动者，可随时通知劳动者解除合同，这是用人单位享有的法定解除权。由于用人单位解除劳动合同是因为劳动者本身的原因，一般适用于因劳动者不符合录用条件或者严重违纪、违法的情形，因此在劳动合同解除后，用人单位无须向劳动者支付经济补偿金。根据《劳动法》第25条及《劳动合同法》第39条的规定，劳动者有下列情形之一的，用人单位可以随时解除劳动合同：① 在试用期间被证明不符合录用条件的；② 严重违反用人单位的规章制度的；③ 严重失职，营私舞弊，给用人单位造成重大损害的；④ 劳动者同时与其他用人单位建立劳动关系，对完成本单位的工作任务造成严重影响，或者经用人单位提出，拒不改正的；⑤ 因劳动者以欺诈、胁迫的手段或者乘人之危，使对方在违背真实意思的情况下订立或者变更劳动合同致使劳动合同无效的；⑥ 被依法追究刑事责任的。

（2）预告通知解除，即用人单位应当提前30日以书面形式通知劳动者本人或者额外支付劳动者一个月工资后方可解除合同。根据《劳动合同法》第40条的规定，预告通知解除适用于劳动者有下列情形之一的：① 劳动者患病或者非因工负伤，在规定的医疗期满后不能从事原工作，也不能从事由用人单位另行安排的工作的；② 劳动者不能胜任工作，经过培训或者调整工作岗位，仍不能胜任工作的；③ 劳动合同订立时所依据的客观情况发生重大变化，致使劳动合同无法履行，经用人单位与劳动者协商，未能就变更劳动合同内容达成协议的。

（3）经济性裁员，是用人单位濒临破产进行法定整顿期间或者生产经营状况发生严重困难，用人单位为改善生产经营状况而辞退成批人员。《劳动合同法》第41条规定："有下列情形之一,需要裁减人员二十人以上或者裁减不足二十人但占企业职工总数百分之十以上的,用人单位提前三十日向工会或者全体职工说明情况,听取工会或者职工的意见后,裁减人员方案经向劳动行政部门报告,可以裁减人员:① 依照企业破产法规定进行重整的;② 生产经营发生严重困难的;③ 企业转产、重大技术革新或者经营方式调整,经变更劳动合同后,仍需裁减人员的;④ 其他因劳动合同订立时所依据的客观经济情况发生重大变化,致使劳动合同无法履行的。裁减人员时,应当优先留用下列人员:① 与本单位订立较长期限的固定期限劳动合同的;② 与本单位订立无固定期限劳动合同的;③ 家庭无其他就业人员,有需要扶养的老人或者未成年人的。用人单位依照本条第一款规定裁减人员,在六个月内重新招用人员的,应当通知被裁减的人员,并在同等条件下优先招用被裁减的人员。"

为保护劳动者的合法权益,防止用人单位滥用单方解除权,劳动法从两方面限制用人单位的单方解除权,一方面规定了工会的权利:用人单位单方解除劳动合同,应当事先将理由通知工会。用人单位违反法律、行政法规规定或者劳动合同约定的,工会有权要求用人单位纠正。用人单位应当研究工会的意见,并将处理结果书面通知工会。另一方面规定禁止解除劳动合同的条件,《劳动合同法》第 42 条规定:劳动者有下列情形之一的,用人单位不得依照《劳动合同法》第 40 条、第 41 条的规定解除劳动合同:① 从事接触职业病危害作业的劳动者未进行离岗前职业健康检查,或者疑似职业病病人在诊断或者医学观察期间的;② 在本单位患职业病或者因工负伤并被确认丧失或者部分丧失劳动能力的;③ 患病或者非因工负伤,在规定的医疗期内的;④ 女职工在孕期、产期、哺乳期的;⑤ 在本单位连续工作满十五年,且距法定退休年龄不足五年的;⑥ 法律、行政法规规定的其他情形。

3. 劳动者单方解除劳动合同

即具备法律规定的条件时,劳动者享有单方解除权,无须双方协商达成一致意见。劳动者单方解除劳动合同有三种情况。

(1)提前 30 日书面通知解除劳动合同。《劳动合同法》第 37 条规定:"劳动者提前三十日以书面形式通知用人单位,可以解除劳动合同。"劳动者提前 30 日以书面形式通知用人单位解除劳动合同,劳动者无需说明任何法定事由,超过 30 日,劳动者可以向用人单位提出办理解除劳动合同的手续,用人单位应予办理。同时为防止劳动者滥用这一权利而损害用人单位的利益,劳动法规定劳动者违反劳动法规定的条件或者违反劳动合同的约定解除劳动合同,或违反劳动合同中应当遵守的保密义务,给用人单位造成经济损失的,劳动者应当依法承担赔偿责任。

(2)试用期内提前 3 日通知解除劳动合同。《劳动合同法》第 37 条规定:"劳动者在试用期内提前三日通知用人单位,可以解除劳动合同。"劳动者在试用期内提前 3 日通知用人单位解除劳动合同,劳动者无需说明事由,也无须以书面形式提出。

(3)随时通知解除。即劳动者不需提前预先告知用人单位,只要具备法律规定的正当理由,劳动者可随时通知用人单位解除劳动合同,还可以对因用人单位的违约行为和侵权行为造成的损失要求用人单位予以赔偿,并有权提请有关机关追究用人单位的行政责任、刑事责任。随时通知解除劳动合同适用于有下列情形之一的:① 未按照劳动合同约定提供劳动保护或者劳动条件的;② 未及时足额支付劳动报酬的;③ 未依法为劳动者缴纳社会保险费的；④ 用人单位的规章制度违反法律、法规的规定，损害劳动者权益的；⑤ 因本法第 26 条第 1 款规定的情形致使劳动合同无效的；⑥ 法律、行政法规规定劳动者可以解除劳动合同的其他情形。另外，用人单位以暴力、威胁或者非法限制人身自由的手段强迫劳动者劳动的，或者用人单位违章指挥、强令冒险作业危及劳动者人身安全的，劳动者可以立即解除劳动合同，不需事先告知用人单位。

（二）劳动合同的终止

劳动合同的终止是指符合法律规定或当事人约定的情形时，劳动合同的效力即行终止。我国《劳动合同法》第 44 条规定有下列情形之一的，劳动合同终止：（1）劳动合同期满的；（2）劳动者开始依法享受基本养老保险待遇的；（3）劳动者死亡，或者被人民法院宣告死亡或者宣告失踪的；（4）用人单位被依法宣告破产的；（5）用人单位被吊销营业执照、责令关闭、撤销或者用人单位决定提前解散的；（6）法律、行政法规规定的其他情形。此外，《劳动合同法》第 45 条规定：劳动合同期满，有《劳动合同法》第 42 条规定情形之一的，劳动合同应当续延至相应的情形消失时终止。但是，《劳动合同法》第 42 条第（二）项规定丧失或者部分丧失劳动能力劳动者的劳动合同的终止，按照国家有关工伤保险的规定执行。

（三）解除或终止劳动合同的后合同义务

1. 解除或终止劳动合同的经济补偿

《劳动合同法》第 46 条规定："有下列情形之一的，用人单位应当向劳动者支付经济补偿：（1）劳动者依照本法第三十八条规定解除劳动合同的；（2）用人单位依照本法第三十六条规定向劳动者提出解除劳动合同并与劳动者协商一致解除劳动合同的；（3）用人单位依照本法第四十条规定解除劳动合同的；（4）用人单位依照本法第四十一条第一款规定解除劳动合同的；（5）除用人单位维持或者提高劳动合同约定条件续订劳动合同，劳动者不同意续订的情形外，依照本法第四十四条第一项规定终止固定期限劳动合同的；（6）依照本法第四十四条第四项、第五项规定终止劳动合同的；（7）法律、行政法规规定的其他情形。"据此规定，解除或终止劳动合同的经济补偿的情形包括以下方面。（1）用人单位有下列违法情形：劳动者解除劳动合同的；用人单位未按照劳动合同约定提供劳动保护或者劳动条件的；用人单位未及时足额支付劳动报酬的；用人单位未依法为劳动者缴纳社会保险费的；用人单位的规章制度违反法律、法规的规定，损害劳动者权益的；用人单位以欺诈、胁迫的手段或者乘人之危，使对方在违背真实意思的情况下订立或者变更劳动合同。（2）用人单位依法向劳动者提出解除劳动合同并与劳动者协商一致解除劳动合同的。（3）用人单位提前 30 日以书面形式通知劳动者本人或者额外支付劳动者 1 个月工资后，依法解除劳动合同的。（4）用人单位因经济性裁员而与劳动者解除劳动合同的。（5）劳动合同期满，用人单位维持或者提高劳动合同约定条件续订劳动合同，劳动者不同意续订而终止劳动合同的。（6）用人单位被依法宣告破产以及被吊销营业执照、责令关闭、撤销或者用人单位决定提前解散而终止劳动合同的。（7）法律、行政法规规定的其他情形。

《劳动合同法》第 47 条规定了经济补偿的标准。经济补偿按劳动者在本单位工作的年限，每满 1 年支付 1 个月工资的标准向劳动者支付。6 个月以上不满 1 年的，按 1 年计算；不满 6 个月的，向劳动者支付半个月工资的经济补偿。劳动者月工资高于用人单位所在直辖市、设区的市级人民政府公布的本地区上年度职工月平均工资 3 倍的，向其支付经济补偿的标准按职工月平均工资 3 倍的数额支付，向其支付经济补偿的年限最高不超过 12 年。月工资是指劳动者在劳动合同解除或者终止前 12 个月的平均工资。

2. 其他义务

解除或终止劳动合同，劳动关系终结，对当事人双方均产生新的权利与义务。主要包括以下后合同义务：（1）用人单位应当在解除或者终止劳动合同时出具解除或者终止劳动合同的证明，并在十五日内为劳动者办理档案和社会保险关系转移手续；（2）劳动者应当按照双方约定，办理工作交接；（3）用人单位对已经解除或者终止的劳动合同的文本，至少保存二年备查。

违法解除劳动合同，会导致相应的法律后果。《劳动合同法》第 48 条规定，用人单位违反《劳动合同法》规定解除或者终止劳动合同，劳动者要求继续履行劳动合同的，用人单位应当继续履行；劳动者不要求继续履行劳动合同或者劳动合同已经不能继续履行的，用人单位应当在与劳动者办结工作交接时依法向劳动者支付赔偿金。

七、违反劳动合同的赔偿责任

（一）用人单位应承担的赔偿责任

因用人单位原因造成劳动合同无效及用人单位违法或违约应承担赔偿责任的情形包括以下几方面。

（1）用人单位提供的劳动合同文本未载明劳动合同法规定的劳动合同必备条款或者用人单位未将劳动合同文本交付劳动者的，由劳动行政部门责令改正；给劳动者造成损害的，应当承担赔偿责任。

（2）用人单位自用工之日起超过一个月不满一年未与劳动者订立书面劳动合同的，应当向劳动者每月支付两倍的工资。用人单位违反劳动合同法规定不与劳动者订立无固定期限劳动合同的，自应当订立无固定期限劳动合同之日起向劳动者每月支付两倍的工资。

（3）用人单位违反劳动合同法规定与劳动者约定试用期的，由劳动行政部门责令改正；违法约定的试用期已经履行的，由用人单位以劳动者试用期满月工资为标准，按已经履行的超过法定试用期的期间向劳动者支付赔偿金。

（4）用人单位违反劳动合同法规定，以担保或者其他名义向劳动者收取财物的，由劳动行政部门责令限期退还劳动者本人，并以每人 500 元以上 2000 元以下的标准处以罚款；给劳动者造成损害的，应当承担赔偿责任。

（5）劳动者依法解除或者终止劳动合同，用人单位扣押劳动者档案或者其他物品的，由劳动行政部门责令限期退还劳动者本人，并以每人 500 元以上 2000 元以下的标准处以罚款；给劳动者造成损害的，应当承担赔偿责任。

（6）用人单位有下列情形之一的，由劳动行政部门责令限期支付劳动报酬、加班费或者经济补偿；劳动报酬低于当地最低工资标准的，应当支付其差额部分；逾期不支付的，责令用人单位按应付金额百分之五十以上百分之一百以下的标准向劳动者加付赔偿金：① 未按照劳动合同的约定或者国家规定及时足额支付劳动者劳动报酬的；② 低于当地最低工资标准支付劳动者工资的；③ 安排加班不支付加班费的；④ 解除或者终止劳动合同，未依照本法规定向劳动者支付经济补偿的。

（7）用人单位违反劳动合同法规定解除或者终止劳动合同的，应当依照《劳动合同法》

第 47 条规定的经济补偿标准的二倍向劳动者支付赔偿金。

（8）用人单位有下列情形之一的，依法给予行政处罚；构成犯罪的，依法追究刑事责任；给劳动者造成损害的，应当承担赔偿责任：① 以暴力、威胁或者非法限制人身自由的手段强迫劳动的；② 违章指挥或者强令冒险作业危及劳动者人身安全的；③ 侮辱、体罚、殴打、非法搜查或者拘禁劳动者的；④ 劳动条件恶劣、环境污染严重，给劳动者身心健康造成严重损害的。

（9）用人单位违反劳动合同法规定未向劳动者出具解除或者终止劳动合同的书面证明，由劳动行政部门责令改正；给劳动者造成损害的，应当承担赔偿责任。

（10）因用人单位的过错致使劳动合同依照《劳动合同法》第 26 条规定被确认无效，给劳动者造成损害的，用人单位应当承担赔偿责任。

（11）对不具备合法经营资格的用人单位的违法犯罪行为，依法追究法律责任；劳动者已经付出劳动的，该单位或者其出资人应当依照本法有关规定向劳动者支付劳动报酬、经济补偿、赔偿金；给劳动者造成损害的，应当承担赔偿责任。

（12）劳动合同约定的其他赔偿费用。

（二）**劳动者应承担的赔偿责任**

（1）劳动者违反劳动合同法规定解除劳动合同，或者违反劳动合同中约定的保密义务或者竞业限制，给用人单位造成损失的，应当承担赔偿责任。

（2）因劳动者的过错致使劳动合同依照《劳动合同法》第 26 条规定被确认无效，给用人单位造成损害的，劳动者应当承担赔偿责任。

（三）**连带赔偿责任**

（1）用人单位招用与其他用人单位尚未解除或者终止劳动合同的劳动者，给其他用人单位造成损失的，应当承担连带赔偿责任。

（2）劳务派遣单位违反劳动合同法规定的，由劳动行政部门和其他有关主管部门责令改正；情节严重的，以每人 1000 元以上 5000 元以下的标准处以罚款，并由工商行政管理部门吊销营业执照；给被派遣劳动者造成损害的，劳务派遣单位与用工单位承担连带赔偿责任。

（3）个人承包经营违反劳动合同法规定招用劳动者，给劳动者造成损害的，发包的组织与个人承包经营者承担连带赔偿责任。

（四）**劳动行政部门和其他有关主管部门的法律责任**

劳动行政部门和其他有关主管部门及其工作人员玩忽职守、不履行法定职责，或者违法行使职权，给劳动者或者用人单位造成损害的，应当承担赔偿责任；对直接负责的主管人员和其他直接责任人员，依法给予行政处分；构成犯罪的，依法追究刑事责任。

练习思考

1. 劳动合同的概念？
2. 劳动合同的订立原则？
3. 劳动合同的必备条款有哪些？
4. 劳动合同无效的情形有哪些？

5. 解除劳动合同的条件和程序是什么？

1. 张某是甲有限责任公司的技术员，与公司签订了为期5年的劳动合同，在合同期内，张某以工作较累为由，口头提出与甲有限责任公司解除劳动合同，甲有限责任公司未予答复。过了12天，张某被乙股份有限公司录用，张某又与该股份有限公司签订了劳动合同。张某到乙股份有限公司上班后，甲有限责任公司生产受到影响，要求张某回公司上班，同时与乙股份有限公司联系，希望其解除与张某的劳动合同，但乙股份有限公司不同意与张某解除劳动合同关系，张某也不同意回甲有限责任公司上班。

问题：
（1）张某与甲有限责任公司的劳动合同是否已经解除？
（2）乙股份有限公司在本案中是否应承担责任？

参考答案
（1）张某与甲有限责任公司的劳动合同未解除。因为不符合劳动合同解除的法定程序要件。因为《劳动法》规定："劳动合同任何一方当事人提出解除劳动合同，除法律有特别规定外，应当提前一个月以书面形式通知对方"，另《劳动合同法》第37条规定："劳动者提前30日以书面形式通知用人单位，可以解除劳动合同。劳动者在试用期内提前3日通知用人单位，可以解除劳动合同。"本案，张某只以口头形式提出解除与甲有限责任公司的劳动合同，并且从其提出解除劳动合同到其被乙股份有限公司录用，不到30日，甲有限责任公司对其要求也未作答复，因而协商解除合同不成立。

（2）根据《劳动法》第99条规定："用人单位招用尚未解除劳动合同的劳动者，对原用人单位造成经济损失的，该用人单位应当依法承担连带赔偿责任"，《劳动合同法》第90条规定："用人单位招用与其他用人单位尚未解除或者终止劳动合同的劳动者，给其他用人单位造成损失的，应当承担连带赔偿责任。"因此，乙股份有限公司应承担连带赔偿责任。

2. 某企业招用一批合同制工人，将一份打印好的劳动合同交给职工刘某签字，合同中规定，刘某入厂时需缴纳4000元的押金。试用期为一年，试用期之后，合同期限为五年。休息日加班，支付相当于工资的150%的报酬，合同履行期间，企业可根据经营情况随时解除劳动合同。

问题：此份劳动合同有哪些内容违反劳动法的规定？

参考答案
以下内容违反劳动法规定：（1）劳动合同应双方协商一致订立，不应由一方打印好，不顾对方意愿；（2）企业不能收取押金；（3）试用期不能超过6个月；（4）试用期应在合同期限之内；（5）休息日加班，如不能安排补休，应支付相当于工资200%的报酬；（6）企业解除劳动合同应符合法定条件，不能随意解除。

指导三

劳动争议处理法

学习要点

知识要点

1. 劳动争议调解的程序；
2. 劳动争议仲裁的程序；
3. 劳动争议仲裁的管辖与时效。

技能要点

1. 能通过劳动争议调解程序维护自身权益；
2. 能通过劳动争议仲裁程序维护自身权益；
3. 能通过劳动争议诉讼程序维护自身权益。

内容提要

劳动争议是指劳动关系双方当事人因执行劳动法律、法规或履行劳动合同、集体合同发生的劳动权利和劳动义务纠纷。劳动争议处理制度，是解决劳动纠纷、保护劳动关系当事人合法权益、维护劳动关系和谐稳定的重要法律制度。本部分主要介绍劳动争议的概念、种类，劳动争议处理的范围、体制、原则，劳动争议处理的途径、机构，劳动争议调解、仲裁、诉讼的主要程序等内容。

一、劳动争议的概念

（一）劳动争议的概念

劳动争议又称劳动纠纷，是指劳动关系双方当事人因执行劳动法律、法规或履行劳动合同、集体合同发生的劳动权利和劳动义务纠纷。

劳动争议是发生在劳动者与用人单位之间，即：在中国境内的企业、个体经济组织和与之形成劳动关系的劳动者之间；在我国境内签订、履行的劳动合同的当事人之间，如中国境外的企业或劳动者与我国境内企业和公民之间；国家机关、事业组织、社会团体与本单位工人以及与之建立劳动合同关系的劳动者之间；个体工商户与帮工、学徒之间；以及军队、武警部队的事业组织与其无军籍的职工之间。

劳动争议的概念主要包括以下内容：一是劳动争议的产生是建立在劳动法律的基础之上的，劳动争议的前提必须是双方当事人之间存在着一定的劳动关系；二是劳动争议是发生在劳动法律关系当事人，即用工方和职工之间的争议；三是劳动争议的标的是劳动权利和劳动义务，劳动争议是劳动关系双方当事人为实现劳动权利和履行劳动义务发生的争议，劳动权利和劳动义务是依据劳动法律法规和劳动合同具体确定，因而劳动争议在一定意义上表现为因适用劳动法律法规以及订立、履行、变更和终止劳动合同所发生的争议。劳动权利和劳动义务的内容，包括：就业、工时、工资、劳动保护、保险福利、职业培训、民主管理、奖励惩罚等各个方面，对于以劳动权利和劳动义务以外的其他权利义务为标的的争议，均被排除在劳动争议的范围以外。

（二）劳动争议的分类

劳动争议按照不同的标准，可以分为不同的类别。

（1）按照劳动争议标的的性质不同，劳动争议可以分为权利争议与利益争议。

权利争议，也称为实现既定权利的争议，是指因实现劳动法、集体合同、劳动合同所规定的权利和义务所发生的争议。权利争议是适用劳动法律法规、履行劳动合同或集体劳动合同所发生的争议。其中，作为争议标的的权利和义务，如果适用劳动法中强行性规范所规定的，该权利争议就只属于遵守劳动法的争议。如果是由集体合同、劳动合同依据劳动法中任意性规范具体规定的，该权利争议就属于履行集体合同或劳动合同的争议。

利益争议也称经济争议，是指因确定或变更劳动条件而发生的争议。在这类争议中，双方所主张的权利和义务事先并没有确定，争议之所以发生是因为双方当事人对这些有待确定的权利和义务有不同的要求，争议的目的在于使一方或双方的某种利益得到合同或法律的确认，从而上升为权利。它往往直接与当事人一方的经济利益密切相关。利益争议与权利争议的解决不同，一般不是通过调解、仲裁、诉讼程序解决，而是在政府干预下由双方协商解决。

（2）按照劳动争议一方劳动者人数的多少，可分为个人劳动争议、集体劳动争议和集体合同争议。

个人劳动争议是劳动者个人与用人单位发生的劳动争议，即不足法定人数的单个或多个劳动者限于个人行为与用人单位的劳动争议。

集体劳动争议又称多人争议，是指劳动者一方的人数达到法定人数以上并且基于共同理由与用人单位发生的劳动争议。我国现行法规规定，发生劳动争议的劳动者一方，人数在3人或3人以上，并且具有共同理由的，为集体劳动争议。

集体合同争议，又称为团体争议，是指代表和维护全体职工共同利益的工会与用人单位由于签订集体劳动合同而发生的争议。集体劳动争议与集体合同争议不同，前者的标的是部分职工的共同利益，后者的标的是全体职工的共同利益。因此，前者的职工方当事人应当推举代表参加争议处理程序，后者是由工会主席为法定代表人参加争议处理程序。

二、劳动争议的处理机构

根据《中华人民共和国劳动法》和《中华人民共和国企业劳动争议处理条例》的规定，我国劳动争议处理机构有劳动争议调解委员会、劳动争议仲裁委员会以及人民法院。

（一）企业劳动争议调解委员会

1. 调解委员会的设立和组成

根据《企业劳动争议调解委员会组织及工作规则》的规定，企业内部可以设立劳动争议调解委员会，设有分厂（或者分公司、分店）的企业，可以在总厂（总公司、总店）和分厂（分公司、分店）分别设立调解委员会。调解委员会是调解本企业劳动争议的组织。调解委员会的工作接受企业所在地方工会（或行业工会）和地方劳动争议仲裁委员会（以下简称仲裁委员会）的指导。

　　调解委员会由职工代表、企业代表、企业工会代表组成。职工代表由职工代表大会（职（员）工大会，下同）推举产生；企业代表由企业法定代表人指定；企业工会代表由企业工会委员会指定。各方推举或指定的代表只能代表一方参加调解委员会。调解委员会组成人员的具体人数由职工代表大会提出并与企业法定代表人协商确定。企业代表的人数不得超过调解委员会成员总数的三分之一。没有成立工会组织的企业，调解委员会的设立及其组成由职工代表与企业代表协商决定。调解委员会主任由企业工会代表担任。调解委员会的办事机构设在企业工会。调解委员会委员应当由具有一定劳动法律知识、政策水平和实际工作能力、办事公道、为人正派、密切联系群众的人员担任。调解委员会委员调离本企业或需要调整时，应由原推选单位或组织按规定另行推举或指定。兼职的调解委员参加调解活动，需要占用生产或工作时间，企业应予支持，并按正常出勤对待。企业应支持企业调解委员会的工作，并在物质上给予帮助。调解委员会的活动经费由企业承担。调解委员会委员名单应报送地方总工会和地方仲裁委员会备案。

　　2. 调解委员会的职责

　　调解委员会的职责主要有：调解本企业内发生的劳动争议；检查督促争议双方当事人履行调解协议；对职工进行劳动法律、法规的宣传教育，做好劳动争议的预防工作。

　　3. 调解委员会的调解范围

　　调解委员会依法调解企业与职工之间发生的下列劳动争议：因企业开除、除名、辞退职工和职工辞职、自动离职发生的争议；因执行国家有关工资、保险、福利、培训、劳动保护的规定发生的争议；因履行劳动合同发生的争议；法律、法规规定应当依照《中华人民共和国企业劳动争议处理条例》处理的其他劳动争议。

　　4. 调解委员会调解劳动争议的原则

　　调解委员会调解劳动争议应当遵循以下原则：当事人自愿申请，依据事实及时调解；对当事人在适用法律上一律平等；同当事人民主协商；尊重当事人申请仲裁和诉讼的权利。

（二）劳动争议仲裁委员会

　　劳动争议仲裁委员会是经国家授权，依法独立处理劳动争议案件的专门机构。1993年11月5日由劳动部颁布的《劳动争议仲裁委员会组织规则》对劳动争议仲裁委员会的组成及组织规则作了具体规定。

　　1. 劳动争议仲裁委员会的设立及组成

　　根据《劳动争议仲裁委员会组织规则》的规定，我国县、市、市辖区在劳动行政主管部门设立劳动争议仲裁委员会，负责仲裁本行政区域内发生劳动争议。地方各级仲裁委员会向同级人民政府负责并报告工作。

　　仲裁委员会的人员组成包括：劳动行政主管部门的代表；工会的代表；政府指定的经济综合管理部门的代表。仲裁委员会组成人数必须是单数。仲裁委员会的组成不符合规定的，由政府予以调整。仲裁委员会设主任一人，副主任一至二人，委员若干人。仲裁委员会委员由组成仲裁委员会的三方组织各自选派，主任由同级劳动行政主管部门的负责人担任，副主任由仲裁委员会委员协商产生。

2. 仲裁委员会及其办事机构的职责

根据《劳动争议调解仲裁法》、《劳动争议仲裁委员会组织规则》的规定,仲裁委员会的主要职责包括:聘任、解聘专职或者兼职仲裁员;受理劳动争议案件;讨论重大或者疑难的劳动争议案件;对仲裁活动进行监督。

劳动争议仲裁委员会下设办事机构,负责办理劳动争议仲裁委员会的日常工作。

仲裁委员会办事机构在仲裁委员会领导下,负责劳动争议处理的日常工作,主要职责是:承办处理劳动争议案件的日常工作;根据仲裁委员会的授权,负责管理仲裁员,组织仲裁庭;管理仲裁委员会的文书、档案、印鉴;负责劳动争议及其处理方面的法律、法规及政策咨询;向仲裁委员会汇报、请示工作;办理仲裁委员会授权或交办的其他事项。

3. 劳动争议仲裁员和仲裁庭

根据《劳动争议仲裁委员会组织规则》第 4 条的规定,仲裁委员会处理劳动争议案件,实行仲裁员、仲裁庭制度。

(1) 劳动争议仲裁员。劳动争议仲裁员是指仲裁委员会依照法定程序和条件聘任的具体行使仲裁权的人员。仲裁员包括专职仲裁员和兼职仲裁员。专职仲裁员由仲裁委员会从劳动行政主管部门专门从事劳动争议处理工作的人员中聘任。兼职仲裁员由仲裁委员会从劳动行政主管部门或其他行政部门的人员、工会工作者、专家、学者和律师中聘任。仲裁委员会成员均具有仲裁员资格,可由仲裁委员会聘为专职或兼职仲裁员。仲裁员资格经省级以上的劳动行政主管部门考核认定。取得仲裁员资格的方可在一个仲裁委员会担任专职或兼职仲裁员。兼职仲裁员与专职仲裁员在执行仲裁公务时享有同等权利。兼职仲裁员进行仲裁活动时,应征得其所在单位同意,所在单位应当给予支持。

仲裁员应当公道正派并符合下列条件之一:曾任审判员的;从事法律研究、教学工作并具有中级以上职称的;具有法律知识、从事人力资源管理或者工会等专业工作满五年的;律师执业满三年的。

仲裁员的主要职责有:接受仲裁委员会办事机构交办的劳动争议案件,参加仲裁庭;进行调查取证,有权向当事人及有关单位、人员进行调阅文件、档案、询问证人、现场勘察、技术鉴定等与争议事实有关的调查;根据国家的有关法律、法规、规章及政策提出处理方案;对争议当事人双方进行调解工作,促使当事人达成和解协议;审查申诉人的撤诉请求;参加仲裁庭合议,对案件提出裁决意见;案件处理终结时,填报《结案审批表》;及时做好调解、仲裁的文书工作及案卷的整理归档工作;宣传劳动法律、法规、规章、政策;对案件涉及的秘密和个人隐私应当保密。

(2) 劳动争议仲裁庭。仲裁委员会处理劳动争议,应当组织仲裁庭。仲裁庭在仲裁委员会的直接领导下进行工作,服从委员会的决定,遇重大或疑难争议案件可提交委员会作出决定。仲裁庭在仲裁委员会领导下处理劳动争议案件,实行一案一庭制。仲裁庭由一名首席仲裁员、两名仲裁员组成。简单案件,仲裁委员会可以指定一名仲裁员独任处理。仲裁庭的首席仲裁员由仲裁委员会负责人或授权其办事机构负责人指定,另两名仲裁员由仲裁委员会授权其办事机构负责人指定或由当事人各选一名,具体办法由省、自治区、直辖市自行确定。仲裁庭的书记员由仲裁委员会办事机构指定,负责仲裁庭的记录工作,并承办与仲裁庭有关的具体事项。仲裁庭组成不符合规定的,由仲裁委员会予以撤销,重新组成仲裁庭。

仲裁庭的主要职责：作开庭记录，要求有关人员在记录上签字；有权取证和要求当事人提供证据，并对证据作出评定；对争议双方依法进行调解，作出调解书，撤销业已和解的争议案件；审理终了时，对争议作出裁决；法律规定的其他职权。

4. 仲裁委员会的受案范围

仲裁委员会的受案范围与调解委员会的受案范围相同，即企业与职工之间发生的下列争议：因企业开除、除名、辞退职工和职工辞职、自动离职发生的争议；因执行国家有关工资、保险、福利、培训、劳动保护的规定发生的争议；因履行劳动合同发生的争议；法律、法规规定应当依照本条例处理的其他劳动争议。

5. 仲裁委员会的办案原则

仲裁委员会仲裁劳动争议案件，应当遵循以下原则：一是先行调解原则。仲裁庭在开庭裁决之前，应当先行调解，即在查明事实的基础上促使双方当事人自愿达成协议。先行调解不是强迫调解，当事人拒绝或者调解未达成协议的，仲裁庭应当及时裁决。二是一次裁决原则。任何一级仲裁委员会的裁决都是一次性裁决，当事人任何一方对裁决不服的，都不能向上一级仲裁委员会申诉，请求再次仲裁，而只能在规定的期限内向人民法院提出诉讼。到期不起诉的，裁决书发生法律效力。三是少数服从多数原则。仲裁委员会由三方代表单数组成，仲裁庭也由 3 名仲裁员组成，当仲裁庭在处理一般劳动争议案件或仲裁委员会讨论重大疑难案件遇到分歧时，为了及时裁决，实行少数服从多数原则。但少数意见也应当如实写入笔录中。

（三）人民法院

人民法院是审理劳动争议案件的司法机构。劳动争议案件由各级人民法院的民事审判庭审理。人民法院对劳动争议案件的受案范围主要是对仲裁裁决不服的案件。主要有：劳动者与用人单位在履行劳动合同过程中发生的纠纷；劳动者与用人单位之间没有订立书面劳动合同，但已形成劳动关系后发生的纠纷；劳动者退休后，与尚未参加社会保险统筹的原用人单位因追索养老金、医疗费、工伤保险待遇和其他社会保险费而发生的纠纷；用人单位和劳动者因劳动关系是否已经解除或者终止，以及应否支付解除或终止劳动关系经济补偿金产生的争议，经劳动争议仲裁委员会仲裁后，当事人依法起诉的；劳动者与用人单位解除或者终止劳动关系后，请求用人单位返还其收取的劳动合同定金、保证金、抵押金、抵押物产生的争议，或者办理劳动者的人事档案、社会保险关系等移转手续产生的争议，经劳动争议仲裁委员会仲裁后，当事人起诉的；劳动者因为工伤、职业病，请求用人单位依法承担给予工伤保险待遇的争议，经劳动争议仲裁委员会仲裁后，当事人依法起诉的。

三、劳动争议处理范围

《中华人民共和国劳动争议调解仲裁法》第 2 条规定："中华人民共和国境内的用人单位与劳动者发生的下列劳动争议，适用本法：（1）因确认劳动关系发生的争议；（2）因订立、履行、变更、解除和终止劳动合同发生的争议；（3）因除名、辞退和辞职、离职发生的争议；（4）因工作时间、休息休假、社会保险、福利、培训以及劳动保护发生的争议；（5）因劳动报酬、工伤医疗费、经济补偿或者赔偿金等发生的争议；（6）法律、法规规定的其他劳动争议。"

以下纠纷不属于劳动争议：（1）劳动者请求社会保险经办机构发放社会保险金的纠纷；

（2）劳动者与用人单位因住房制度改革产生的公有住房转让纠纷；（3）劳动者对劳动能力鉴定委员会的伤残等级鉴定结论或者对职业病诊断鉴定委员会的职业病诊断结论的异议纠纷；（4）家庭或者个人与家政服务人员之间的纠纷；（5）个体工商户与帮工、学徒之间的纠纷；（6）农村承包经营户与受雇人之间的纠纷。

四、劳动争议的解决方式和处理程序

依据《劳动法》、《劳动争议处理条例》、《劳动争议仲裁委员会办案规则》、《劳动争议调解仲裁法》等有关法律法规的规定，用人单位与劳动者发生劳动争议，当事人可以依法申请调解、仲裁、提起诉讼，也可以协商解决。根据这一规定，我国劳动争议的解决方式主要有和解、调解、仲裁和诉讼。其中和解、调解属于可经程序，仲裁和诉讼是处理劳动争议案件的必经程序。在劳动争议处理制度的模式选择上，我国采用的是一调、一裁、两审的处理模式，即协商不成，调解；调解不成，可申请劳动争议仲裁委员会仲裁裁决；对仲裁裁决不服，可向人民法院提起诉讼，人民法院实行两审终审。在劳动争议仲裁制度上，其特点是强制仲裁、仲裁一次终局、仲裁前置。仲裁前置是指劳动争议当事人向人民法院起诉之前，必须经劳动仲裁机构仲裁。劳动仲裁为司法程序的前置程序。

（一）和解

劳动争议发生后，当事人应当协商解决，协商一致后，双方可达成和解协议，但和解协议无必须履行的法律效力，而是由双方当事人自觉履行。协商不是处理劳动争议的必经程序，当事人不愿协商或协商不成，可以向本单位劳动争议调解委员会申请调解或向劳动争议仲裁委员会申请仲裁。

（二）劳动争议的调解程序

劳动争议的调解，是指劳动争议调解组织对当事人双方自愿申请调解的劳动争议，在查明事实、分清是非的前提下，依据法律法规和集体合同、劳动合同的约定，通过说服、劝导和教育，促使当事人双方在平等协商、互谅互让的基础上自愿达成解决劳动争议的协议。在我国劳动争议处理体系中，它是一种普遍适用的重要形式。在我国，劳动争议调解组织包括：企业劳动争议调解委员会；依法设立的基层人民调解组织；在乡镇、街道设立的具有劳动争议调解职能的组织。其中，企业劳动争议调解委员会的调解是企业内部基层群众性组织所作的调解，是我国劳动争议解决的基本形式。

《调解委员会组织及工作规则》和《劳动争议调解仲裁法》对劳动争议的基层调解程序做了具体规定。

1. 申请调解

劳动争议发生以后，如果当事人通过协商不能解决，或者不愿协商解决，可以自愿申请调解或仲裁。当事人申请调解，应当自知道或应当知道其权利被侵害之日起三十日内，以口头或书面形式向调解委员会提出，并填写《劳动争议调解申请书》。

2. 争议受理

调解委员会接到调解申请后，应征询对方当事人的意见，对方当事人不愿调解的，应做好记录，在三日内以书面形式通知申请人。调解委员会应在四日内作出受理或不受理申请的决定，对不受理的，应向申请人说明理由。对调解委员会无法决定是否受理的案件，

由调解委员会主任决定是否受理。

3. 调解前的准备

调解委员会受理争议案件后，应事先做好以下准备工作：（1）进一步审查申请书内容，如发现内容欠缺，应及时通知申请人补充；（2）要求对方当事人就申请实体请求、事实、理由提出意见及证据；（3）指派调解委员对争议事项进行全面调查核实，收集有关证据；（4）拟订调解方案和调解建议；（5）告知双方当事人调解时间和地点。

在调解开始前或者调解过程中，调解委员会成员有下列情形之一者，当事人有权以口头或书面形式申请，要求其回避：（1）是劳动争议当事人或者当事人近亲属的；（2）与劳动争议有利害关系的；（3）与劳动争议当事人有其他关系，可能影响公正调解的。调解委员会对回避申请应及时作出决定，并以口头或书面形式通知当事人。调解委员的回避由调解委员会主任决定；调解委员会主任的回避，由调解委员会集体研究决定。

4. 实施调解

依据《企业劳动争议调解委员会组织及工作规则》第17条规定，调解委员会按下列程序进行调解：（1）及时指派调解委员对争议事项进行全面调查核实，调查应作笔录，并由调查人签名或盖章；（2）调解委员会主任主持召开有争议双方当事人参加的调解会议，有关单位和个人可以参加调解会议协助调解，简单的争议，可由调解委员会指定一至二名调解委员进行调解；（3）调解委员会应听取双方当事人对争议事实和理由的陈述，在查明事实、分清是非的基础上，依照有关劳动法律、法规，以及依照法律、法规制定的企业规章和劳动合同，公正调解；（4）经调解达成协议的，制作调解协议书，双方当事人应自觉履行，协议书应写明争议双方当事人的姓名（单位、法定代表人）、职务、争议事项、调解结果及其他应说明的事项，由调解委员会主任（简单争议由调解委员）以及双方当事人签名或盖章，并加盖调解委员会印章，调解协议书一式三份（争议双方当事人、调解委员会各一份）；（5）调解不成的，应作记录，并在调解意见书上说明情况，由调解委员会主任签名、盖章，并加盖调解委员会印章，调解意见书一式三份（争议双方当事人、调解委员会各一份）。

调解委员会调解劳动争议，应当自当事人申请调解之日起三十日内结束。到期未结束的，视为调解不成。

5. 调解协议执行

经调解达成协议的，应当制作调解协议书。调解协议书由双方当事人签名或者盖章，经调解员签名并加盖调解组织印章后生效，对双方当事人具有约束力，当事人应当履行。自劳动争议调解组织收到调解申请之日起十五日内未达成调解协议的，当事人可以依法申请仲裁。达成调解协议后，一方当事人在协议约定期限内不履行调解协议的，另一方当事人可以依法申请仲裁。因支付拖欠劳动报酬、工伤医疗费、经济补偿或者赔偿金事项达成调解协议，用人单位在协议约定期限内不履行的，劳动者可以持调解协议书依法向人民法院申请支付令。人民法院应当依法发出支付令。

（三）劳动争议的仲裁程序

劳动争议仲裁，是指劳动争议仲裁机构对当事人请求解决的劳动争议，在查明事实、分清责任的基础上，依法作出调解、裁决的行为。

1. 申请和受理

劳动争议申请仲裁的时效期间为一年。仲裁时效期间从当事人知道或者应当知道其权利被侵害之日起计算。上述仲裁时效，因当事人一方向对方当事人主张权利，或者向有关部门请求权利救济，或者对方当事人同意履行义务而中断。从中断时起，仲裁时效期间重新计算。因不可抗力或者有其他正当理由，当事人不能在仲裁时效期间申请仲裁的，仲裁时效中止。从中止时效的原因消除之日起，仲裁时效期间继续计算。劳动关系存续期间因拖欠劳动报酬发生争议的，劳动者申请仲裁不受本条第一款规定的仲裁时效期间的限制；但是，劳动关系终止的，应当自劳动关系终止之日起一年内提出。

申请人申请仲裁应当提交书面仲裁申请，并按照被申请人人数提交副本。仲裁申请书应当载明下列事项：(1) 劳动者的姓名、性别、年龄、职业、工作单位和住所，用人单位的名称、住所和法定代表人或者主要负责人的姓名、职务；(2) 仲裁请求和所根据的事实、理由；(3) 证据和证据来源、证人姓名和住所。书写仲裁申请确有困难的，可以口头申请，由劳动争议仲裁委员会记入笔录，并告知对方当事人。

劳动争议仲裁委员会收到仲裁申请之日起五日内，认为符合受理条件的，应当受理，并通知申请人；认为不符合受理条件的，应当书面通知申请人不予受理，并说明理由。对劳动争议仲裁委员会不予受理或者逾期未作出决定的，申请人可以就该劳动争议事项向人民法院提起诉讼。劳动争议仲裁委员会受理仲裁申请后，应当在五日内将仲裁申请书副本送达被申请人。被申请人收到仲裁申请书副本后，应当在十日内向劳动争议仲裁委员会提交答辩书。劳动争议仲裁委员会收到答辩书后，应当在五日内将答辩书副本送达申请人。被申请人未提交答辩书的，不影响仲裁程序的进行。

2. 仲裁准备

劳动争议仲裁委员会裁决劳动争议案件实行仲裁庭制。仲裁庭由 3 名仲裁员组成，设首席仲裁员。简单劳动争议案件可以由一名仲裁员独任仲裁。劳动争议仲裁委员会应当在受理仲裁申请之日起 5 日内将仲裁庭的组成情况书面通知当事人。仲裁员有下列情形之一，应当回避，当事人也有权以口头或者书面方式提出回避申请：(1) 是本案当事人或者当事人、代理人的近亲属的；(2) 与本案有利害关系的；(3) 与本案当事人、代理人有其他关系，可能影响公正裁决的；(4) 私自会见当事人、代理人，或者接受当事人、代理人的请客送礼的。劳动争议仲裁委员会对回避申请应当及时作出决定，并以口头或者书面方式通知当事人。仲裁员私自会见当事人、代理人，或者接受当事人、代理人的请客送礼的，或者有索贿受贿、徇私舞弊、枉法裁决行为的，应当依法承担法律责任，劳动争议仲裁委员会应当将其解聘。

仲裁庭应当在开庭五日前，将开庭日期、地点书面通知双方当事人。当事人有正当理由的，可以在开庭三日前请求延期开庭。是否延期，由劳动争议仲裁委员会决定。申请人收到书面通知，无正当理由拒不到庭或者未经仲裁庭同意中途退庭的，可以视为撤回仲裁申请。被申请人收到书面通知，无正当理由拒不到庭或者未经仲裁庭同意中途退庭的，可以缺席裁决。

3. 调解

当事人申请劳动争议仲裁后，可以自行和解。达成和解协议的，可以撤回仲裁申请。仲裁庭在作出裁决前，应当先行调解。调解达成协议的，仲裁庭应当制作调解书。调解书应当写明仲裁请求和当事人协议的结果。调解书由仲裁员签名,加盖劳动争议仲裁委员会印章,送达双方当事人。调解书经双方当事人签收后,发生法律效力。调解不成或者调解书送达前,一方当事人反悔的,仲裁庭应当及时做出裁决。

4. 裁决

调解不成或者调解书送达前,一方当事人反悔的,仲裁庭应当及时做出裁决。

仲裁庭开庭裁决,由书记员查明双方当事人、代理人及有关人员是否到庭,宣布仲裁庭纪律。首席仲裁员宣布开庭,宣布仲裁员、书记员名单,告知当事人的申诉、申辩权利和义务,询问当事人是否申请回避并宣布案由。听取申诉人的申诉和被申诉人的答辩。仲裁庭对专门性问题认为需要鉴定的,可以交由当事人约定的鉴定机构鉴定;当事人没有约定或者无法达成约定的,由仲裁庭指定的鉴定机构鉴定。根据当事人的请求或者仲裁庭的要求,鉴定机构应当派鉴定人参加开庭。当事人经仲裁庭许可,可以向鉴定人提问。质证和辩论终结时,首席仲裁员或者独任仲裁员应当征询当事人的最后意见。当事人提供的证据经查证属实的,仲裁庭应当将其作为认定事实的根据。劳动者无法提供由用人单位掌握管理的与仲裁请求有关的证据,仲裁庭可以要求用人单位在指定期限内提供。用人单位在指定期限内不提供的,应当承担不利后果。仲裁庭应当将开庭情况记入笔录。当事人和其他仲裁参加人认为对自己陈述的记录有遗漏或者差错的,有权申请补正。如果不予补正,应当记录该申请。笔录由仲裁员、记录人员、当事人和其他仲裁参加人签名或者盖章。当事人申请劳动争议仲裁后,可以自行和解。达成和解协议的,可以撤回仲裁申请。

仲裁庭裁决劳动争议案件时,其中一部分事实已经清楚,可以就该部分先行裁决。仲裁庭对追索劳动报酬、工伤医疗费、经济补偿或者赔偿金的案件,根据当事人的申请,可以裁决先予执行,移送人民法院执行。仲裁庭裁决先予执行的,应当符合下列条件:(1)当事人之间权利义务关系明确;(2)不先予执行将严重影响申请人的生活。劳动者申请先予执行的,可以不提供担保。裁决应当按照多数仲裁员的意见作出,少数仲裁员的不同意见应当记入笔录。仲裁庭不能形成多数意见时,裁决应当按照首席仲裁员的意见作出。裁决书应当载明仲裁请求、争议事实、裁决理由、裁决结果和裁决日期。裁决书由仲裁员签名,加盖劳动争议仲裁委员会印章。对裁决持不同意见的仲裁员,可以签名,也可以不签名。

仲裁庭裁决劳动争议案件,应当自劳动争议仲裁委员会受理仲裁申请之日起四十五日内结束。案情复杂需要延期的,经劳动争议仲裁委员会主任批准,可以延期并书面通知当事人,但是延长期限不得超过十五日。逾期未作出仲裁裁决的,当事人可以就该劳动争议事项向人民法院提起诉讼。

5. 仲裁法律文书的生效和执行

仲裁调解书自送达当事人之日起生效。仲裁裁决书在法定起诉期满后生效,即自当事人收到裁决书之日起15日内,当事人若不向人民法院起诉,裁决书即生效。生效的调解书和裁决书,当事人必须执行,一方当事人若不执行,另一方当事人可以申请人民法院强制执行。《劳动争议调解仲裁法》第47条规定:"下列劳动争议,除本法另有规定的外,仲裁裁决为终局裁决,裁决书自作出之日起发生法律效力:(1)追索劳动报酬、工伤医疗费、经济补偿或者赔偿金,不超过当地月最低工资标准十二个月金额的争议;(2)因执行国家的劳动标准在工作时间、休息休假、社会保险等方面发生的争议。"劳动者对《劳动争议调解仲裁法》第 47 条规定的仲裁裁决不服的，可以自收到仲裁裁决书之日起十五日内向人民法院提起诉讼。用人单位有证据证明《劳动争议调解仲裁法》第 47 条规定的仲裁裁决有下列情形之一，可以自收到仲裁裁决书之日起三十日内向劳动争议仲裁委员会所在地的中级人民法院申请撤销裁决：（1）适用法律、法规确有错误的；（2）劳动争议仲裁委员会无管辖权的；（3）违反法定程序的；（4）裁决所根据的证据是伪造的；（5）对方当事人隐瞒了足以影响公正裁决的证据的；（6）仲裁员在仲裁该案时有索贿受贿、徇私舞弊、枉法裁决行为的。人民法院经组成合议庭审查核实裁决有前款规定情形之一的，应当裁定撤销。仲裁裁决被人民法院裁定撤销的，当事人可以自收到裁定书之日起十五日内就该劳动争议事项向人民法院提起诉讼。当事人对《劳动争议调解仲裁法》第 47 条规定以外的其他劳动争议案件的仲裁裁决不服的，可以自收到仲裁裁决书之日起十五日内向人民法院提起诉讼，期满不起诉的，裁决书发生法律效力。

（四）劳动争议的诉讼程序

劳动争议诉讼，是指人民法院以民事诉讼的方式来审理和解决劳动争议案件，程序上适用《中华人民共和国民事诉讼法》规定的诉讼程序。在劳动争议处理过程中，劳动仲裁是诉讼的必经处理方式，劳动诉讼是劳动仲裁后的重新处理方式，是解决劳动争议的最后阶段。除《中华人民共和国民事诉讼法》外，《最高人民法院关于审理劳动争议案件适用法律若干问题的解释》（2001，以下简称《解释》）和《最高人民法院关于审理劳动争议案件适用法律若干问题的解释（二）》（2006 年，以下简称《解释（二）》）对劳动诉讼也作了相应的规定。

1. 起诉与受理

仲裁以当事人撤回申诉或达成调解协议而结案的，当事人无权起诉；仲裁以裁决结案的，当事人不服裁决，有权在收到裁决书之日起 15 日内起诉；仲裁机构以超过仲裁时效等为由决定不予受理的，当事人也有权在收到不予受理的书面通知或决定之日起 15 日内起诉。

《解释》规定，劳动者与用人单位之间发生的下列纠纷，属于《劳动法》第二条规定的劳动争议，当事人不服劳动争议仲裁委员会作出的裁决，依法向人民法院起诉的，人民法院应当受理：（1）劳动者与用人单位在履行劳动合同过程中发生的纠纷；（2）劳动者与用人单位之间没有订立书面劳动合同，但已形成劳动关系后发生的纠纷；（3）劳动者退休后，与尚未参加社会保险统筹的原用人单位因追索养老金、医疗费、工伤保险待遇和其他社会保险费而发生的纠纷。

劳动争议仲裁委员会以当事人申请仲裁的事项不属于劳动争议为由，作出不予受理的书面裁决、决定或者通知，当事人不服，依法向人民法院起诉的，人民法院应当分别情况予以处理：（1）属于劳动争议案件的，应当受理；（2）虽不属于劳动争议案件，但属于人民法院主管的其他案件，应当依法受理。劳动争议仲裁委员会根据《劳动法》第 82 条的规定，以当事人的仲裁申请超过六十日期限为由，作出不予受理的书面裁决、决定或者通知，当事人不服，依法向人民法院起诉的，人民法院应当受理；对确已超过仲裁申请期限，又无不可抗力或者其他正当理由的，依法驳回其诉讼请求。劳动争议仲裁委员会以申请仲裁的主体不适格为由，作出不予受理的书面裁决、决定或者通知，当事人不服，依法向人民法院起诉的，经审查，确属主体不适格的，裁定不予受理或者驳回起诉。劳动争议仲裁委员会为纠正原仲裁裁决错误重新作出裁决，当事人不服，依法向人民法院起诉的，人民法院应当受理。人民法院受理劳动争议案件后，当事人增加诉讼请求的，如该诉讼请求与讼争的劳动争议具有不可分性，应当合并审理；如属独立的劳动争议，应当告知当事人向劳动争议仲裁委员会申请仲裁。劳动争议仲裁委员会仲裁的事项不属于人民法院受理的案件范围，当事人不服，依法向人民法院起诉的，裁定不予受理或者驳回起诉。《解释（二）》对于起诉与受理也作出一些规定。拖欠工资争议，劳动者申请仲裁时劳动关系仍然存续，用人单位以劳动者申请仲裁超过六十日为由主张不再支付的，人民法院不予支持。但用人单位能够证明劳动者已经收到拒付工资的书面通知的除外。劳动者以用人单位的工资欠条为证据直接向人民法院起诉，诉讼请求不涉及劳动关系其他争议的，视为拖欠劳动报酬争议，按照普通民事纠纷受理。用人单位和劳动者因劳动关系是否已经解除或者终止，以及应否支付解除或终止劳动关系经济补偿金产生的争议，经劳动争议仲裁委员会仲裁后，当事人依法起诉的，人民法院应予受理。劳动者与用人单位解除或者终止劳动关系后，请求用人单位返还其收取的劳动合同定金、保证金、抵押金、抵押物产生的争议，或者办理劳动者的人事档案、社会保险关系等移转手续产生的争议，经劳动争议仲裁委员会仲裁后，当事人依法起诉的，人民法院应予受理。劳动者因为工伤、职业病，请求用人单位依法承担给予工伤保险待遇的争议，经劳动争议仲裁委员会仲裁后，当事人依法起诉的，人民法院应予受理。当事人不服劳动争议仲裁委员会作出的预先支付劳动者部分工资或者医疗费用的裁决，向人民法院起诉的，人民法院不予受理。用人单位不履行上述裁决中的给付义务，劳动者依法向人民法院申请强制执行的，人民法院应予受理。

2. 劳动诉讼管辖

劳动争议案件由用人单位所在地或者劳动合同履行地的基层人民法院管辖。劳动合同履行地不明确的，由用人单位所在地的基层人民法院管辖。当事人双方就同一仲裁裁决分别向有管辖权的人民法院起诉的，由先受理的法院管辖，后受理的法院应当将案件移送给先受理的法院。

3. 劳动诉讼当事人

劳动诉讼当事人只限于劳动者和用人单位。《解释》及《解释（二）》对劳动诉讼当事人做了一些规定。当事人双方不服劳动争议仲裁委员会作出的同一仲裁裁决，均向同一人民法院起诉的，先起诉的一方当事人为原告，但对双方的诉讼请求，人民法院应当一并作出裁决。用人单位与其他单位合并的，合并前发生的劳动争议，由合并后的单位为当事人；用人单位分立为若干单位的，其分立前发生的劳动争议，由分立后的实际用人单位为当事人。用人单位分立为若干单位后，对承受劳动权利义务的单位不明确的，分立后的单位均为当事人。用人单位招用尚未解除劳动合同的劳动者，原用人单位与劳动者发生的劳动争议，可以列新的用人单位为第三人。原用人单位以新的用人单位侵权为由向人民法院起诉的，可以列劳动者为第三人。原用人单位以新的用人单位和劳动者共同侵权为由向人民法院起诉的，新的用人单位和劳动者列为共同被告。劳动者在用人单位与其他平等主体之间的承包经营期间，与发包方和承包方双方或者一方发生劳动争议，依法向人民法院起诉的，应当将承包方和发包方作为当事人。劳动者与起有字号的个体工商户产生的劳动争议诉讼，人民法院应当以营业执照上登记的字号为当事人，但应同时注明该字号业主的自然情况。劳动者因履行劳动力派遣合同产生劳动争议而起诉，以派遣单位为被告；争议内容涉及接受单位的，以派遣单位和接受单位为共同被告。

4. 劳动争议诉讼中的举证责任

劳动争议的举证责任采用"谁主张，谁举证"的原则，但法律有特别规定的除外。如《解释》第13条规定："因用人单位作出的开除、除名、辞退、解除劳动合同、减少劳动报酬、计算劳动者工作年限等决定而发生的劳动争议，用人单位负举证责任。"体现了对劳动者权益的保护。

5. 审理

人民法院在受理劳动争议案件之后，依照《中华人民共和国民事诉讼法》规定的诉讼程序进行审理。审理实行两审终审制，对于第一审适用普通程序的案件，开庭前应作好相应的准备工作，开庭时应宣布审判人员名单及法庭纪律，询问当事人是否申请回避，然后进行法庭调查、法庭辩论、调解，调解不成的及时做出判决。判决应当在立案之日起 6 个月内作出。对于基层人民法院和它派出的法庭受理的事实清楚、权利义务关系明确、争议不大的简单的劳动争议案件，可以适用简易程序，由审判员一人独任审理。人民法院适用简易程序审理案件，应当在立案之日起 3 个月内审结。当事人不服一审判决的，可在判决书送达之日起 15 日内向上一级人民法院上诉。当事人对一审或二审生效的判决及调解协议，均可申请再审，是否再审由人民法院决定。

6. 执行

人民法院对劳动争议案件经过审理而作出的调解书、裁定书和判决书发生法律效力后，当事人应当在规定的期限内履行。一方当事人逾期不履行的，另一方当事人可申请人民法院强制执行。

练习思考

1. 劳动争议处理范围有哪些？
2. 我国处理劳动争议有哪些机构？
3. 劳动争议仲裁程序有哪些？
4. 劳动争议案件的举证责任是如何规定的？
5. 劳动争议调解组织有哪些？

案例分析

李某与某国一独资公司签订了为期 5 年的劳动合同，合同期自 1991 年 5 月至 1996 年 4 月止。1993 年 3 月以来，李某与几位朋友经商赚了钱，开始不安心本职工作，经常借故请假替别人干活捞点外快。由于当时用人单位效益不好，人浮于事，对李某的行为没有注意。1994 年 1 月以后，由于该用人单位改善了经营管理，产量增加，效益提高，职工收入也随之增加。李某再次请假时，因生产任务紧未被批准，李某与领导发生争吵。用人单位以李某不听劝告为由，单方面解除了劳动合同。李某不服，向当地劳动争议仲裁委员会提出申诉。经仲裁委员会调解，双方达成如下协议：先由用人单位收回解除劳动合同的决定，而后李某提出辞职。仲裁委员会制作了仲裁调解书，双方均签了字。当仲裁委员会送达制作的调解协议书后，李某后悔了，随即向当地人民法院起诉，要求恢复与用人单位的劳动关系。

问题：

（1）本案中，调解书的效力如何？

（2）法院是否应该受理此案？

参考答案

（1）本案中，调解书经仲裁庭根据双方协议内容合法制作，在送达之日即生效，具有法律效力。

（2）调解书已经生效，因而法院不应再受理此案。

参 考 文 献

[1] 吴遵民．实践终身教育论［M］．上海：上海教育出版社，2008．
[2] 刘雅丽．终身教育与终身学习的现代思考［M］．湖南：湖南人民出版社，2008．
[3] 许燕．实用心理学［M］．北京：中央广播电视大学出版社，2006．
[4] 沈怡文．学习方法［M］．湖北：湖北教育出版社，1999．
[5] 〔美〕D·赫尔雷格尔．组织行为学［M］．俞文钊译．上海：华东师范大学出版社，2001．
[6] 联合国教科文组织．学会生存——教育世界的今天和明天［M］．北京：教育科学出版社，1996．
[7] 联合国教科文组织．教育——财富蕴藏其中［M］．北京：教育科学出版社，1996．
[8] 〔法〕保罗·朗格朗．终身教育引论［M］．周南照，陈树清译．北京：中国对外翻译出版社，1985．
[9] 邓睿．学会共同生活：当代学生成长的需要［M］．思想理论教育，2009．
[10] 杨成利．成人学习特点及其策略探析［M］．河北大学成人教育学院学报，2009．
[11] 胡梦鲸．从终生学习观点论学校教育改革［M］．开放教育研究，1997．
[12] 宗秋荣．终身学习与家庭教育［M］．教育研究，1998．
[13] 程巧玲．论终身学习与人的发展［M］．社会科学家，2009．
[14] 檀红．日本终身学习的研究及其启示［M］．硕士论文，2006．
[15] 李恒庆．日本终身学习背景下"学社融合"的理论和实践研究［M］．硕士论文，2009．
[16] 傅蕴．终身学习与人的生命完善［M］．硕士论文，2004．
[17] 巨瑛梅．终身教育的理论与实践：渊源、演变与现状［M］．博士论文，1999．
[18] 蛭田道春．终身学习与规划［M］．牛黎涛译．北京：中国广播电视出版社，2009．
[19] 李宏．21世纪人生职业规划［M］．北京：金城出版社，2001．
[20] 刘冰．职业生涯管理［M］．济南：山东人民出版社，2004．
[21] 〔美〕卡罗尔 L．麦克莱兰．职业转换［M］．燕清译．北京：机械工业出版社，2004．
[22] 彭文军．大学生职业规划与就业指导教程［M］．北京：科学出版社，2005．
[23] 〔美〕Robert D. Lock 著．把握你的职业发展方向［M］．钟谷兰等译．北京：中国轻工业出版社，2006．
[24] 张莹．如何进行职业生涯规划与管理［M］．北京：北京大学出版社，2006．
[25] 魏卫．职业规划与素质培养教程［M］．北京：清华大学出版社，2008．
[26] 乔刚．大学生职业生涯规划与管理［M］．上海：复旦大学出版社，2008．
[27] 卢志鹏．职业生涯规划与就业指导［M］．北京：经济科学出版社，2008．
[28] 钟谷兰，杨开．大学生职业生涯发展与规划［M］．上海：华东师范大学出版社，2008．
[29] 闫振华，等．大学生职业生涯规划［M］．北京：中国经济出版社，2009．
[30] 邵晓红．大学生职业生涯与发展规划［M］．北京：北京大学出版社，2009．
[31] 钟庆杰．学生职业生涯与发展规划教程［M］．哈尔滨：黑龙江大学出版社，2010．

［32］张晓丹，赵锡奎．大学生就业指导［M］．北京：清华大学出版社，2009．
［33］Holland.J.L. Making vocational Choices: A Theory of Careers［M］．Winglewood Cliffs, NJ:Prentice-Hall，1985．
［34］白利刚．Holland 职业兴趣理论的简介及评述［M］．心理学动态．1996（2）．
［35］〔美〕伊莎贝尔·布里格斯．天资差异：人格类型的理解［M］．重庆：重庆出版社，2008．
［36］别业舫、张蕙兰．择业与创业——当代大学生就业教育的理论和实践［M］．北京：北京大学出版社，2005．
［37］唐晓林．大学生职业生涯规划与就业指导［M］．北京：中国言实出版社，2006．
［38］于兆国．高职学生职业发展与就业指导［M］．郑州：黄河水利出版社，2008.9．
［39］麦可思—中国大学生毕业生求职与就业研究课题组．决战大学生就业［M］．北京：清华大学出版社，2009．
［40］演讲与口才杂志社主编．轻松求职全攻略［M］．长春：时代文艺出版社，2008．
［41］胡鹏．简历让你脱颖而出［M］．北京：机械工业出版社，2008．
［42］应届生求职网编著．应届生求职笔试全攻略［M］．上海：上海交通大学出版社，2009．
［43］辽宁省教育厅．高职高专生职业发展与就业创业概论［M］．辽宁：大连理工出版社，2008．
［44］张晓丹，赵锡奎主编．大学生就业指导［M］．北京：清华大学出版社，2009．
［45］辽宁省教育厅组编．就业与创业概论［M］．辽宁：辽宁大学出版社，2007．
［46］申永东．大学生就业指导教程［M］．广州：华南理工大学出版社，2007．
［47］张建平，等．大学生就业案例教程［M］．北京：中国人民大学出版社，2002．
［48］赵瑞君，等．大学生自主创业素质谈［M］．北京：中国大学生就业，2002．
［49］何晓淳，等．高职高专生职业发展与就业创业概论［M］．大连：大连理工大学出版社，2008．
［50］王忠明．中小企业创业［M］．北京：经济科学出版社，2000．
［51］林钧敬．知识创业—大学生创业指南［M］．北京：高等教育出版社，2001．
［52］〔美〕尼古拉斯．创办你自己的企业［M］．北京：中国人民大学出版社，1999．
［53］〔美〕拿破仑·希尔，田野主编．成功学全书［M］．北京：经济日报出版社，1997．
［54］〔美〕阿尔伯特·哈伯德．敬业才能有事业［M］．西武编译．北京：新世界出版社，2010．
［55］沈一飞．谁是企业最受欢迎的人［M］．北京：中华工商联合出版社，2010．
［56］臧全金．快乐工作的 6 条准则［M］．北京：求真出版社，2010．
［57］陶文钧．要成效，千万别瞎忙［M］．北京：清华大学出版社，2009．
［58］周传林．业绩——有业绩才是硬道理［M］．北京：中国妇女出版社，2009．
［59］〔美〕阿尔伯特·哈伯德．方法 1+1＞2［M］．潘华虹编译．长春：时代文艺出版社，2004．
［60］刘寿红．高素质员工必备的 35 个好习惯［M］．北京：北京理工大学出版社，2010．
［61］毛清芳．劳动法与社会保障法［M］．北京：经济科学出版社，2009．
［62］邹杨、丁玉海．劳动合同法最新理论与实务［M］．大连：东北财经大学出版社，2009．
［63］冯涛．劳动合同法研究［M］．北京：中国检察出版社，2008．
［64］贾俊玲．劳动法学［M］．北京：中央广播电视大学出版社，2003．
［65］李景森，贾俊玲．劳动法学［M］．北京：北京大学出版社，2005．
［66］郑尚元．劳动合同法的制度与理念［M］．北京：中国政法大学出版社，2008．